Original illisible
NF Z 43-120-10

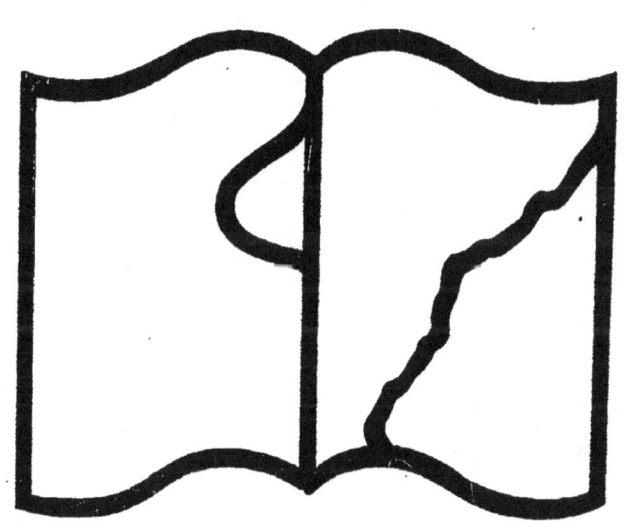

Texte détérioré — reliure défectueuse
NF Z 43-120-11

"VALABLE POUR TOUT OU PARTIE
DU DOCUMENT REPRODUIT".

MÉMOIRES
DES CONTEMPORAINS,

DE L'IMPRIMERIE DE CRAPELET,
rue de Vaugirard, n° 9.

MÉMOIRES

DU

COMTE REYNIER,

GÉNÉRAL DE DIVISION.

CAMPAGNE D'ÉGYPTE,

IIe PARTIE.

PARIS.
BAUDOUIN FRÈRES, ÉDITEURS,
RUE DE VAUGIRARD, N° 17.
1827.

NOTICE

SUR

LE GÉNÉRAL REYNIER.

Reynier (E.), général de division, comte de l'Empire, etc., naquit à Lausanne, le 14 janvier 1771. Issu d'une famille noble, proscrite pour cause de religion, il profita du bénéfice des lois qui réintégraient les descendans des réfugiés dans les droits qu'ils avaient perdus. Il vint en France, se présenta à l'École des Ponts et Chaussées, où il fut admis dans le courant de mars 1790. Il y fit des progrès rapides, mérita les éloges de Prony, Lesage, Perronet, qui se plaisaient à rendre hommage à ses talens, et le proposaient pour modèle à leurs élèves. Ses cours achevés, il fut nommé officier de son arme: mais nous étions en 1792; l'Europe débordait sur la France; l'Assemblée avait déclaré la patrie en danger, Reynier quitta des épaulettes qui ne l'appelaient pas à la frontière. Il entra dans le bataillon du Théâtre-Français, et marcha comme simple canonnier à la rencontre de l'ennemi. Rappelé presque aussitôt par le directeur des fortifications qu'on élevait autour de la capitale, il fut employé comme ingénieur jusqu'à la fin d'octobre qu'il fut nommé adjoint aux adjudans-généraux de l'armée du Nord. Il fit en cette qualité le campagne de Belgique, assista à la bataille de Jemmapes, à celle de Nerwinde, et partagea cette longue suite de revers qu'entraîna la défection de Dumouriez. L'instruction avait fui : l'émigration, les défiances avaient éloigné les hommes capables; Reynier en devint d'autant plus précieux. Il fut fait chef de brigade, et attaché à l'état-major. C'était là que l'appelait son talent. Froid, réservé, peu propre à enlever la troupe, il était d'une aptitude rare aux méditations du cabinet. Personne ne concevait, ne disposait mieux un plan d'attaque, personne ne discutait mieux les chances d'une opération. La coupe, les accidens du terrain fixaient son attention d'une manière spéciale. Il sentait l'importance du champ de manœuvres, et mettait un soin particulier à le bien choisir. Il n'en mettait pas moins à plier le soldat à la discipline. Il avait vu les merveilles qu'avait exécutées son courage, et les revers que l'insubordination, le défaut d'habitude, avaient entraînés ; il résolut d'y remédier. Il exerça, organisa mieux la troupe, et vit bientôt les bandes indisciplinées des volontaires, aussi dociles, aussi fermes, que les vieilles demi-brigades avec lesquelles elles combattaient. Ces heureuses tentatives et les succès dont elles furent couronnées, lui méritèrent la confiance du général en chef, dont il devint bientôt l'ami, le confident. Il avait préparé les victoires qui avaient signalé son commandement à l'armée du Nord, il le suivit à celle de Rhin-et-Moselle ; qui lui fut déféré après les désastres de Pichegru. En quel état la perfidie de ce général avait mis des troupes long-temps victorieuses ! Battues sous les murs de Mayence, elles avaient été ramenées devant Landau, où les maladies et la misère achevaient de les consumer. Les caisses, les magasins, étaient également épuisés. Point d'habits, point de subsistances, point de solde. L'officier était pieds-nus comme le soldat ; tous succombaient aux privations. Assurés de l'homme odieux qui s'était chargé de faire périr les braves qui s'immolaient à sa gloire, les Autrichiens restèrent paisibles tant qu'il présida à ces horribles funérailles. Mais il ne fut pas plus tôt rappelé, qu'ils se mirent en mouvement. Ils se flattèrent sans doute d'achever ce qu'il avait si cruellement ébauché, et rompirent un armistice inconcevable dans des circonstances qui le rendaient plus inconcevable encore. Accordée au milieu de la victoire, la cessation des hostilités était repoussée après la défaite, au moment où elle semblait indispensable pour secourir Beaulieu. Cette conduite paraissait étrange ; mais ils marchaient, force était de se mettre en mesure. La chose n'était pas aisée ; les transports étaient nuls ; la cavalerie n'avait que quelques chevaux galeux ; l'artillerie s'était vainement épuisée à reformer ses attelages.

Obligé de suppléer à cet affreux dénûment, Reynier sut trouver, assembler des ressources. Il mit à contribution le patriotisme des campagnes ; il obtint des vêtemens, réunit des subsistances, attacha des bœufs aux pièces, et l'armée, dont il avait adouci les misère, put enfin se porter sur Kayserlautern. Heureusement l'ennemi ne nous attendit pas. La victoire de Lodi s'était fait sentir sur les bords du Rhin; Wurmser fut obligé d'accourir au secours de Beaulieu. Jourdan s'était avancé sur la Sieg; les Autrichiens affaiblis, battus dans deux rencontres successives, avaient évacué le Palatinat. Ils ne conservaient plus sur la rive gauche que la position retranchée de la Rehute, en avant de la tête de pont de Manheim, et quelques postes autour de Mayence. On les suivit, on emporta une partie des ouvrages; on eût voulu franchir le fleuve et troubler le mouvement que le prince Charles dirigeait sur l'armée de Sambre-et-Meuse; mais on n'avait ni équipages de pont ni moyens de s'en procurer. On fut obligé de perdre un temps précieux à les chercher. Cette opération regardait plus spécialement le général Reynier; il mit à la préparer, une prévoyance, une habileté peu commune. Sans fonds, sans moyens, obligé de recourir au patriotisme qui lui avait déjà fourni des ressources abondantes, il sut l'animer, le stimuler, et lui arracher encore les sacrifices qu'exigeait l'opération secrète qu'il méditait. Il s'adressa aux administrations, aux villages; demanda des bateaux aux unes, des nacelles aux autres, couvrit ces apprêts de mouvemens de troupes, d'artillerie, et groupant tout à coup à Strasbourg et à Gambsem les corps qui devaient tenter le passage du fleuve, il l'effectua avant que l'ennemi eût vent de son dessein. Le général Latour essaya de nous refouler sur la rive gauche; mais battu dans deux actions consécutives, il fut obligé de s'éloigner en abandonnant des prisonniers et une artillerie nombreuse.

A la nouvelle de ces revers, le prince Charles s'arrêta. Il chargea le général Vartensleben de suivre l'armée de Sambre-et-Meuse, et, rassemblant tout ce qu'il avait de forces disponibles, il accourut avec l'intention de reprendre en sous-œuvre ce que n'avait pu faire son lieutenant. Il ne fut pas plus heureux. Arrêté sur les bords de la Murg, obligé de céder le terrain et les villages où il s'était établi, il se retira dans l'espérance de reprendre, dans une action générale, les avantanges qu'il avait perdus. Il se déploya dans la plaine qui sépare Malsch de Memkenstram, jeta des corps dans les montagnes du Rosenthal, et attendit les Français dans cette formidable position. Ils ne tardèrent pas à paraître. Leurs masses étaient moins épaisses, leur cavalerie ne s'élevait pas au quart de celle qu'ils avaient à combattre, mais le courage, de bonnes manœuvres, la nécessité de vaincre, suppléèrent aux forces qui leur manquaient, et fixèrent la victoire. Battus le 21 messidor, à Rosenthal, les Autrichiens le furent encore le 22 à Friedberg par l'armée de Sambre-et-Meuse. Hors d'état désormais de contenir les deux armées qu'il avait sur ses ailes, l'archiduc prit le parti de sortir de la position périlleuse où il s'était placé ; il nous abandonna Stuttgard, et se retira sur le Danube. Reynier profita de sa retraite pour se mettre en relation avec le duc de Wurtemberg, le margrave de Baden, qu'il réussit à détacher de la coalition. Il ne fut pas moins heureux avec le cercle de Souabe, et parvint ainsi, par d'adroites ouvertures, à affaiblir une armée dont ses conseils et ses dispositions ne tardèrent pas à accroître les revers. Elle s'était retirée derrière les montagnes d'Alb, et se flattait d'accabler les Français au moment où ils déboucheraient dans la plaine. Mais Reynier disposa les colonnes avec tant d'art, leur marche fut si bien coordonnée, si compacte, qu'elles culbutèrent l'archiduc, et le forcèrent, malgré l'obstination avec laquelle il revenait à la charge, à nous abandonner le champ de bataille. La défaite qu'il venait d'essuyer à Neresheim détermina le prince Charles à tenter un mouvement qui lui réussit. Il passa le Danube, rassembla tout ce qu'il avait de troupes lestes, aguerries, et profitant de la pénurie des Français, qui, dépourvus d'agrès, d'équipages de pont, ne pouvaient de sitôt tenter le passage du fleuve, il courut à la rencontre de l'armée de Sambre-et-Meuse. Il la joignit, la culbuta devant Amberg. Il reporta aussitôt un corps de douze mille hommes d'élite sur la ligne qu'il venait de quitter et se mit sur les traces de l'armée battue. Il l'atteignit à Wurtzbourg, l'attaqua, la défit encore, et menaça les communications de celle qui s'étendait dans la Bavière. Latour avait déjà marché contre les corps qu'elle avait devant la tête de pont d'Ingolstadt. Culbuté à Gessenfeld, taillé en pièces à Freiseing, il avait recueilli ses forces, et s'avançait de nouveau sur nous. D'une autre part, les garnisons que le prince Charles avait jetées dans les places qu'il conservait sur le Rhin, s'étaient réunies sur nos derrières. Le corps du Tyrol se portait sur la droite; notre position devenait critique. Moreau résolut néanmoins de tenter un dernier effort pour dégager l'armée de Sambre-et-Meuse. Il voulut à son tour donner des inquiétudes à l'archiduc sur ses derrières, et chargea le général Reynier de faire les dispositions qu'exigeait le mouvement. L'armée se rassembla vers Friedberg. Desaix passa le Danube ; nos troupes s'avancèrent dans toutes les directions. Elles joignirent Latour, qui marchait à leur rencontre, le culbutèrent après un combat des plus vifs, et se répandirent jusqu'à Heidek. Mais rien n'arrivait par la route de Nuremberg ; le prince Charles tirait tout de la Bohême; Desaix replia ses troupes, et la retraite de l'armée commença. Elle fut calme, sans désordre, telle qu'on pouvait l'attendre d'un homme froid, méthodique, comme celui qui en arrêtait les dispositions. En vain l'archiduc abandonnant les traces de l'armée de Sambre-et-

Meuse, qui précipitait sa marche sur Neuwied, essaya-t-il d'intercepter nos derrières; en vain le général Saint-Julien chercha-t-il à nous déborder sur la droite; l'armée regagna les bords du Rhin, sans perte, sans échec. Ni les troupes descendues du Tyrol, ni celles qui la pressaient de front ne purent l'entamer. Reynier, que la confiance de son chef avait en quelque sorte investi du commandement, régla, disposa les marches, les mouvemens, avec une sagacité, un ensemble, qui lui méritèrent des éloges universels. Mais cette confiance si pleine, si entière, ne tarda pas à lui devenir fatale. La conduite de Moreau excita des soupçons. On le blâma d'avoir long-temps tenu secrets des projets coupables, et de ne les avoir divulgués que lorsque la connaissance ne pouvait plus en être utile. Du général les accusations descendirent au chef d'état-major. On refusa de croire qu'il n'y eût pas complicité; on ne put se persuader que dans l'intimité où ils étaient ensemble l'un ne fût pas au courant des projets de l'autre. Reynier fut victime de cette fausse conviction, et mis à la réforme. Desaix, qui s'intéressait vivement à lui, ne put, malgré ses instances, faire révoquer une mesure aussi rigoureuse (1). Bonaparte fut plus heureux; il le plaça au nombre des généraux qui devaient former son état-major, et lui fit expé-

---

(1) Paris, le 5 nivose an VI.

Le général Desaix au général de division Reynier.

Vous avez, mon cher général, de cruels ennemis; ils vous poursuivent partout, et sont parvenus à vous faire réformer. Vous sentez bien que j'ai eu l'attention de m'en faire instruire de bonne heure, et que j'ai remué ciel et terre pour empêcher cette injustice. J'ai vu le directeur Barras; je lui ai parlé d'une manière très vive et très serrée. Cela n'a rien produit; mais le général Bonaparte m'a dit que je pouvais être tranquille. Il vous a mis sur la liste des généraux qui doit être présentée demain au Directoire, destinés à l'état-major avec moi; et j'espère que cet orage qui gronde sur votre tête se dissipera comme tant d'autres. Je suis désolé de ces persécutions que vos ennemis vous font éprouver; mais de la patience; ils se dissiperont, j'espère, comme les autres. Je vous préviens de tout cela parce qu'il est indispensable que vous ne vous éloigniez pas si vous recevez vos lettres de réforme. Dans peu de jours nous saurons s'il y a du remède ou s'il n'y a plus rien à espérer. Croyez, mon cher général, à tout mon zèle à faire tout ce qui pourra vous être utile, et à mon envie de servir avec vous; ainsi, attendez un peu. La Hollande va être organisée comme vous l'attendiez. Joubert, jeune, actif, y va commander comme général en chef; Lacroix y va comme ambassadeur. Le gouvernement jette ses regards de ce côté-là, et il espère y donner un gouvernement, et cela rapidement. Aussitôt que vous serez accepté, vous irez où vous voudrez, et Dunkerque sera de votre ressort, comme toutes

dier des lettres de service pour l'armée qu'il allait conduire en Orient.

nos côtes. Ainsi vous pourrez les voir, les parcourir, et réunir toutes les connaissances nécessaires.

Salut, mon cher général, bonne et vraie amitié.

DESAIX.

Avez-vous eu des nouvelles de Kléber?

MÉMOIRES
DU GÉNÉRAL REYNIER
SUR LES OPÉRATIONS
DE L'ARMÉE D'ORIENT,
OU
DE L'ÉGYPTE
APRÈS LA BATAILLE D'HÉLIOPOLIS.

CONSIDÉRATIONS GÉNÉRALES
SUR L'ORGANISATION PHYSIQUE, MILITAIRE, POLITIQUE ET MORALE DE L'ÉGYPTE.

PLUSIEURS voyageurs ont déjà fait connaître l'Égypte, et Volney, mieux que personne, a donné des idées générales sur l'état physique et politique de ce pays; mais aucun d'eux n'était appelé, par les circonstances et par ses fonctions, à l'étudier sous des rapports militaires et administratifs. Ces connaissances sont néanmoins indispensables pour juger les événemens militaires et politiques dont elle a été le théâtre, et pour apprécier les grandes espérances que cette brillante expédition pouvait donner pour les progrès de la civilisation, les développemens qu'elle procurait au commerce de la France dans l'Inde et la Méditerranée, et pour sentir enfin les causes de la perte de cette conquête.

Je vais esquisser quelques considérations générales sur cette organisation : distrait continuellement par des occupations militaires, je n'ai pu observer beaucoup de détails politiques; mais les savans qui ont partagé les fatigues de l'armée d'Orient, et qui ont dû à ses travaux de pouvoir s'occuper entièrement de recherches intéressantes, les feront connaître. Mon but, en ce moment, est de donner aux lecteurs qui ne connaissent pas l'Égypte, un aperçu de son organisation, considérée sous les rapports de sa défense et de l'état politique des habitans.

ORGANISATION PHYSIQUE.

L'Égypte est comme isolée du reste de la terre par des obstacles naturels : séparée de l'Asie par des déserts, un petit nombre de lieux bas, où l'on trouve de l'eau saumâtre, déterminent la route qu'une armée peut prendre pour venir l'attaquer. La côte plane de l'Égypte sur la Méditerranée, et les bouches du Nil, embarrassées par des bancs de sable, permettent seulement de débarquer sur quelques points connus. Bornée à l'ouest par des déserts immenses, elle est seulement exposée, de ce côté, aux émigrations des tribus arabes de la Barbarie. Séparée de la mer Rouge par un désert, elle craint peu d'être attaquée de ce côté : ses deux ports sur cette mer, n'offrent aucune ressource ; à peine peut-on s'y procurer de l'eau; les vivres et les chameaux nécessaires pour passer le désert y doivent être envoyés d'Égypte.

Deux chaînes de montagnes arides bordent le Nil dans la Haute-Égypte; elles laissent entre elles une vallée de quatre à cinq lieues de largeur, dans laquelle le fleuve coule, et qu'il couvre lors de ses débordemens périodiques. C'est la seule partie cultivée et habitée. La chaîne orientale, qui sépare le Nil de la mer Rouge, est la plus élevée; elle se termine au bord de la vallée par un escarpement, qui, dans beaucoup d'endroits, a l'apparence d'une muraille fort élevée, interrompu de distance en distance par des ravins, ou quelques vallons étroits formés par les torrens éphémères de l'hiver, et qui servent de route pour gravir ces montagnes. La chaîne occidentale, qui sépare la vallée du Nil de celle des Oasis, se termine généralement en pente douce; elle devient cependant plus escarpée vers Siout; et depuis le coude que forme le Nil vers Keneh, elle est taillée à pic, ainsi que la chaîne orientale jusqu'à Sienne, où les montagnes s'élèvent davantage et ne laissent qu'un passage étroit aux eaux du fleuve.

Près du Caire, ces deux chaînes s'écartent: l'orientale se termine vers l'extrémité de la mer Rouge, sans présenter aucune apparence de liaison avec les montagnes de l'Arabie, qui se terminent de même. (1)

---

(1) La manière dont se terminent les deux chaînes qui bor-

L'occidentale s'abaisse aussi vers le Fayoum, prend, près du Caire, sa direction vers le nord-ouest, ensuite à l'ouest, où elle forme la côte de la Méditerranée. Les rochers qu'on trouve vers Alexandrie et Aboukir, paraissent une île qui a été détachée de cette chaîne.

Dans l'espace compris entre ces deux chaînes et

dent la mer Rouge, et les terrains bas qui forment une espèce de vallon dans l'isthme de Suez, vallon bordé par des dunes jusqu'au pied des montagnes, particulièrement du côté de l'Asie, porteraient à penser que, dans les temps anciens, le détroit réunissait les deux mers, qu'il a comblées par des sables que les courans opposés y devaient accumuler, et par les attérissemens formés aux embouchures du Nil. Une révolution qui doit avoir changé le niveau de la Méditerranée, puisqu'elle est de vingt-cinq pieds plus basse que la mer Rouge, peut avoir contribué à la première formation de l'isthme, qui ensuite a été beaucoup augmentée par les alluvions du Nil.

Les dunes de sables mouvans s'étendent, comme on le verra sur la carte, depuis Abourouk et Bir-Deodar jusqu'au-delà d'El-Arich; elles occupent tout l'espace compris entre la Méditerranée et les montagnes de l'Arabie Pétrée, dont elles couvrent la base. Les vents, assez réguliers dans ce pays, ont fait prendre à toutes les dunes la même direction ; elles vont généralement du nord-ouest au sud-est, et sont séparées par de petits vallons ; ce n'est que dans les plus bas, situés ordinairement au pied des dunes les plus élevées, qu'on trouve de l'eau en creusant le sable à quelques pieds de profondeur ; les palmiers qui y croissent en sont toujours l'indice. Ces sables mouvans et l'inégalité des dunes, rendent les marches très pénibles, et sont le plus grand obstacle au passage du désert par une armée.

la mer, est la plaine de la Basse-Égypte, formée en grande partie par les alluvions du Nil : elle est coupée par les branches de ce fleuve et par de nombreux canaux d'irrigation.

Les sept branches par lesquelles le Nil se dispersait autrefois dans le Delta, pour aller se jeter dans la mer par sept embouchures, sont actuellement réduites à deux principales, celle de Rosette et celle de Damiette. Quelques canaux navigables une partie de l'année sont les restes encore existans des autres branches. Le canal de Moez est l'ancienne branche Tanitique; celui d'Achmoun, la Mendesienne : leurs embouchures se retrouvent encore à Omfaredje et à Dibeh, au-delà du lac Menzaleh. Les canaux de Karinen et de Tabanieh, qui tombent dans la mer à Bourlos, sont l'ancienne branche Sebennitique.

On trouve moins de traces des branches Pélusiaque et Canopique, qui, rapprochées du désert, donnaient plus de développement au Delta; cependant celles de la Pélusiaque sont bien prononcées dans la province de Charkieh, et on retrouve son embouchure à Tineh, vers les ruines de Péluse.

Il est probable que lorsqu'elles existaient toutes ensemble, ces branches recevaient un volume d'eau à peu près égal. La répartition inégale des eaux, des canaux dérivés mal à propos ou mal entretenus, et diverses autres causes, ont pu diminuer leur volume dans l'une de ces branches; alors l'équilibre a été rompu à l'embouchure; les eaux de la mer ont remonté dans le lit du fleuve, ont refoulé les eaux douces, et se sont mêlées avec elles. Leur salure a dû nuire à la culture des terres arrosées par les branches du fleuve où elles ont pénétré : l'abandon de ces terres en a été l'effet; l'inculture a augmenté tant que l'ignorance de la cause ou l'intérêt des cantons plus favorisés, ont empêché de rétablir l'équilibre, et réciproquement l'entretien des canaux a été abandonné à mesure que la population qui en cultivait les rives est allée s'établir dans des contrées plus fertiles.

On observe quelquefois cet effet sur les branches de Rosette et de Damiette; lorsque la rupture de quelques digues ou d'autres circonstances augmentent le volume d'eau d'une des branches aux dépens de l'autre, la mer pénètre dans celle-ci, imprègne les terres de sel, et force d'abandonner la culture, jusqu'à ce que l'équilibre étant rétabli, les eaux douces aient pu les laver suffisamment pour les rendre fertiles.

D'autres causes ont encore contribué à détruire la branche Pélusiaque; les Croisés, en ruinant et brûlant la ville de Péluse, ainsi que les principales villes de ce canton, déterminèrent les habitans à fuir cette province frontière, exposée à tous les malheurs de la guerre. La branche Pélusiaque ne fut plus entretenue; les riverains des autres branches, toujours avides de s'emparer des eaux du Nil, les détournèrent; les eaux de la mer remontèrent dans cette branche, les terres abandonnées s'imprégnèrent de sel, et des cantons considérables devinrent déserts et stériles.

On ne peut douter que la Basse-Égypte n'ait dû son existence, en grande partie, aux alluvions du Nil. Les troubles que le fleuve ne déposait pas sur ses rives, devaient s'en séparer à l'endroit où les mouvemens opposés du fleuve et de la mer étaient en équilibre. Ces dépôts y ont formé une barre ou banc de sable, que les divers mouvemens des eaux ont dû étendre à droite et à gauche : augmentés successivement par l'action des vents et des eaux, ils ont dû former la chaîne de dunes et de bancs de sable qui existe entre les diverses embouchures.

Ces bancs ont pu rester long-temps séparés des attérissemens directs du fleuve, par des intervalles ou lacs formés par les eaux de la mer, mais qui recevaient celles du fleuve lors des débordemens : ces lacs ont pu diminuer, à mesure que les attérissemens se sont augmentés et ont comblé leurs communications avec la mer.

Comme le limon est déposé naturellement dans les endroits les plus voisins du fleuve, ses rives ont dû s'exhausser les premières. Les attérissemens ont été plus tardifs dans les parties éloignées, et il s'est conservé des lacs vers les côtes les plus distantes des points où le Nil se séparait en plusieurs canaux; aussi, dans tous les temps il a existé des marais près de Péluse, et le terrain du lac Maréotis est resté fort bas.

Les alluvions du Nil devaient remplir ces lacs,

étendre encore la Basse-Égypte, et suivre leur disposition à envahir sur la mer; mais elle lutte continuellement pour arrêter ces conquêtes. Les attérissemens du Nil sont peut-être arrivés à une période où ils ne peuvent gagner d'un côté qu'en perdant de l'autre. On observe que depuis plusieurs siècles les terrains envahis par la mer sont plus considérables que les attérissemens. On peut même prévoir que si des ouvrages d'art ne dirigent pas le travail de la nature; si on laisse le volume des eaux se disperser, et les branches principales s'élargir; si on n'entretient pas l'équilibre des eaux aux embouchures, la mer enlevera de nouveaux terrains à la culture, au lieu d'en céder. C'est le sort qui menace l'Égypte, si elle reste entre les mains d'un peuple ignorant.

Lorsque, comme nous l'avons vu ci-dessus, la diminution du volume des eaux dans une branche, permet à celles de la mer d'y remonter, ces dernières se répandent dans les lieux bas, et dans les lacs voisins du fleuve; leurs mouvemens, aidés quelquefois par les orages qui élèvent momentanément les eaux de la mer, ont pu étendre ces lacs, détruire les attérissemens qui les séparaient des branches du fleuve, et faire abandonner la culture des terres imprégnées de leur salure.

C'est ainsi qu'on peut expliquer la formation des lacs marécageux et peu profonds qui existent vers les côtes d'Égypte. Le plus considérable, le lac Menzaleh, a envahi une grande partie du terrain qu'arrosaient les branches Pélusiaque, Tanitique et Mendésienne; le lac Bourlos est vers l'embouchure de l'ancienne branche Sébennitique et des canaux dérivés de la branche de Rosette; le lac de Maadieh est vers l'ancienne bouche de Canope. Le lac d'Edko, nouvellement formé pendant l'inondation de l'an ix, a été causé par l'ouverture du canal de Deyrout, ordonnée légèrement par le général Menou : les eaux répandues en abondance dans les terrains bas, se sont frayées, à travers les dunes, une communication avec la mer. Après l'inondation, lorsque le niveau des eaux douces a baissé, elles n'ont plus eu d'écoulement par le canal qu'elles avaient formé près de la Maison carrée; la mer y a pénétré et a formé ce nouveau lac.

Le lac Mareotis était trop éloigné du fleuve pour être comblé par ses attérissemens; les travaux pour le canal destiné à conduire les eaux à Alexandrie, et ensuite le défaut d'entretien des canaux du Bahireh, qui s'y écoulaient, en ont écarté les eaux du Nil, et sa communication avec la mer ayant été fermée, l'eau s'en est évaporée. Il était à sec depuis long-temps; mais une vase salée et un sable mouvant, imbibés en hiver par les eaux de pluie et par celles de l'inondation qu'y portent encore quoiqu'en petite quantité les canaux du Bahireh, le rendaient marécageux une grande partie de l'année. Les Anglais ayant coupé pendant la dernière campagne la digue du canal d'Alexandrie (1) qui le sépare du lac

---

(1) Cette opération des Anglais sépare presque entièrement

Maadieh, il a été rempli de nouveau par les eaux de la mer. Ce lac s'étend dans un vallon parallèle à la mer, et qui n'en est séparé que par un coteau dont la largeur, dans quelques endroits, n'est pas de cinq cents toises; il dépasse la Tour des Arabes.

Il existe aussi quelques lacs formés par le superflu des eaux d'inondation, qui se répandent dans des endroits bas où elles n'ont aucun écoulement, et se dissipent par l'évaporation. Tels sont ceux de Fayoum, du Grarak, de Birket-El-Hadji, l'Ouadi-Tomlat, et ceux nommés Krah, par lesquels passait le canal de Suez : ces derniers ne reçoivent les eaux que lors des grandes inondations.

Outre les branches ou canaux principaux dont nous venons de parler, la Basse-Égypte est coupée par un nombre considérable de canaux d'irrigation, dérivés des grandes branches. Les eaux de l'inondation, conduites dans ces canaux et retenues par des digues dans divers arrondissemens, arrosent d'abord les terrains supérieurs, et après avoir servi successivement à fertiliser plusieurs cantons, s'écoulent dans les lacs ou dans la mer.

La crue du Nil commence au solstice d'été; il acquiert sa plus grande élévation à l'équinoxe d'au-

---

Alexandrie du reste de l'Égypte; la coupure du canal la prive d'eau du Nil, et causera la ruine de cette ville si on ne le répare promptement : mais les Turcs sont-ils en état de faire un travail si considérable sans le secours des Européens? leur gouvernement destructeur s'en occupera-t-il vivement? et voudra-t-il faire des sacrifices pécuniaires suffisans.

tomne, reste quelques jours étalé et diminue ensuite. Les eaux s'écoulent plus lentement qu'elles n'ont monté; au solstice d'hiver, le fleuve est déjà très bas, mais il reste encore de l'eau dans les grands canaux : à cette époque les terres sont mises en culture, et bientôt après deviennent praticables.

Les grands canaux d'irrigation commencent à se remplir à la fin de thermidor. Toute l'Egypte est inondée en vendémiaire. Les eaux s'écoulent plus ou moins rapidement dans différens cantons. Généralement les communications se rouvrent, pour les hommes à pied, à la fin de brumaire. Les terrains bas et les canaux sont encore remplis d'eau et de vase : ils se sèchent en frimaire. A cette époque, plusieurs canaux principaux sont encore impraticables pour un corps de troupes et pour l'artillerie, parce que les eaux y sont trop basses pour y faire usage de bateaux et la boue trop tenace pour les passer à gué. Comme en Egypte les ponts et les digues sont fort rares, et qu'aucune route n'est tracée pour les grandes communications, on ne peut bien traverser le Delta que dans le mois de pluviose.

Ces époques avancent ou retardent de quinze jours, même un mois, selon l'élévation de la crue du Nil; mais on peut établir en général que la Basse-Egypte n'est praticable, dans tous les sens, que depuis les premiers jours de ventose jusqu'à la fin de thermidor; les grandes branches seules conservent de l'eau, et on y trouve toujours des bateaux pour le passage. Les cantons qui reçoivent l'eau par des canaux dérivés, après l'inondation des terres supérieures, sont praticables plus tard : telle est une partie de la province de Charkieh.

D'après cet aperçu, les opérations de la guerre ne sont possibles que pendant sept mois dans la Basse-Egypte. Le reste de l'année, on peut bien marcher sur la lisière du désert; mais les villages qui le bordent sont hors d'état de fournir les subsistances nécessaires à une armée qui manque de tout, après un passage de désert; et de là on ne peut point communiquer avec les villages de l'intérieur, pendant vendémiaire, brumaire et frimaire. Ainsi à cette époque, et même pendant les deux autres mois de l'inondation du reste de l'Egypte, il n'est guère possible d'entreprendre, sur cette frontière, que des opérations partielles. (1)

De même une armée qui, ayant débarqué sur les côtes, voudrait à cette époque agir dans l'intérieur de l'Egypte, ne pourrait le faire que par eau : elle aurait cependant quelque avantage à arriver dans cette saison, si elle voulait se borner à faire des établissemens sur quelques points de la côte, où

---

(1) Les lacs de l'Ouadi-Tomlat, qui ont été remplis pendant l'inondation extraordinaire de l'an IX, contenaient trop d'eau pour que l'évaporation pût les mettre à sec pendant l'été; et si l'armée n'avait pas été attirée sur les côtes par le débarquement des Anglais, l'existence de l'eau dans ces lacs aurait changé les opérations militaires sur la frontière de Syrie.

elle pût difficilement être attaquée, afin d'y rassembler ses moyens pour agir dans la belle saison.

L'armée qui aurait à défendre l'Egypte serait aussi gênée, pour ses opérations, pendant l'inondation; une partie de ses mouvemens ne pouvant s'effectuer que par eau, ils seraient fort lents et fort difficiles; il est même quelques points de la côte où elle ne pourrait se rassembler qu'avec beaucoup de peine, s'ils étaient inopinément attaqués.

SYSTÈME DE GUERRE ADOPTÉ PAR LES FRANÇAIS.

Telle est la charpente et l'organisation physique de l'Egypte. Nous ne nous arrêterons pas à considérer son influence sur la conduite de la guerre, non plus que sur les diverses manières d'attaquer, de défendre et de fortifier ce pays, relativement à la tactique et aux moyens militaires des nations voisines, cela nous jetterait dans trop de détails. Nous allons seulement examiner le système de guerre et de fortification que les Français y ont adopté.

Lorsque les Français débarquèrent en Egypte, tout y était nouveau pour eux, climat, tactique des mameloucks, mœurs des habitans, etc., etc. Ils avaient à combattre, non seulement la force armée du pays, les mameloucks, mais aussi les Arabes et les cultivateurs. En travaillant à s'établir et à se fortifier contre les ennemis intérieurs et extérieurs, il fallait se créer des ressources en tout genre, s'attacher la nation et la civiliser. Bonaparte eut bientôt saisi le système qu'il convenait d'adopter.

L'Egypte n'offre point ces lignes naturelles de défense, ces chaînes de montagnes ou ces rivières qui, en Europe, déterminent les systèmes de fortifications, d'attaque et de défense d'un pays. Elle n'a pas de ces postes dont la possession entraîne celle d'une province. La côte étendue et plane de la Méditerranée, est bien accessible partout pour les petites chaloupes; mais il n'est que peu de points propres à opérer un grand débarquement; dans un seul les vaisseaux peuvent trouver un abri contre les vents, et s'approcher assez de la côte pour soutenir les troupes. L'ennemi, une fois établi, peut, hors la saison de l'inondation, pénétrer facilement dans le pays. Tout est ouvert devant lui, rien ne l'oblige à s'arrêter, s'il n'est pas retenu dans sa marche par quelque corps d'armée qui occupe les points resserrés entre le Nil et les lacs. Des fortifications pour défendre le passage des bouches du Nil peuvent seules le gêner dans ses opérations; mais elles ne sont rien sans la protection d'une armée.

Le passage du désert de Syrie a nombre de difficultés; la route est déterminée par les lieux où l'eau se trouve; une partie de ces points peut être occupée et fortifiée, mais ils peuvent aussi être tournés par les corps de cavalerie qui composent les armées turques, aidés par de grands moyens de transports. Ces premières difficultés surmontées, l'Égypte est entièrement ouverte du côté du désert. Les places qu'on pourrait y construire n'arrêteraient pas l'ennemi, parce qu'il n'y a pas de route tracée par la nature et par l'art.

Si les Turcs, seuls ennemis dont l'armée d'Orient pût alors prévoir l'attaque, pénétraient dans l'intérieur du pays, le fanatisme devait faire soulever les habitans. Ils y auraient trouvé des auxiliaires, des subsistances et toutes les ressources que le pays aurait alors refusées à l'armée française ; ce n'était qu'avec une armée qu'on pouvait s'y opposer.

Toutes ces considérations déterminèrent à adopter pour principe, que l'Égypte devait être défendue par une armée plutôt que par des fortifications qui, d'après l'état physique du pays et l'espèce d'ennemis qu'on avait à combattre, ne pouvaient avoir sur la campagne une influence suffisante.

Cependant la difficulté des transports en Égypte, le genre de nourriture des habitans, auquel les Français ne pouvaient encore s'habituer, et le besoin de réunir d'avance des subsistances sur des points où l'armée aurait à se rassembler, exigeaient qu'on y formât des magasins de vivres et de munitions. Il était nécessaire que ces dépôts fussent à l'abri des attaques des Arabes, de celles des habitans du pays et des partis ennemis ; qu'à cet effet, ils fussent fortifiés, susceptibles d'être défendus par de petites garnisons, et peu multipliés, afin que l'armée ne fût pas affaiblie. Il convenait cependant que deux de ces postes, qui se trouvaient placés sur l'extrême frontière, fussent suffisamment forts pour résister aux attaques de l'ennemi, en attendant la réunion de l'armée. La surveillance nécessaire dans l'intérieur du pays, pour le gouverner et maintenir la tranquillité, exigeait encore des postes fortifiés, capables d'imposer aux habitans, et de servir de retraite aux détachemens français, dans les cas d'insurrection générale ou d'attaque formée par des partis ennemis supérieurs.

Bonaparte détermina, d'après ces principes, le centre des opérations et des dépôts de l'armée, les postes extrêmes et les postes intermédiaires : il établit aussi sur le Nil une marine capable de protéger les mouvemens et les transports.

FORTIFICATIONS CONSTRUITES PAR LES FRANÇAIS.

Les travaux de fortifications furent fort difficiles à organiser ; méthodes de construction, moyens d'exécution et de transport, tout était différent des usages Européens. Le bois manquait absolument, les outils étaient rares ; on en avait perdu un grand nombre sur la flotte : il fallut établir des ateliers pour en fabriquer. Les soldats, épuisés par le changement de climat, fatigués de courses continuelles, souvent mal nourris, privés entièrement de liqueurs fortes, pouvaient difficilement être employés à ces travaux ; et, malgré les prix excessifs qu'on leur promettait, ils n'y mettaient aucune activité.

Les Égyptiens, étonnés et effrayés du changement de domination, venaient avec peine travailler à ces ouvrages ; les bons traitemens et un paiement exact, qu'ils n'obtenaient jamais sous leur ancien gouvernement, les y déterminèrent, quoique lentement ; mais ils ne purent jamais être employés qu'aux travaux les plus grossiers, et s'accoutumèrent difficilement à l'usage des machines et des outils européens, qui ménagent à la fois le temps et les forces de l'homme. La pénurie d'outils et d'ouvriers, ainsi que celle des finances, nuisit toujours aux fortifications ; cependant elles s'élevèrent partout avec une rapidité qui surprit les Égyptiens, et fit sur eux une grande impression.

En même temps qu'on élevait ces ouvrages, on avait à résister aux attaques des ennemis et des habitans : il fallut, pour cette raison, les conduire de manière à ce qu'ils fussent promptement en état de défense, et l'on profita, partout où cela fut possible, des constructions anciennes ; mais tous ces ouvrages furent tracés comme devant entrer dans le système général des fortifications permanentes.

La ville du Caire, placée à l'ouverture de la vallée du Nil, près du lieu où ce fleuve se divise, se présente naturellement comme le centre de toutes les opérations militaires, ainsi qu'elle est celui du gouvernement et du commerce : aussi fut-elle choisie pour être le lieu de rassemblement d'où l'armée pourrait se porter sur les frontières attaquées.

L'opinion en quelque sorte superstitieuse des habitans du pays, qui, dans toutes les guerres, et les dissensions civiles, regardent le parti qui occupe cette capitale comme le maître de l'Égypte, devait encore déterminer à ce choix.

Cette ville est trop étendue, et contenait une population trop considérable, pour qu'on pût penser à la fortifier et à la défendre; on occupa seulement les points qui la dominaient. On tira le parti le plus ingénieux de l'ancien château; et du chaos de ces vieilles constructions, s'éleva une citadelle susceptible d'être défendue par un petit nombre de troupes, dont l'artillerie et la position commandaient la ville du Caire, et imposaient aux habitans. D'autres petits forts furent construits autour de la ville, vers les quartiers éloignés de la citadelle, pour défendre, avec de faibles garnisons, quelques établissemens.

Il fallait aussi, au centre des opérations militaires, un dépôt nécessaire à l'armée, et des ateliers particulièrement pour l'artillerie; ces établissemens devaient être sur les bords du Nil pour la facilité des transports. Gizëh fut désigné; et, pour le fortifier, on profita d'une enceinte que Mourâd-Bey avait fait construire.

Après avoir déterminé le centre des opérations de l'armée, et les moyens de conserver ce point important pour la possession de l'Égypte, il fallut s'occuper de la défense d'un autre point plus intéressant pour l'armée française, du port de mer qui contenait sa marine, presque tous les magasins, et par lequel elle pouvait recevoir des secours.

L'influence militaire d'Alexandrie, comme place de guerre, est à peu près nulle. Cette ville, isolée par un désert, est presque regardée comme étrangère par les habitans : on peut posséder toutes les terres cultivées sans avoir besoin de cette ville, tandis qu'elle ne pourrait que difficilement exister sans l'eau du Nil et les vivres de l'Égypte; mais, comme port de mer excellent, et le seul qui existe sur la côte, Alexandrie en est vraiment la clef. Aucune opération maritime ne peut être bien consolidée sans sa possession; c'est là que se fait le principal commerce, parce que les boghaz de Rosette et de Damiette ne peuvent être franchis que par de petits bâtimens.

C'est près d'Alexandrie qu'est la rade d'Aboukir, dangereuse seulement lors des vents du nord et de nord-est : c'est aussi au fond de cette rade qu'est le point de la côte le plus favorable pour débarquer.

Toutes ces raisons déterminèrent à fortifier Alexandrie, et à augmenter d'autant plus les défenses de cette place, qu'elle était la seule exposée à l'attaque des troupes européennes. Mais ces fortifications exigeaient beaucoup de temps, de main-d'œuvre et des travaux considérables. L'armée ne pouvait, sans s'affaiblir, y laisser une forte garnison, et cependant la défense de la ville et du port embrassait un développement immense; tout le terrain environnant était couvert d'anciennes constructions et de montagnes de décombres. On tira parti d'une portion de l'enceinte construite par les anciens Arabes, du Phare, etc., pour former une ligne de défense qu'on fit flanquer par des redoutes tracées sur des montagnes de décombres très dominantes, et que dans la suite on convertit en forts revêtus. Ces travaux, poussés avec autant de rapidité que le peu de moyens disponibles le permettaient, eurent bientôt une apparence extérieure assez formidable, mais en effet, furent toujours très faibles.

Une vieille mosquée, bâtie sur l'île ou rocher du Marabou, fut convertie en fort; elle servit à défendre l'anse où l'armée avait opéré son débarquement, et la passe occidentale du port vieux d'Alexandrie.

Le vieux château d'Aboukir fut réparé et armé; il servit de batterie de côte; achevé, il aurait formé un réduit capable de résister jusqu'à l'arrivée de l'armée, si l'ennemi avait débarqué dans le fond de la rade.

Les autres points importans de la côte étaient les deux bouches du Nil : on s'occupa de leur défense. Les villes de Rosette et de Damiette étaient trop grandes et trop peuplées pour être converties en postes militaires; elles étaient trop éloignées de l'embouchure pour en défendre l'entrée, et les bâtimens de guerre postés en dedans du boghaz ne pouvaient le défendre efficacement, s'ils n'étaient protégés par des feux de terre. Un ancien château, situé à une demi-lieue au-dessous de Rosette, fut réparé et armé; on le nomma le fort Julien. Au-dessous de Damiette, dans l'endroit le plus resserré de la langue de terre qui sépare le Nil du lac Menzalëh, sur l'emplacement du village de Lesbëh, on construisit un fort. Ce fort, appelé Lesbëh, commandait le Nil, et aurait arrêté l'ennemi si, après avoir débarqué sur la plage à l'est de l'embouchure, il avait voulu marcher sur Damiette. Il était cependant trop éloigné du boghaz pour protéger les bâtimens chargés d'en défendre l'entrée : deux tours anciennement construites sur les deux rives, furent réparées et armées.

Il restait encore quelques points de la côte qu'il était nécessaire d'occuper, tels que les bouches de Bourlos, Dibëh et Omm-Faredje; mais on ne put y travailler que dans les derniers temps. On y construisit des tours couvertes d'un glacis, et armées de quelques pièces d'artillerie; elles furent en outre défendues par des bâtimens armés.

Un poste intermédiaire entre le fort Julien et Aboukir était utile pour protéger la communication avec Alexandrie, et augmenter la surveillance sur la côte la plus menacée; pour cet effet, un ancien kervan-seraï, nommé la Maison carrée, fut converti en poste militaire; ce poste défendit aussi la bouche du lac d'Edko, qui s'est ouverte près de là.

Il était nécessaire d'avoir, pour les opérations de

l'armée sur la côte, un centre d'action, un dépôt de vivres et de munitions. On choisit pour cet effet, près de Rahmaniëh, l'endroit où le canal d'Alexandrie sort du Nil; on y construisit une redoute, et des magasins y furent formés. Si le Caire était le centre des opérations pour toute l'Egypte, Rahmaniëh pouvait l'être pour les côtes ; un corps de réserve se serait porté rapidement de là sur le point menacé entre Bourlos et Alexandrie. S'il était nécessaire de réunir toute l'armée, les corps pouvaient s'y rendre des différentes parties de l'Egypte, et de là marcher ensemble aux ennemis. De Rahmaniëh, il faut trois jours pour aller à Damiette, en traversant le Delta; quatre jours suffisent pour aller par le Delta de Rahmaniëh à Saléhiëh, sur la frontière de Syrie. Des routes, des ponts et des digues, construits dans cette direction, auraient pu rendre cette communication praticable pendant toute l'année.

Sur la frontière de Syrie, Belbéis et Saléhiëh furent choisis pour postes extrêmes : on voulut d'abord en faire de grandes places, mais les difficultés qu'on éprouvait à conduire des travaux considérables avec peu d'outils et d'ouvriers y firent renoncer. On en forma des postes de dépôts ; et Saléhiëh, qui se trouvait sur la lisière des terres cultivées, vers le désert, dut être le plus considérable.

La campagne de Syrie développa les projets sur la défense de cette frontière ; on pensa que le meilleur système était d'occuper, dans le désert, les principales stations. L'ancien château d'El-A'rych, placé presqu'à l'extrémité du désert vers la Syrie, fut choisi pour être occupé et fortifié; on construisit à Catiëh un poste intermédiaire.

Le vallon d'El-A'rych est tellement placé qu'une armée qui veut marcher de Syrie en Egypte doit nécessairement s'y arrêter, afin de réunir les moyens indispensables pour passer le désert. Une place construite à El-A'rych aurait bien certainement couvert l'Egypte, aurait même donné une attitude menaçante, si elle avait été placée de manière à commander tous les puits ; si on avait pu y entretenir une garnison suffisante pour s'opposer à tout établissement dans le vallon ; si les ouvrages avaient pu être assez promptement perfectionnés pour résister jusqu'à l'arrivée des secours; si elle avait pu être assez bien approvisionnée non seulement pour soutenir un long blocus, mais pour fournir aux besoins de l'armée qui serait venue la secourir, et poursuivre les ennemis en Syrie. Mais tout cela n'était pas; les constructions étaient fort lentes au milieu d'un désert où tout manquait ; la mer n'étant pas libre, les vivres portés à dos de chameau suffisaient à peine pour une garnison très faible ; l'ennemi pouvait s'établir dans le vallon d'El-A'rych, y trouver de l'eau pour son armée et en faire le siége, ou contenir avec peu de troupes sa faible garnison, tandis qu'il agirait en Egypte. Les travaux commencés n'étaient pas terminés, et ce poste était peu fortifié lorsque l'armée du visir vint l'assiéger dans le courant de nivose an VIII; une manœuvre diplomatique et une surprise le livrèrent avant que l'armée française pût marcher à son secours.

Après la victoire d'Héliopolis, l'armée, obligée d'aller assiéger le Caire, ne put poursuivre le visir jusqu'à El-A'rych, et faire de ce fort un établissement solide, ou le détruire entièrement. On réfléchit ensuite que ces postes dans le désert étaient fort difficiles à entretenir et à fortifier convenablement; qu'ils forçaient à diviser l'armée; que plusieurs routes qu'on avait reconnues et qui les tournaient, pouvaient servir à des armées composées particulièrement de cavalerie, comme celles des Turcs, ou du moins à leurs partis, pour se répandre dans l'intérieur de l'Egypte, pendant que l'armée française serait divisée sur plusieurs points ou les attendrait dans le désert. On se rappela qu'avec les armées turques il importait toujours de se ménager l'offensive; que pour traverser le désert en corps d'armée, elles devraient nécessairement réunir des moyens à Catiëh et y séjourner, et qu'on aurait beaucoup d'avantage à s'y porter pour leur livrer bataille; ou si cela n'était pas possible, à les combattre avec l'armée réunie, lorsque, fatiguées du passage du désert, elles seraient près d'atteindre les terres cultivées.

On revint donc à peu près au premier projet. Saléhiëh forma un poste assez fort pour résister avec une faible garnison, en attendant l'arrivée de l'armée, et pour contenir les vivres qui lui seraient nécessaires pendant ses opérations dans le désert. Belbéis servit de dépôt intermédiaire entre Saléhiëh et le Caire.

On construisit dans l'intérieur, à Menouf, Miit-Khramer, Mansoura, etc., quelques postes pour protéger la navigation du Nil, contenir les habitans du pays, et servir de dépôts intermédiaires.

On établit aussi un poste à Souez; les travaux y éprouvèrent presque autant d'obstacles qu'à El-A'rych, parce qu'il fallait tout y porter par le désert; les fortifications qu'on y entreprit suffisaient pour protéger, contre les Arabes, les établissemens qu'on voulait y former; mais on pouvait d'autant moins songer à défendre Souez contre une attaque sérieuse, que celle-ci ferait probablement partie d'une invasion générale, qui empêcherait d'y envoyer des secours. D'ailleurs Souez tirant ses vivres de l'Égypte, et n'ayant pas de marine, il n'y avait aucun inconvénient à l'abandonner pendant quelque temps.

Son organisation isole en quelque sorte la Haute-Égypte des grandes opérations de la guerre, et la réduit à être le théâtre des dissensions intestines. L'arrivée par Cosséir de troupes étrangères peut seule la faire sortir de ce rôle; mais ces troupes ne peuvent traverser le désert que lorsqu'elles sont favorisées par des intelligences dans l'intérieur. Du temps des mameloucks, les partis chassés du Caire et les mécontens se retiraient dans la Haute-Égypte; aussitôt qu'ils s'étaient assez rétablis et organisés, ils cherchaient à se rapprocher; le parti dominant venait alors les combattre : cette longue vallée dans laquelle descend le Nil, était le champ de bataille. Les Français eurent, sous la conduite du général Desaix, une pareille guerre avec Mourâd-Bey; ils soumirent bientôt toute la Haute-Égypte, et dissipèrent presque entièrement les mameloucks; mais ce bey, qui connaissait tous les vallons et toutes les routes du désert, parvint toujours à s'échapper, suivi d'un petit nombre de cavaliers excellens, quoique accablés de fatigue. (1)

On croyait d'abord n'avoir besoin, dans la Haute-Égypte, que de quelques postes militaires pour protéger la navigation du Nil, contenir les habitans du pays, et conserver les magasins de vivres et de munitions. Cependant l'arrivée d'un corps

---

(1) Lorsque ce bey était poursuivi très vivement, il entrait dans un de ces vallons, et paraissait s'enfoncer dans le désert; mais dès qu'il y avait attiré les Français, il dispersait sa troupe, afin qu'on ne pût pas en reconnaître les traces; elle se rendait au travers des montagnes dans un autre vallon, où elle se réorganisait pour descendre dans la vallée du Nil. Mourâd-Bey reparaissait ainsi dans les lieux où les Français ne l'attendaient pas; il prenait des vivres dans les villages, et recommençait la même manœuvre chaque fois que les Français, ayant découvert sa retraite, marchaient contre lui : quoique attaqué souvent à l'improviste, et même surpris dans ses camps, il réussit toujours à les éviter.

d'Arabes Mekkins, venus par Cosséir, fit sentir la nécessité d'occuper ce port; aussitôt qu'on eut réuni des moyens suffisans, on s'y établit, et on fortifia un ancien château. Kenëh, qui est sur le Nil au débouché du Cosséir, fut choisi pour la construction d'un fort servant de dépôt à ce port, et de poste militaire principal dans la Haute-Égypte. D'autres postes furent fortifiés à Girgëh, Siout, Miniet et Benesouef.

L'occupation de toute la Haute-Égypte et de Cosséir, et la guerre contre Mourâd-Bey, employaient beaucoup de troupes qu'il aurait été utile de réunir à l'armée, pour qu'elle fût bien en état de résister aux attaques extérieures. Il était cependant nécessaire de tirer de ce pays des ressources pour nourrir l'armée et payer ses dépenses. Kléber remplit ces deux objets par la paix avec Mourâd-Bey, qui devint tributaire pour les provinces dont il conserva le gouvernement. Les postes militaires de Siout, Miniet et Benesouef, furent gardés par un petit nombre de Français, chargés de protéger les opérations du gouvernement dans les provinces conservées. Kléber se réserva la faculté d'entretenir garnison à Cosséir; mais il voulut attendre, pour en profiter, que les troupes qu'on y enverrait y fussent moins isolées, après l'établissement de quelques communications maritimes entre Souez et Cosséir.

On aurait une idée très fausse des fortifications que les Français ont construites en Égypte, si on y appliquait ce qu'on entend en Europe par place, fort, poste militaire, etc., etc. Il faut toujours se rappeler ce que j'ai dit des obstacles qu'on eut à surmonter : on dut créer de nouveaux genres de fortifications et de constructions, applicables au pays, aux matériaux, et relatifs aux diverses attaques dont on pouvait être menacé.

Des maisons, ou d'anciennes constructions, armées de quelques pièces de canon et crénelées; de petites tours aussi crénelées et surmontées d'une terrasse et d'une ou deux pièces de canon, étaient des postes où une vingtaine de Français attendaient sans crainte ou repoussaient toutes les attaques de la cavalerie ennemie, ou d'une multitude soulevée, et n'y craignaient même pas quelques pièces d'artillerie mal servies. Une grande partie des postes que j'ai appelés forts étaient de ce genre. Les vivres et munitions pour la garnison et ceux en dépôt pour l'armée étaient mis dans des magasins construits dans l'intérieur, ou bien adossés extérieurement à ces constructions.

Afin de mettre ces postes un peu à l'abri du feu de l'artillerie, on éleva autour de quelques uns, des parapets, ou des chemins couverts. Ils formaient alors un réduit, et pour les attaquer avec succès, on aurait été obligé de cheminer et d'établir une batterie sur le glacis. C'est le système qu'on avait adopté pour Salêhiëh, et qui, par la succession des travaux, pouvait le transformer en place régulière.

D'anciens châteaux, autour desquels on n'avait pas eu le temps de creuser des fossés et de bâtir des contrescarpes revêtues, portaient le nom de forts; le pied de revêtement de plusieurs était à peine garanti par un léger bourrelet. Ces forts ne pouvaient par conséquent résister à l'artillerie. La plupart n'étaient aussi que de simples redoutes de campagne, qu'on commençait à revêtir et qui n'avaient pas de contrescarpe.

Presque tous ces ouvrages étaient entourés de palmiers, décombres, monticules de sable, etc., etc., qui rendaient les approches faciles, et dont on n'avait pu les dégager. Tous ces inconvéniens étaient réunis à Alexandrie; cependant les ouvrages dispersés sur un développement immense, se soutenaient réciproquement; mais les approches étaient faciles, et on avait dû négliger plusieurs points importans, pour mettre plus tôt les principaux ouvrages en état de résister. Dans les derniers temps on n'avait pas donné tout l'argent ni employé tous les bras qu'on aurait pu consacrer à ces travaux; et Alexandrie n'était pas en état de résister plus de huit jours à une attaque régulière.

On avait toujours regardé la ville du Caire comme trop considérable et trop peuplée pour être défendue; cependant, après le siége qu'il avait été obligé d'en faire, Kléber voulut éviter que dans des circonstances pareilles à celles d'Héliopolis, des partis ennemis pussent y pénétrer et occasionner une nouvelle révolte; en conséquence, il ordonna la réparation d'un ancien mur d'enceinte, la construction de quelques tours et l'occupation de plusieurs postes. Il destinait particulièrement à ce service les troupes auxiliaires grecques et cophtes, de manière qu'il aurait toujours eu l'armée disponible; mais, en ordonnant ces travaux, il n'avait jamais pensé que dans aucun cas elle dût s'y renfermer. Après sa mort on les continua; et comme ils s'exécutaient sous les yeux du chef de l'armée, on leur donna une importance qu'ils n'auraient jamais dû avoir : on les augmenta en nombre et en solidité, et on y employa des fonds et des ouvriers qui auraient été plus utiles ailleurs, particulièrement à Alexandrie.

Cet aperçu suffit pour donner une idée générale des fortifications faites en Égypte par les Français. Les officiers du génie, qui les ont dirigées avec tant de zèle et de talent, ont fait plus qu'on ne pouvait espérer en si peu de temps, ayant peu de moyens et de nombreux obstacles à surmonter.

Ces fortifications étaient excellentes contre des armées turques, inhabituées aux attaques régulières, qui n'en sont pas même susceptibles par leur organisation, et qui savent à peine se servir de leur artillerie; mais elles ne pouvaient opposer qu'une faible résistance aux attaques des troupes européennes. Cependant, considérées comme dépôts destinés à fournir aux besoins de l'armée, dans tous les lieux où elle pouvait se porter, elles remplissaient leur but. C'était sur l'armée que reposait la défense de l'Égypte; elle devait toujours être prête à se réunir pour marcher contre l'ennemi le plus dangereux.

~~~

DES ROUTES ET MARCHES D'ARMÉE DANS L'INTÉRIEUR DE L'ÉGYPTE.

Après avoir établi ces postes, qui donnaient les moyens de nourrir l'armée sur tous les points, les routes pour faciliter dans toutes les saisons ses marches étaient l'objet dont il était le plus nécessaire de s'occuper.

Les communications par eau furent organisées sur le Nil, et protégées par des barques armées. Bonaparte ordonna des reconnaissances pour celles de terre; elles furent continuées par ses successeurs. Si les marches étaient faciles pendant la sécheresse, on ne pouvait que par de grands travaux les rendre praticables pendant le reste de l'année : cela était cependant d'une importance majeure pour le temps où la retraite des eaux permettant d'agir sur la lisière du désert et sur une partie de la côte, des corps de troupes éprouvaient encore des difficultés pour traverser la Basse-Égypte.

Les routes qu'il importait particulièrement d'organiser étaient d'abord celle d'Alexandrie à Damiette en suivant la côte (elle le fut par l'établissement de barques pour le passage des bouches); celles de Rahmaniëh à Damiette, de Ramaniëh à Saléhiëh, de Damiette à Saléhiëh, du Caire à Damiette, du Caire par Rahmaniëh à Alexandrie et Rosette.

Pour que ces routes fussent praticables pendant l'inondation, elles devaient être élevées au-dessus du niveau des eaux; on pouvait profiter de plusieurs digues et ponts qui existaient déjà. Les nouvelles levées et les ponts qu'on aurait dû faire, devaient se rattacher au système général d'irrigation de la Basse-Égypte; il était nécessaire de le bien étudier avant de commencer un travail qui pouvait avoir tant d'influence sur les cultures et l'état physique de l'Égypte. On devait chercher à perfectionner la distribution des eaux en traçant ces routes : ainsi les reconnaissances ne pouvaient qu'être fort lentes; et elles n'étaient pas terminées lorsqu'on dut abandonner le pays. Il aurait fallu construire un grand nombre de ponts et faire des levées fort étendues; mais ce travail, indispensable pour perfectionner le système de défense, demandait plusieurs années. Si on n'a pas eu le temps d'exécuter ces routes, les reconnaissances qu'elles ont occasionnées ont du moins procuré au génie militaire, aux ingénieurs des ponts et chaussées et aux ingénieurs-géographes, des matériaux très précieux pour la connaissance parfaite de l'Égypte.

CONSIDÉRATIONS SUR LA CIVILISATION DES DIFFÉRENTES CLASSES D'HABITANS DE L'ÉGYPTE.

La population de l'Égypte est composée de plusieurs races, qui ont toutes dans le caractère des traits communs, mais qui sont cependant distinguées par leur genre de vie, leurs mœurs, leur existence politique et leur religion. L'islamisme, qui est celle de la plus grande partie des habitans, exclut les individus des autres cultes de toute influence politique; tolérés par la loi, ils sont réduits à une entière dépendance, et sans cesse exposés au mépris de l'orgueilleux Musulman.

On observe, en Égypte, presque toutes les nuances de la civilisation, depuis l'état pastoral jusqu'à l'homme changé, dépravé même par le pouvoir et par le luxe; mais on n'y peut apercevoir celle de l'homme perfectionné par les arts et l'étude des sciences. On y trouve aussi des traces d'un système féodal, qui paraît inhérent aux premiers degrés de la civilisation.

Ces nuances seront plus frappantes si on examine séparément les habitans du désert, ceux des campagnes et ceux des villes.

DES ARABES.

L'Arabe Bédouin, errant dans les déserts, y faisant paître ses troupeaux et se nourrissant de leur lait, retrace encore actuellement les anciens patriarches : mêmes mœurs, mêmes usages, même genre de vie ; le pays qu'il habite n'en permettant pas d'autre, il n'a pu changer. Si certains auteurs avaient vécu avec ce peuple ; s'ils avaient étudié les hommes formés par cette vie pastorale, ils se seraient épargné beaucoup de déclamations.

L'Arabe respecte surtout les vieillards ; l'autorité paternelle est très étendue chez lui, et tous les enfans restent unis sous le pouvoir du chef de la famille ; lorsqu'elle devient considérable, après plusieurs générations, elle forme une tribu dont les descendans du premier patriarche sont les chefs héréditaires ; chargés du gouvernement, ils attirent à eux l'influence et les richesses ; ils finissent par dominer et par former une classe supérieure ; alors ils usurpent une espèce d'autorité féodale sur le reste de la tribu.

Les cheiks représentent le père de la famille, et jugent les différends de leurs enfans ; mais plus la famille ou la tribu est considérable, moins leurs jugemens sont respectés : de là naissent des querelles, et l'homme de la nature qui se croit lésé a recours à sa force personnelle. Les jalousies entre les frères, fruit d'un défaut d'équilibre entre l'affection qu'ils inspirent ou les biens qui leur sont dévolus, sont très fréquentes, notamment après la mort du père ; et quoique le droit d'aînesse soit reconnu, il n'est pas rare de voir des frères guerroyer lorsqu'ils sont assez puissans pour que leurs querelles portent ce nom. Les rixes entre familles et tribus voisines sont assez fréquentes; des empiètemens sur les pâturages, des enlèvemens de bestiaux, etc., en sont la cause ou le prétexte. Aucune autorité supérieure n'existe pour les juger, ou pour les contraindre à un accommodement : et cette vie pastorale primitive, qu'on croyait si paisible, n'offre que le tableau d'un état de guerre presque continuel.

Rien ne lie les Arabes à une société générale : leur religion, qui devait être un moyen d'union, ne les a réunis que lors de l'impulsion fanatique donnée par Mahomet, et continuée sous ses successeurs, par une suite nombreuse de conquêtes étonnantes qui changèrent les mœurs de ces générations. Chaque tribu a son chef de religion, qui, dans les affaires intérieures trop importantes pour être décidées par le cheik, juge d'après les principes du Koran; mais ces ministres du culte ont peu d'influence pour étouffer les dissensions entre les tribus.

Les querelles sont interminables, des haines héréditaires font naître des combats, des pillages, des assassinats sans cesse renaissans : le sang doit être vengé par le sang. Les localités, des intérêts communs et des haines semblables, unissent quelquefois, pour un temps, des familles et des tribus sous un même chef; mais la fin de la guerre, le partage du butin, brisent ces liens d'un moment, dès que les mêmes dangers ne les forcent plus de rester alliées.

Quoique dominés par des passions haineuses et les jalousies qui naissent de cet état habituel de guerre, les Arabes ont de belles qualités morales. Ils exercent, même envers leurs ennemis, l'hospitalité, plus commune chez l'homme de la nature, malgré ses besoins, que chez l'homme civilisé au sein de ses trésors. Cette vertu commence à perdre chez eux de sa pureté, par l'ostentation qu'ils y mettent, et parce qu'elle tient au besoin qu'ils ont de trouver des asiles dans les orages fréquens auxquels ils sont exposés.

Passionnés pour leur indépendance, ils méprisent le cultivateur et l'homme des villes ; ils ont de la fierté dans le caractère et quelques sentimens élevés. C'est même une question à résoudre, si la fausseté, la dissimulation qu'on leur reproche, notamment dans leurs relations politiques et particulières avec les classes plus civilisées, sont le résultat de leurs mœurs, ou de l'expérience de la mauvaise foi de ces dernières? La flatterie adroite qu'ils savent employer dans certaines occasions, tient-elle à leur caractère, où l'ont-ils apprise dans leurs relations étrangères? (1)

---

(1) J'ai souvent été surpris d'entendre des Arabes, élevés dans le désert, d'un aspect sauvage et couvert de haillons, sachant à peine lire quelques passages du Koran, employer, dans certaines discussions, une adresse de raisonnement et des détours dignes des négociateurs les plus subtils, des flatteries qu'avouerait le courtisan le plus exercé, et parsemer leurs discours de grandes et belles images. En général, l'imagination vive et les sentimens élevés des Arabes contrastent avec le sol brûlant et stérile qu'ils habitent, avec la simplicité et même la misère de leur vie. Dans leurs poésies, ils chantent l'amour, tandis que leurs institutions, la polygamie et

Les qualités que les Arabes estiment particulièrement, sont la franchise et la bravoure : chez eux, un des plus grands éloges est de dire d'un homme qu'il n'a qu'une seule parole. Ils étaient peu habitués, avant l'arrivée des Français, à rencontrer cette qualité chez les dominateurs de l'Egypte.

Aucun titre à leurs yeux n'est plus beau que celui de père; aussitôt qu'un Arabe a un fils, il change de nom et prend celui de père de ce fils. Ce que les Arabes désirent le plus, c'est la multiplication de leur race, parce que leur pouvoir et leur ascendant s'accroissent dans la même proportion; c'est comme leur donnant beaucoup d'enfans qu'ils honorent leurs femmes : réduites aux travaux du ménage et aux soins des troupeaux, elles n'ont ordinairemement aucune influence publique. Cependant il est quelques exemples de femmes considérées pour leur aptitude aux affaires, qui ont succédé à leurs maris dans la place de cheik. (1)

---

l'état d'abjection où leurs femmes sont réduites, devraient détruire presque entièrement cette passion.

(1) La tribu de Békir en Syrie, qui est fort puissante, depuis la mort d'Akmet-Békir, cheik très considéré, obéit à sa mère. Il en est aussi dans la Haute-Égypte, mais ces exemples sont très rares.

Dans une visite à la tribu de Néfahat, j'interrogeais un vieillard qu'on me présenta comme l'historien de sa tribu : Il me dit, en parlant de leur établissement en Égypte, que la femme de Néfoa, lorsqu'il y vint, *avait les yeux aussi vifs et aussi perçans que la balle qui sort du fusil*; elle avait un grand caractère et beaucoup d'esprit; aussi ses enfans ont prospéré, et les

Les guerres fréquentes ont déterminé les familles et tribus à convenir des limites de territoire, et des puits du désert qui appartiendraient à chacune d'elles; ce genre de propriété est général pour toute la tribu. Les propriétés personnelles sont les troupeaux, dont la vente leur produit des grains, des armes et du tabac; et leur industrie, qui se réduit à la location de leurs chameaux et à quelques branches très faibles de commerce, telles que le charbon, la gomme, le sel, le natron, l'alun, etc., etc., que les localités restreignent à certaines tribus.

Les Arabes ne connaissent pas l'usage des impôts pour subvenir aux dépenses générales. Le cheik est ordinairement le plus riche; il doit, avec ses biens, entretenir ses cavaliers, et subvenir aux dépenses qu'occasionnent l'hospitalité et les réunions des autres chefs: excepté dans ces circonstances, il vit aussi simplement que le reste de la tribu.

Piller est un besoin pour tous les Arabes. Les dépouilles sont partagées entre les familles, d'après des règles établies. Cet esprit de pillage est-il inhérent à leur degré de civilisation? Est-il le résultat des guerres qu'ils se font entre eux, ou naît-il de la jalousie qu'ils portent à l'aisance des classes plus civilisées qui habitent les terrains cultivés? Je ne déciderai pas ces questions. Les Arabes se justifient

---

Néfahat ont actuellement cinq cents cavaliers, tandis que les Lomclat n'en ont pas cent; ils descendent cependant d'un frère de Néfoa, qui vint en même temps que lui; mais dont la femme avait des *yeux de gazelle*, était douce et timide.

en disant que le pillage est un droit de conquête; ils regardent ce qu'ils prennent comme des trophées militaires, et se considèrent comme étant en guerre éternelle avec tout ce qui n'est pas eux.

L'Arabe étant habitué dès l'enfance à tout respecter dans les vieillards, forme ses opinions d'après la leur; rien n'excite en lui de nouvelles idées, et c'est ainsi que ses mœurs se sont perpétuées. Il ne trouve rien de plus beau, de plus noble que son existence. Occupé de ses chevaux, de ses chameaux, de courses et de pillages, tandis que ses femmes gardent les troupeaux et tissent ses grossiers vêtemens, il contemple avec mépris le reste des hommes, pense que c'est dégrader sa dignité que de s'adonner à la culture de la terre et habiter des maisons. Son mépris pour toutes les institutions étrangères s'oppose à leur influence.

C'est là ce qui conserve à tous les Arabes un caractère national, même à ceux qui ont eu le plus de relations avec les peuples civilisés, et qui ont adopté une partie de leurs usages. Mais quoique leur caractère ne soit pas sensiblement modifié par le contact des autres peuples, l'habitation des terres cultivées occasionne cependant quelques changemens dans leur état politique. Suivons-les, depuis l'Arabe isolé dans le désert, jusqu'à celui qui est établi en souverain dans certains cantons.

L'Arabe Bédouin, vivant dans le désert du produit de ses troupeaux et de ses pillages, est réputé le plus noble et le plus pur. Les plus riches, ceux qui vivent dans l'aisance, en font le plus grand éloge, et même regardent comme un grand honneur d'en descendre; mais ils ne sont pas tentés de l'imiter.

Il existe dans quelques tribus une classe composée de descendans de familles étrangères ou de fellâhs qui, fatigués de vexations, se sont sauvés dans le désert et ont embrassé la vie arabe. Cette classe n'est point admise à la noble oisiveté et à la vie militaire des Bédouins; elle est restreinte à la garde des troupeaux, à la conduite des chameaux et aux travaux de la terre, lorsque ces tribus ont quelques cultures : tels sont les Hattemëhs dans la Charkiëh. Quelques cheiks de tribus voisines des terres cultivées, ayant augmenté leur puissance et leurs richesses, ont réduit le reste de la tribu à cet état secondaire; leur famille, considérée comme d'origine noble et purement arabe, est seule exempte des travaux.

Les Arabes ne font pas d'esclaves dans leurs guerres (1). N'ayant pas de travaux pénibles pour

---

(1) Quelques tribus puissantes de la Haute-Égypte paraissent devoir faire exception; encore les esclaves faits n'appartiennent-ils pas à des Arabes, mais à des Barabas. Pendant notre séjour, le cheik de la tribu de Tarfé, Mahmoud-Ebn-Ouafi, envoya un parti de quelques cents cavaliers à cent vingt journées dans le désert, contre une tribu dont il prétendait avoir à se plaindre. Ces cavaliers ayant eu le dessous, passèrent, en revenant, sur les terres de Dongola, où ils firent des prisonniers, et notamment prirent la famille du chef. L'héritier présomptif vint à Siout porter plainte aux Français, et le gé-

les occuper, ils leur seraient inutiles, et personne ne voulant les acheter, ils ne pourraient en faire un objet de commerce. Lorsque les ennemis tombent entre leurs mains, ils les tuent ou se bornent à les dépouiller; suivant l'importance qu'ils leur supposent chez leurs ennemis, quelquefois ils les gardent en otage. Ils connaissent cependant l'esclavage et achètent même des nègres de l'intérieur de l'Afrique; mais il n'est chez eux, comme dans presque tout l'Orient, qu'une espèce d'adoption. L'esclave acheté entre dans la famille; il n'est chargé d'abord que du service domestique, mais dès que son âge et ses forces le permettent, il accompagne son maître à la guerre; tout lui devient commun avec les enfans. Souvent le maître joint au don de la liberté celui des troupeaux nécessaires pour son établissement, et le marie. On voit des descendans de ces esclaves noirs partager l'autorité et la considération avec les autres Arabes; plusieurs sont même parvenus à la place de cheiks. Les tribus du désert achètent moins d'esclaves que celles qui sont voisines de terrains cultivés : celles-ci ont besoin d'une force armée considérable pour se maintenir et accroître leur puissance.

Plusieurs tribus se sont successivement établies sur la lisière des terres cultivées et du désert, d'autres dans des plaines sablonneuses qui forment

---

néral Donzelot lui fit rendre ses frères et sœurs, ainsi que ses sujets, qui étaient déjà disséminés dans les divers camps de la tribu.

des espèces d'îles au milieu des terres cultivées. Elles y vivent encore sous la tente et dans des cabanes de roseaux, et y conservent leurs mœurs. Elles ont aussi leur arrondissement dans le désert, où elles envoient paître leurs chameaux et peuvent se sauver avec leurs troupeaux dès qu'elles ont quelque attaque à redouter. Cette proximité des terres cultivées leur fait prendre des habitudes et des besoins dont les purs Bédouins sont exempts. Ces Arabes se nourrissent mieux et font cultiver quelques terres par les classes inférieures ou par les fellâhs. D'autres Arabes ont quitté les tentes pour habiter les villages ; ils y sont distingués des fellâhs par leur oisiveté, par la vie militaire de tous ceux qui tiennent aux familles des cheiks, et par une espèce d'indépendance. Devenus propriétaires et cultivateurs, ils sont davantage sous la main du gouvernement ; cependant plusieurs sont assez puissans pour lui résister ou pour s'en faire craindre ; quelques uns ont des cantons où ils commandent en souverains. Le cheik Hamman était le véritable prince de la Haute-Égypte, lorsque Ali-Bey anéantit son pouvoir. Depuis, aucun ne s'est élevé à ce degré de puissance ; mais il en est beaucoup qui possèdent des villages, soit comme propriétaires ou seigneurs, soit comme propriétaires de terrains francs. Ils maintiennent leur dignité par une nombreuse cavalerie, et sont craints et respectés par un gouvernement faible et divisé.

Les Arabes se considèrent comme établis en

Égypte par droit de conquête ; les différentes tribus s'en sont partagé toute l'étendue par arrondissemens ou juridictions (1), où chacune domine et a ses terres particulières. Ils regardent les fellâhs comme des vassaux qui doivent cultiver les terres nécessaires à leur subsistance, et payer un tribut pour celles qu'ils cultivent pour leur propre compte, pendant que, toujours à cheval et armés, ils les protégent contre les tribus ennemies. Ces tribus conservent dans cet état tout l'orgueil arabe, traitent avec les gouvernans de l'Égypte comme de souverain à souverain, trouvent indigne d'elles de payer des contributions fixes, mais se procurent la tranquillité par des présens que l'usage a conservés, et qui consistent en chevaux, en chameaux, très rarement en argent. Ils fuient dans le désert plutôt que de se soumettre entièrement. Redoutés des cultivateurs, et bravant le gouvernement dans leurs fuites et leurs retours faciles, ils forcent toujours les fellâhs d'acheter leur protection.

Le titre de cheik arabe est très vénéré en Égypte. Aussitôt que les cheiks de village sont assez riches

---

(1) J'emploie le mot juridiction, parce qu'on trouve encore des traces des institutions des Arabes successeurs de Mahomet, qui avaient établi des espèces de juges de paix nommés *sanager*. Ces arbitres terminaient les querelles qui avaient lieu dans leur juridiction. Ces places étaient héréditaires pour les chefs de certaines familles : les Arabes les consultent encore quelquefois; mais cette institution a été presque annulée depuis que les mameloucks ont envahi tous les pouvoirs.

pour entretenir une maison et un certain nombre de cavaliers, ils se procurent une généalogie qui les fait descendre de quelque ancienne famille arabe, et prennent le titre de *cheik-el-arab*.

Si les querelles et les haines invétérées des tribus arabes ne s'opposaient pas à leur réunion, elles pourraient rassembler quarante mille cavaliers, et seraient maîtresses de l'Égypte; mais l'esprit de division qui les domine en préserve le pays.

Les familles arabes qui habitent les villages, notamment les Aouarahs, dans la Haute-Égypte, paraissent descendre de ceux qui en firent la conquête sous les successeurs de Mahomet; mais l'établissement des autres tribus est plus moderne; je n'ai pu en découvrir l'époque, non plus que celle de la distinction de leurs arrondissemens. Les vieillards et les tribus établies près des terres cultivées, font remonter leur émigration au onzième ou douzième siècle. Dans tous les temps, le Nil a attiré sur ses rives les habitans du désert : du côté de la Charkiëh sont les tribus venues de l'Arabie; celles de la Barbarie s'arrêtent dans le Bahirëh, à l'ouest du Nil: elles sont plus belliqueuses et mieux armées que les autres. Il en arrive fréquemment de nouvelles des parties occidentales.

Outre les alliances entre les tribus, il existe encore chez les Arabes de grands partis ou ligues, dont les cheiks puissans sont les chefs*: chaque famille ou chaque tribu tient à l'une de ces ligues, celles qui sont du même parti se soutiennent réciproquement dans leurs guerres. Lorsqu'il s'élève une rixe entre deux tribus du même parti, celle qui n'est pas soutenue par le reste de la ligue passe momentanément dans le parti opposé. Je n'ai pu découvrir l'origine de ces ligues ; elles sont très anciennes, et se retrouvent chez tous les Arabes. Dans la Basse-Égypte, l'un des partis est nommé *Sath*, l'autre *Haran;* en Syrie, *Kiech* et *Yemani;* les familles de fellâhs et les villages sont attachés à l'une ou à l'autre de ces ligues. Les beys, dans leurs dissensions, s'en appuyaient lorsqu'il y avait deux partis principaux dans le gouvernement. A l'arrivée de l'armée française, Ibrahim-Bey, était *Sath*, et Mourâd-Bey, *Haran*. En général le parti sath était attaché au gouverneur du Kaire.

Les Arabes paraissent en quelque sorte former un cadre dans lequel la population de l'Égypte est enchâssée; ils constituent un gouvernement hors du gouvernement. Je me suis un peu étendu sur leur état politique, parce qu'on en trouve des traces dans toutes les autres classes.

DES FELLAHS OU CULTIVATEURS.

Les fellâhs, ou cultivateurs de l'Égypte, tiennent beaucoup des Arabes, et sont probablement un mélange de leurs premières immigrations avec les anciens habitans. On retrouve chez eux la même distinction en familles ; lorsqu'elles sont réunies dans un même village, elles forment une espèce de tribu. Les haines entre les familles ou les villages sont aussi fortes ; mais l'extrême dépendance détruit chez eux l'esprit altier et libre qui distingue l'Arabe. Les fellâhs végètent sous un gouvernement féodal d'autant plus rigoureux qu'il est divisé, et que leurs oppresseurs font partie de l'autorité qui devrait les protéger ; ils cherchent cependant toujours à se rapprocher de l'indépendance des Arabes, et s'honorent de les citer pour ancêtres.

Les fellâhs sont attachés par familles aux terres qu'ils doivent cultiver ; leur travail est la propriété des mukhtesims ou seigneurs de villages, dont nous parlerons plus bas ; quoiqu'ils ne puissent être vendus, leur sort est aussi affreux qu'un véritable esclavage. Ils possèdent et transmettent à leurs enfans la propriété des terres allouées à leur famille ; mais ils ne peuvent les aliéner, à peine peuvent-ils les louer, sans la permission de leur seigneur : si, excédés de misère et de vexations, ils quittent leur village, le mukhtesim a le droit de les faire arrêter. L'hospitalité, exercée par les fellâhs comme par les Arabes, leur ouvre un asile dans d'autres villages, où ils louent leurs services et où ils demeurent si leur propriétaire n'est pas assez puissant pour les y poursuivre. Ils sont aussi reçus chez les Arabes. Ceux qui restent dans le village sont encore plus malheureux ; ils doivent supporter tout le travail et payer les charges des absens : réduits enfin au désespoir, ils finissent par tout abandonner, et deviennent domestiques des Arabes du désert, s'ils ne peuvent se réfugier ailleurs. On voit plusieurs villages abandonnés, dont les terres sont incultes, parce que les habitans ont ainsi puni des propriétaires trop avides.

Les mukhtesims ou propriétaires de villages peuvent être comparés aux seigneurs du régime féodal; ils perçoivent la plus grande partie du produit des cultures, dont ils forment ensuite deux portions inégales; la plus faible, sous le nom de *miry*, est l'impôt territorial dû au grand-seigneur, et ils réservent pour eux la plus forte, sous les noms de *fays*, de *barani*, etc., etc. Outre ces droits, ils ont, ainsi que les seigneurs féodaux, la propriété immédiate d'une terre nommée *oussieh*, que les fellâhs doivent cultiver par corvées outre celles qu'ils possèdent.

Un village n'appartient pas toujours à un seul propriétaire, souvent il en a plusieurs. Pour établir clairement cette division des droits, on le suppose divisé en vingt-quatre parties, qu'on nomme karats, et chaque mukhtesim en a un nombre déterminé. Chaque portion du village cultivé par une ou plusieurs familles, a pour cheik un des chefs de ces familles, nommé par le mukhtesim. Celui de ces cheiks qui possède le plus de richesses, qui peut entretenir des cavaliers, et qui a la principale influence dans les querelles et dans les guerres, est reconnu pour cheik principal et traite des affaires générales; mais il n'a d'autorité que dans sa famille;

ses avis ne sont suivis dans le reste du village, qu'en raison de la crainte ou de l'estime qu'il inspire.

Outre les cheiks, il y a dans les villages quelques autres fonctionnaires; l'*oukil*, chargé par les propriétaires du soin des récoltes de l'oussieh; le *chahed* et le *kholi*, espèce de notables, dépositaires du petit nombre d'actes qui se font dans les villages; le *méchaid*, le *mohandis*, espèces d'arpenteurs, etc., etc.

Le muckhtesim établit quelquefois un kaimakan, ou commandant de village chargé de le représenter, d'entretenir la police, de suivre les cultures, et de veiller au paiement des contributions. Lorsque cet homme est assez bien escorté pour se faire obéir, qu'il ne cherche pas uniquement sa fortune, et que le propriétaire connaît assez ses intérêts pour n'en pas faire l'instrument de ses vexations, il est utile aux villages, parce que les querelles sont plus facilement apaisées, et que la police étant mieux observée, les fellâhs se livrent entièrement à la culture.

Les fellâhs étant cultivateurs et propriétaires, ont plus de sujets de querelles que les Arabes: leurs cheiks n'ayant d'autorité réelle que dans leur famille, il n'existe aucune puissance municipale centrale; si l'un d'eux ne prend pas de prépondérance, si les mukhtesims ne s'accordent pas pour entretenir un kaimakan avec une force armée imposante, l'anarchie s'empare du village, et chaque famille veut venger elle-même ses querelles. Le besoin de s'occuper de la culture des terres les force cependant à des accommodemens; ils cherchent des arbitres ou des juges; mais il n'existe aucune force chargée de faire exécuter ces arrêts. Souvent l'une des parties qui se croit lésée par le jugement s'y soustrait, à moins que quelque homme puissant ne la force à s'y soumettre.

Les kadis, établis dans chaque province pour juger les différends, d'après le Koran, n'ont qu'un faible ascendant d'opinion. On ne s'adresse à eux que pour quelques affaires générales entre plusieurs villages, et pour des discussions d'intérêt où il faut présenter des pièces judiciaires. Les mukhtesims, qui trouvent plus convenable à leurs intérêts d'être juges dans leurs villages; les cheiks arabes qui veulent conserver leurs juridictions, ont écarté les affaires de ces kadis. Les mameloucks ont achevé de les neutraliser et de leur ôter toute considération. Leur avilissement contraint les fellâhs à s'adresser, pour terminer leurs querelles, à des arbitres assez forts pour faire exécuter leurs décisions : ils choisissent les principaux cheiks de leur village ou des villages voisins, des cheiks arabes, leurs propriétaires, ou le kiachef ou bey, gouverneur de la province.

Ces querelles interrompent quelquefois les cultures et les travaux nécessaires à l'irrigation : chacun cherche à piller ou à assassiner un de ses ennemis. On ne poursuit pas le coupable, qui souvent reste inconnu, mais toute la famille en devient responsable, et alors elle entraîne dans sa querelle ses alliés, des villages entiers, et jusqu'aux grandes ligues elles-mêmes; de là des guerres qu'un médiateur puissant a seul la faculté de terminer.

Le gouvernement n'étant pas toujours assez fort pour prévenir et réprimer les attaques auxquelles les villages sont continuellement exposés de la part des Arabes, ou les guerres qui naissent des haines de familles, a dû permettre le port d'armes. Les fellâhs ont, autant que leurs moyens le leur permettent, de mauvais fusils à mèches, des poignards, des sabres, des lances, des bâtons. Lorsqu'ils se croient assez forts pour se libérer du droit de protection qu'ils paient aux Arabes, ils vont en armes labourer ou faire leur récolte. La monture exclusive des cheiks, une jument arabe, est toujours pour eux, lorsqu'ils visitent leurs champs, l'instrument du combat ou de leur fuite. Chaque village établit des gardes pour veiller à la conservation des digues pendant l'inondation. Lorsque la crue du Nil est faible, ils se disputent l'eau. Des enclos flanqués de petites tours crénelées placés vers les puits éloignés des villages servent à défendre leurs troupeaux lorsque l'ennemi paraît. (1)

Les villages, presque tous entourés de murs de terre crénelés, sont autant de citadelles où les fellâhs se retirent avec leurs bestiaux et se défendent,

---

(1) On voit encore des tours semblables dans quelques parties de l'Europe, où le régime féodal a existé le plus longtemps.

s'ils ne sont pas assez forts en cavalerie pour tenir la campagne. Ces fortifications sont considérées comme presque imprenables par les Arabes et les fellâhs, qui n'ont point d'artillerie et fort peu d'armes à feu. Les mameloucks même évitaient de les attaquer lorsqu'ils pouvaient les soumettre par la douceur ou par la trahison.

Leurs guerres ne sont que des rencontres partielles ; ce sont plutôt des assassinats que des combats. Le sang doit être vengé par le sang d'un ennemi, et ces hostilités seraient interminables si le gouvernement, les propriétaires ou les cheiks arabes puissans n'intervenaient pas comme médiateurs armés, et si l'usage du rachat du sang, en faisant payer des amendes aux deux partis, et des indemnités pour les familles qui ont perdu le plus d'hommes, ne suspendait pas les haines éternelles de famille à famille. (1)

---

(1) Je recevais fréquemment des plaintes relatives à des assassinats : un jour, un fellâh vint chez moi et déroula des plis de ses vêtemens la tête de son frère encore toute sanglante. Les parens des morts, qui m'apportaient des lambeaux de leurs habits teints de sang, demandaient vengeance contre telle famille ou tel village ; rarement ils désignaient l'individu coupable. Leurs guerres recommençaient aussitôt que la force militaire était trop éloignée pour leur imposer. Lors de la victoire que Bonaparte remporta sur les Turcs, à Aboukir, la province de Charkiëh avait été laissée sans troupes ; quand j'y retournai, les villages de Ihiëh et de Maadiëh avaient renouvelé une ancienne querelle ; leurs alliés s'étaient rassemblés, tous les Arabes avaient pris parti ; cinq ou six mille

Cet état de guerre presque continuel, ces alliances, ces ligues générales, habituent les fellâhs à résister aux vexations de leurs propriétaires et du gouvernement, lorsque des circonstances s'opposent à l'envoi de forces suffisantes. De là des révoltes très fréquentes dans certaines provinces, et particulièrement dans celles où les Arabes sont nombreux.

On pourrait difficilement imaginer des hommes plus malheureux que les fellâhs d'Égypte, s'ils connaissaient un terme de comparaison, si leur caractère et leurs préjugés religieux ne les portaient pas à la résignation, et s'ils n'étaient pas persuadés que le cultivateur ne doit pas jouir d'un meilleur sort.

---

hommes formaient l'armée de chaque village, et depuis huit jours qu'elles étaient en présence, sept ou huit hommes de part et d'autre avaient été tués : j'arrivai avec un bataillon, aussitôt ces attroupemens se dissipèrent. Je fis venir les cheiks de chaque village, et je leur prouvai, par le calcul des hommes morts depuis plusieurs années, que cette guerre n'avait plus de motifs, puisqu'il y avait égalité de nombre. Ils s'embrassèrent devant moi en récitant la formule de paix; mais comme, dans leur opinion, elle n'avait pas été consolidée par le paiement d'une amende, ils recommencèrent à s'égorger pendant l'inondation de l'année suivante.

Les cheiks du village de Beisous, appelés pour une querelle qui s'était renouvelée par le non-paiement du rachat du sang, me dirent que, peu accoutumés à ce genre d'affaires, ils avaient été consulter les cheiks de Sériakous, qui avaient l'habitude de payer 400 pataques (environ 1200 livres) pour chaque assassinat.

Ce n'est pas assez qu'ils paient au gouvernement et aux mukhtesims la plus grande partie du produit de leurs récoltes, qu'ils soient employés gratuitement à la culture des terres d'oussieh, que leurs mukhtesims aggravent tous les jours les droits qu'ils en tirent, les commandans de province exigent encore d'eux la nourriture de leurs troupes, des présens, et toute espèce de droits arbitraires dont les noms ajoutent l'ironie à la vexation, tels que *raf el medzalim*, le rachat de la tyrannie, etc. C'est peu que la justice soit nulle ou mal administrée; qu'ils doivent payer pour l'obtenir; que, ne le pouvant pas, et se la rendant eux-mêmes, ils soient obligés d'acquitter des amendes; que la fuite même puisse difficilement les soustraire à ces vexations, il faut encore, pour les achever, que les Arabes dont ils sont entourés les forcent à payer leur protection contre les autres tribus, protection nulle en effet, puisque, malgré cela, ils n'en partagent pas moins les dépouilles et les récoltes de leurs protégés; et lorsque le gouvernement poursuit les Arabes, les pertes et les punitions retombent encore sur les pauvres fellâhs, qu'ils ont contraints de s'attacher à leur sort.

On doit attribuer à cet état misérable l'indolence générale des fellâhs, leur sobriété, leur dégoût pour toute espèce de jouissance, et l'habitude d'enterrer l'argent, qui leur est commune avec toutes les classes. Certains d'attirer sur eux, par une apparence de bien-être, l'attention, et des avanies quelquefois plus fortes que leurs moyens, ils ont le plus grand soin de cacher ce qu'ils possèdent. Bien différens des fermiers d'Europe, qui mettent leurs plus beaux vêtemens lorsqu'ils vont chez leurs propriétaires, les fellâhs ont soin de se couvrir de haillons lorsqu'ils doivent paraître devant les leurs.

DES HABITANS DES VILLES, DES MAMELOUCKS ET DE LEUR GOUVERNEMENT.

La population des villes est un mélange de plusieurs races, d'origine, de mœurs et de religions très différentes. On y distingue particulièrement les artisans, les commerçans, tous diversifiés par leur pays et leur croyance; les propriétaires qui vivent de leur revenu; les chefs de la religion, et les militaires chefs du gouvernement.

Les habitans des grandes villes n'appartiennent pas, comme les fellâhs, à des seigneurs; ils possèdent leurs maisons, leurs jardins, etc., et ont la faculté de les vendre. Ces villes, peu nombreuses, sont le Caire, Damiette, Rosette et Alexandrie; Tenta est bien à peu près dans ce cas, mais c'est parce que son territoire appartient à une mosquée. D'autres villes n'ont pas de propriétaires, mais leurs revenus sont affectés aux gouverneurs des provinces. (1)

---

(1) La population d'Alexandrie diffère de celle des autres

La distinction par famille se retrouve encore dans les villes; l'exercice des arts et métiers est héréditaire, le fils imite les procédés de son père et ne les perfectionne pas. Si plusieurs familles d'une même religion exercent un même métier, elles forment une corporation qui choisit pour chef le plus riche et le plus considéré entre les anciens; elles habitent un même quartier.

Les commerçans forment aussi des corporations, selon leur pays, leur genre de commerce et leur culte : chacune, au Caire, a ses chefs, ses magasins et ses quartiers particuliers. Tout est corporation dans les villes d'Egypte, depuis celle des orfèvres jusqu'à celle des porteurs d'eau, des âniers, et presque celle des voleurs (1); le chef de la cor-

---

villes : les habitans, occupés de leur commerce et de quelque métier, sont un assemblage d'hommes des différentes parties des côtes de la Méditerranée, particulièrement de celles de la Turquie; ayant plus de communication par terre avec Constantinople, ils sont plus soumis au grand-seigneur que les autres Égyptiens, et bravent souvent l'autorité des mameloucks.

(1) Il y a au Caire un cheik des voleurs, qui retrouve ordinairement les objets volés lorsque les agas lui ordonnent de les faire restituer.

Les Arabes regardent le vol de jour comme noble : il est pour eux une image de la guerre; mais ils méprisent le voleur de nuit. Il existe cependant quelques familles arabes qui ne partagent pas cette opinion, et qui exercent ce métier, depuis plusieurs générations, avec la plus grande adresse. Je citerai celle des Ora-Ora, dans la province de Charkiëh. La terreur des châtimens et la menace faite à d'autres Arabes de les

poration est chargé de la surveillance de tous les individus, et répond d'eux aux chefs de la police. La seule classe qui ne forme pas corporation est celle des domestiques, qui est très nombreuse; ils dépendent des maîtres qu'ils servent. Les mameloucks et les mukhtesims choisissent surtout pour domestiques des fellâhs de leur village. Plusieurs, après avoir fait une espèce de fortune, non par l'économie de leurs gages, car ils sont peu payés, mais par les rétributions qu'ils exigent de tous ceux qui ont besoin de parler à leurs maîtres, obtiennent la permission de s'établir au Caire, et leur famille entre dans la classe des artisans ou des marchands. Quelquefois même ils se fixent dans les villages lorsqu'ils ont assez bien profité de la faveur de leurs maîtres, pour en obtenir le don de quelques portions de terre.

Chaque religion ou secte a son quartier séparé et son chef; elle en a plusieurs lorsqu'elle est suivie par plusieurs familles qui exercent divers métiers. Les Cophtes sont la classe la plus nombreuse de chrétiens établis en Egypte; la plus grande partie habitent les villes, où ils sont principalement chargés

---

punir, si ces vols ne cessaient pas, les suspendaient quelque temps; mais, à la première occasion, ils recommençaient. Un cheik arabe dont ils dépendaient, et qui me livrait quelquefois les coupables, me disait que les punitions étaient inutiles; qu'habitués au vol, par principe et par éducation, on ne pouvait les corriger qu'en détruisant toute la famille. Il en existe de semblables dans la Haute-Égypte.

de la perception des contributions, et de gérer les biens particuliers des chefs du pays; seuls lettrés, et habitués à ce genre de travail, ils se sont rendus nécessaires. Plusieurs exercent dans les villes des métiers, tels que celui de maçon, menuisier, etc. D'autres habitent les villages, notamment dans la Haute-Égypte, et y cultivent les terres. Ils y sont peu distingués des autres fellâhs. Les chrétiens de Syrie établis en Égypte, font le commerce avec leur pays, et se chargent de quelques entreprises de finances. Les Grecs, dont la plupart commercent avec leur pays, exercent aussi quelques arts, et fournissent des matelots. Les Juifs sont particulièrement *serafs* ou compteurs et changeurs de monnaies. Quelques uns sont orfèvres, fripiers ou serruriers; les préjugés qu'on a contre cette nation produisent les mêmes effets dans tous les pays. Les négocians européens établis en Egypte sont tous compris sous la dénomination de Francs; ils ont leur quartier particulier au Caire, et jouissent de quelques priviléges, quoique exposés à une foule de vexations.

Les commerçans et artisans de tous les cultes ne sont pas beaucoup plus heureux que les fellâhs : un gouvernement destructif et tyrannique pèse sur eux. Les droits multipliés sous diverses formes leur enlèvent une partie de leurs gains, et des avanies les font retomber dans la misère aussitôt que leur aisance est reconnue.

Les ministres de la religion musulmane et de la

justice, forment une classe intermédiaire, composée d'individus des classes inférieures, mais qui participent au gouvernement, parce qu'ils sont chargés du dépôt des lois et qu'ils ont de l'influence sur l'opinion.

L'expression vague des préceptes du Koran, seules lois écrites dans les pays musulmans, laisse aux docteurs une grande latitude pour les interprétations, et bien des moyens d'augmenter leur autorité. Quoique cette religion ait peu de dogmes, le fanatisme qu'elle inspire est un instrument que les prêtres savent employer avec succès.

Toutes les classes d'habitans sont admises à embrasser cette carrière (1); la première éducation se borne à apprendre et à réciter quelques passages du Koran, ensuite à lire et à écrire. Ceux dont les vues s'étendent plus loin, se perfectionnent dans la lecture et l'écriture, et étudient les commentaires du Koran, qui ont été faits par la secte qu'ils em-

---

(1) On voit beaucoup d'hommes des dernières classes parvenus aux premiers emplois religieux. A l'arrivée des Français en Égypte, le cheik de la principale mosquée du Caire, celle d'El-Azahr, était Abdallah-Cherkaoui, fils d'un Arabe, cultivateur dans un petit village de la Charkiëh; il a présidé le divan formé par Bonaparte. D'autres cheiks sont fils de fellâhs. L'un des plus marquans par son esprit, le cheik El-Mohdi, qui fut secrétaire du divan, est fils d'un menuisier, cophte, pris dans son enfance par un cheik, qui l'a fait musulman; il est parvenu, encore jeune, à être le chef d'une des premières mosquées du Caire.

brassent. Voilà toute la science nécessaire pour être admis ; la plupart des imans et desservans des mosquées n'en savent pas davantage. La soumission aux chefs de la religion, des pratiques religieuses, l'art d'en imposer par des formes extérieures et l'affectation d'un langage plein de maximes, leur frayent la route aux premiers emplois. On remarque chez les principaux chefs de la religion, nommés cheiks de la loi, l'astuce commune à tous les prêtres, qui, pour mieux dominer, cherchent à s'emparer de l'esprit des hommes. Leur conversation est remplie de belles sentences morales, et de grandes images poétiques qu'ils pillent dans les livres arabes; c'est tout leur savoir : on ne doit pas chercher en eux d'autres connaissances sur la politique, les sciences, etc.; ils n'en soupçonnent pas plus l'existence que l'utilité.

Sous l'humble titre de fakir (pauvre) et de distributeurs des aumônes, ils jouissent de revenus considérables, affectés à l'entretien des mosquées et aux fondations pieuses. Ces revenus sont ceux de villages et de terres qui ont été successivement donnés aux fondations religieuses, par les souverains de l'Egypte et les particuliers ; ils proviennent aussi de certains droits sur les consommations, etc., etc. Une autre cause a contribué à augmenter ces revenus. Les propriétaires craignant qu'après leur mort le gouvernement ne s'emparât de leurs possessions, et voulant les assurer à leurs enfans, en font hommage à des mosquées, sous la réserve de rentes qui doivent être payées à leur postérité : on nomme ces fondations *risaks*.

Les cheiks ont une grande influence morale sur le peuple. Les gouvernans les plus despotiques se sont toujours crus obligés de les respecter. Mahomet imprima dans l'esprit de ses disciples l'opinion que le Koran contenait tous les préceptes religieux et sociaux ; les interprètes et les commentateurs de ce livre, devenus chefs de secte, l'ont transmise à leurs successeurs, et les mêmes études portent simultanément aux places de jurisprudence et religieuses ; les mêmes individus passent de l'une à l'autre sans difficulté, quelquefois même les exercent ensemble ; elles donnent toutes deux le titre d'*uléma*.

Lorsque les Turcs firent la conquête de l'Egypte et en organisèrent le gouvernement, ils ne voulurent pas laisser aux Egyptiens les emplois de judicature ; la Porte nommait chaque année au Caire un grand-kadi, et des kadis secondaires qui en dépendaient dans chaque province : ces emplois s'achetaient à Constantinople. Bonaparte rendit aux Egyptiens le droit de se juger ; les grands cheiks lui proposèrent des candidats ; pour supprimer la vénalité de la justice, il défendit les présens et fixa les émolumens des juges.

Il existe au Caire deux familles qui jouissent de la considération attachée aux descendans directs du Prophète, dont les chefs occupent des places héréditaires, auxquels sont alloués de grands revenus. Le cheik El-Bekry, descendant d'Aboubekr, est cheik des cheiks de la religion ; et le cheik Saadat, qui compte dans ses ancêtres Ali, gendre, et Fathmah, fille de Mahomet, ainsi que les califes Fathmites, est chef de la mosquée d'Hassan, fils d'Ali.

Beaucoup de familles de chérifs, ou descendans éloignés de Mahomet, qui sont originaires des villes de l'Hedjas et de l'Yémen, et qui y conservent des relations, forment aussi une classe un peu distinguée du reste des habitans ; elles s'adonnent au commerce ou à la culture. Plusieurs villages sont entièrement habités par quelques unes d'elles, principalement ceux dont les revenus sont affectés à des fondations pieuses ; elles jouissent d'une certaine considération, et sont moins dégradées que les autres fellâhs. On ne doit pas confondre ces chérifs avec ceux qui, par des alliances plus ou moins anciennes, ont acquis le droit d'en prendre le titre et de porter le turban vert.

La classe des propriétaires vivant dans les villes du produit de leurs villages, est composée particulièrement des descendans (1) des officiers turcs qui conquirent l'Égypte sous Sélim II, et des mameloucks qui partagèrent avec eux le gouvernement. Ces officiers avaient obtenu la concession d'une

---

(1) Sous la dénomination de descendans, on doit comprendre non seulement la postérité directe, mais aussi les mameloucks esclaves qui ont des droits dans la succession.

grande partie des villages; ils recevaient la plus forte portion de leurs revenus, comme appointemens, et pour l'entretien des soldats qu'ils devaient toujours être prêts à conduire à la défense de l'État. Ils tenaient ces villages sous des conditions analogues aux *Tuiariots* du reste de la Turquie et à la suzeraineté des temps féodaux; ils étaient aussi chargés de la perception des droits réservés par le grand-seigneur, qu'on regardait comme seul propriétaire des terres, et qui pouvait en disposer après la mort de celui qui en avait la jouissance. Ses héritiers demandaient ou plutôt achetaient du pacha de nouveaux titres de propriété. La corruption du gouvernement rendit les héritages plus faciles; les femmes obtinrent des villages de leurs maris, et purent les transmettre à leurs enfans et à leurs esclaves.

Ces propriétaires composaient les différens corps de milice, les Ingcharichs ou janissaires, les Odjaklis, les Assabs, etc., chargés de la défense de l'Égypte. Nous ne rappellerons pas que les chefs de ces milices, divisés par l'ambition, se sont entourés d'esclaves dont ils ne suspectaient pas la fidélité. Nous n'examinerons pas l'influence que les usages sur l'adoption des esclaves ont eue dans toutes les affaires politiques; comment la race turque a diminué, tandis que les mameloucks croissaient en nombre et en puissance : comment les mameloucks, surtout depuis Ali-Bey, se sont successivement emparés, par la terreur et par des alliances, de la plus grande partie des villages : ces considérations sont du ressort de l'histoire. A l'arrivée des Français, la classe des anciens propriétaires était réduite à un petit nombre d'hommes écrasés par les mameloucks, au point d'être obligés de recourir à la protection de quelques beys et même des cheiks arabes, pour obtenir de leurs fellâhs le paiement des revenus qui leur restaient sur des portions de village. S'estimant d'une classe supérieure à celle des artisans et des commerçans, ils végétaient dans les villes, et les mameloucks leur confiaient rarement des emplois subalternes.

Les mameloucks, dont l'organisation et la composition diffèrent totalement des institutions de l'Europe, ont été parfaitement peints par Volney, ainsi qu'une partie de leurs révolutions : je n'en donnerai qu'une idée générale.

C'est un phénomène très singulier que de voir à côté des Arabes, très attachés à la distinction des rangs transmise par leurs ancêtres, une classe nombreuse qui n'estime que l'homme acheté, dont les parens sont inconnus, et qui, de l'esclavage, s'est élevée aux premières dignités (1). Cette opinion est

---

(1) J'ai entendu des officiers turcs, ainsi que des mameloucks, me dire, en parlant de personnages qui occupaient de grands emplois : *C'est un homme de bonne race; il a été acheté.* Le grand-visir actuel et le capitan-pacha ont commencé par être achetés esclaves ; et ce préjugé est tellement enraciné, que les enfans de ce même individu n'ont pas le même degré de noblesse que leurs père et mère, qui ont été achetés.

aussi générale dans toute la Turquie, même à Constantinople, au centre du gouvernement qui a pour principe de conserver la race d'Osman, et où il existe des familles très anciennes et considérées. Cette opinion est-elle un hommage aux talens que l'homme parti du point le plus bas, a dû montrer pour parvenir? Tient-elle à ce caractère belliqueux qui fait préférer un jeune homme élevé pour la guerre loin de ses parens? Dans un gouvernement tout militaire, les chefs ont-ils pensé que des esclaves qui tiennent tout d'eux, qui n'ont aucune famille, et qui les regardent comme leur père, doivent être plus attachés à leurs personnes et moins dangereux dans les emplois de confiance, que ceux qui, ayant la facilité d'appuyer leur autorité de celle de leur famille, pourraient se former des partis et se rendre indépendans?

Dans un gouvernement militaire et féodal, cet usage de former des esclaves que l'on destine aux premiers emplois, pouvait seul parer aux dangers de l'agrandissement des familles principales. Lorsque l'Europe gémissait sous le régime féodal, les possesseurs de grands fiefs disputaient l'autorité entre eux, ainsi qu'aux rois et empereurs : l'anarchie des États était complète. C'est peut-être cette politique qui a prolongé l'existence des descendans d'Osman; quelques esclaves élevés à des pachalics ont visé à l'indépendance, mais ils ont eu rarement une postérité qui pût suivre leur exemple, et après leur mort tout rentrait dans le devoir. Aucune grande famille n'a pu s'élever assez pour disputer le gouvernement à la famille régnante, ni faire une scission dans l'empire : l'Égypte est la seule province que l'éloignement et l'organisation de son gouvernement aient disposée à former une exception. Le gouvernement ottoman a été plus sage à Constantinople que les chefs de l'Égypte : les janissaires ont souvent déposé des sultans, mais aucun de leurs chefs n'a pu se rendre indépendant ; et, par principe, on a toujours écrasé ou appauvri les grandes familles qui auraient pu profiter de leur influence. Le gouvernement a sans cesse évité le danger d'avoir auprès de lui un corps armé toujours avide de pouvoir, disposé à s'en emparer, et qui pouvait servir d'instrument à des ambitieux.

Des mamelouks, que les califes fathmites avaient achetés pour former leur garde, finirent par s'emparer du gouvernement : les chefs transmirent leur puissance à leurs descendans, mais ceux de Salah-ed-din s'amollirent, augmentèrent, comme les califes, le nombre et la puissance de leurs mamelouks, et furent également supplantés. Les mamelouks n'eurent plus alors de chefs héréditaires : la force ou le choix décida de celui qui prendrait le commandement ; sa mort amenait de nouvelles querelles, et les partis s'accordaient pour un même choix, ou se partageaient l'Égypte.

Sélim II saisit, pour les attaquer, le moment de ces dissensions, et admit l'un des partis à partager le gouvernement : ces mamelouks conservèrent une existence politique, et firent partie des corps de milice : des beys, choisis entre eux par les chefs de ces corps et le pacha, étaient chargés de la police des provinces, et admis aux délibérations du divan, qui servait de contre-poids à l'autorité du pacha. Les grands officiers du gouvernement, voulant augmenter leur puissance, achetèrent des mameloucks. Ibrahim-Kiaya, qui en possédait le plus grand nombre, et qui sut s'attacher les propriétaires des autres, s'en servit pour s'élever, se fit craindre et gouverna l'Égypte. Après sa mort, les beys, qu'il avait accoutumés à l'exercice de l'autorité, voulurent en jouir; Ali-Bey, supérieur en talens et en caractère à tous les autres, devint chef, et se rendit indépendant. La Porte rétablit bien un pacha, mais les mameloucks, habitués à régner sur l'Égypte, ne lui laissèrent que l'apparence de l'autorité.

Tous les mameloucks achetés par un chef, ou même par un de ses affranchis, sont regardés comme de sa famille et lui donnent le nom de père; c'est ce qui forme les grandes distinctions du corps des mameloucks. Ceux qui parviennent à jouer un rôle à leur tête, et qui y restent assez long-temps pour acheter beaucoup d'esclaves et pour les avancer, deviennent chefs de maison. (1)

---

(1) Je ne parle pas de la postérité des mameloucks, et cela doit surprendre. On serait porté à penser que les chefs devraient naturellement chercher à transmettre l'autorité à leurs

Les affranchis et les esclaves d'un même maître se regardent comme frères ; mais, à la mort de leur maître, les principaux sont souvent divisés d'intérêts, la faveur qu'ils ont eue de son vivant déterminant leur richesse et leur pouvoir. Celui qui en a le plus acquiert la plus grande influence, et ceux de ses frères qui ne peuvent pas lui disputer l'autorité le reconnaissent pour chef. Si plusieurs sont égaux en force, ils se font la guerre jusqu'à ce que l'un des deux succombe, ou qu'ils s'accordent par le partage de l'autorité.

Tous les mamelucks actuels sont de la maison d'Ibrahim-Kiaya; Ali-Bey, et Mohamed-Bey Abou-

---

enfans ; mais cela n'est point chez les mamelucks : leurs fils ne remplissent presque jamais de rôle important ; ceux même que la faveur de leur père a fait parvenir ne sont pas estimés. Deux causes morales entraînent l'extinction prématurée de leur race : d'abord, l'opinion de la préférence à donner aux esclaves sur l'homme de famille; ensuite, le mépris qu'inspire en général aux mamelucks l'habitant oisif des villes, élevé dans le harem par les femmes. Les mamelucks ne regardent pas leur fils comme leur successeur, comme l'appui de leur vieillesse; la naissance de celui-ci n'est pas un motif d'attachement pour la mère ; et les femmes, jalouses de conserver leurs charmes, suivent l'usage, très commun en Orient, de se faire avorter. On doit peut-être attribuer aussi cette extinction de la postérité des mamelucks au climat d'Égypte, qui repousse la reproduction des races étrangères. Les observations des médecins, particulièrement celles du citoyen Desgenettes, sur la naissance et la mortalité des différens âges, peuvent jeter un grand jour sur cette question.

dahab se disputèrent l'autorité, et l'exercèrent successivement. La maison d'Ali-Bey existe encore dans les mameloucks d'Hassan-Bey et d'Osman-Bey Hassan, qui, à l'arrivée des Français, étaient réfugiés dans le Saïd. Ibrahim-Bey et Mourâd-Bey, principaux esclaves de Mohamed-Bey Aboudahab, avaient fini leur longue querelle par gouverner ensemble l'Égypte; ils ont formé depuis deux maisons.

Des marchands turcs amènent des esclaves de Constantinople en Égypte : on les choisit depuis six jusqu'à seize et dix-sept ans (1). Achetés par les

---

(1) Ces esclaves sont de divers pays; il en est de Russes, d'Allemands, pris à la guerre; mais les plus nombreux et les plus estimés sont Géorgiens, Circassiens et des autres parties du Caucase : ces derniers parviennent plus souvent que les autres aux premiers emplois. Cette domination d'hommes originaires du Caucase sur l'Égypte est digne de remarque. En remontant aux premiers temps historiques, on la voit conquise par Cambyse, et gouvernée par des Persans sortis de ces montagnes. Les mameloucks y régnèrent après les califes. Ils furent remplacés par des Turcs, également originaires du Caucase: aucun monument historique ne prouve que la conquête de Cambyse n'a pas été précédée de quelque autre émigration des habitans de ces montagnes; des traditions parlent à la vérité des conquêtes faites par Sésostris : mais d'après la répugnance que les Égyptiens ont montrée constamment à quitter les rives du Nil, peut-on penser que ce fut avec des émigrations sorties de l'Égypte que Sésostris fit cès conquêtes, tandis que, depuis les temps historiques, on voit au contraire la population du Caucase fournir des soldats à l'Égypte? Cette observation ne

beys, par les kiachefs et les mukhtesims, ils sont, pendant leur enfance, employés au service personnel; leur éducation est toute militaire, c'est elle qui leur donne l'adresse, la force et la souplesse qui les distinguent dans les exercices du corps, l'équitation et le maniement des armes : devenus assez

---

préjuge rien sur une question long-temps discutée, celle de l'origine du peuple égyptien et de son antiquité, ainsi que de l'influence qu'il eut dès les temps les plus reculés, comme berceau des arts et des sciences, sur la civilisation et l'instruction des autres peuples. Il peut avoir reçu des soldats du Caucase sans être originaire de l'Asie. Une classe supérieure, chargée de l'administration, du gouvernement et de la réligion du pays, peut avoir été instruite dans les sciences (et l'avoir été exclusivement au reste du peuple), sans en avoir reçu les principes d'aucune nation étrangère. Quelques sages ont pu sortir de l'Égypte, instruire d'autres peuples, les civiliser, et, en les gouvernant, diriger leurs conquêtes, sans que ces colonies et ces conquêtes aient été faites par des émigrations considérables de ce pays.

Si les ruines magnifiques des temples de la Haute-Égypte sont des monumens d'habileté dans les arts et d'instruction dans les sciences, n'en sont-ils pas aussi de l'esclavage et de la superstition de la classe inférieure du peuple? Des zodiaques sculptés sur quelques uns de ces temples, et par le moyen desquels on a déterminé le siècle de leur construction ; l'observation que les plus anciens sont les plus rapprochés des cataractes et des sources du Nil, et que les figures peintes et sculptées sur ces monumens ont le caractère africain, sont des faits dont on pourrait conclure que la population de l'Égypte, ou plutôt la classe qui y a porté la civilisation et les arts, est venue de l'intérieur de l'Afrique, en descendant le Nil.

forts et assez exercés, ils montent à cheval ; c'est alors qu'ils sont employés dans les expéditions, et que, suivant le degré d'affection qu'ils inspirent, on les attache à la garde plus particulière de leur maître.

Lorsque, pour récompenser leurs services, leur maître les affranchit, ils quittent sa maison, reçoivent de lui des propriétés, souvent même il les marie à l'une de ses esclaves ; ils ont alors le droit d'acheter des mameloucks, et cessent d'être employés au service intérieur ; mais ils sont toujours prêts à obéir à leur maître, et le suivent à la guerre. La permission de laisser croître leur barbe est le signe extérieur de leur liberté. Quoique le nombre des kiachefs fût fixé, et que le corps des beys dût les choisir sous la confirmation du pacha, ceux qui avaient de l'influence nommaient leurs créatures, et les faisaient reconnaître par les autres. Les vingt-quatre beys étaient choisis parmi les kiachefs ; lorsqu'une de ces places était vacante, ils en proposaient un au pacha, qui le confirmait ; dans les derniers temps c'était une simple formalité, et le chef de maison le plus puissant nommait des beys de sa famille. Mourâd et Ibrahim, lorsqu'ils partagèrent le gouvernement, s'accordèrent pour avoir un nombre à peu près égal de beys.

Une grande carrière est donc toujours ouverte à l'ambition des mameloucks : d'esclaves ils peuvent devenir beys, chefs de maison, et même souverains de l'Égypte. Leurs moyens de parvenir sont l'attachement, le zèle et l'obéissance; la force et l'adresse dans les exercices militaires, la bravoure dans les combats; ils obtiennent ainsi la faveur de leur maître : des richesses et la liberté. Devenus kiachefs, ils peuvent obtenir des commandemens de provinces ou des expéditions, dans lesquelles ils pressurent les fellâhs et les Arabes : ils accumulent alors l'argent nécessaire pour acheter et entretenir un grand nombre d'esclaves. La considération qu'ils ont acquise, la crainte qu'inspire une force militaire imposante, et les richesses, les conduisent ensuite aux premiers emplois.

Les guerres entre les mameloucks des différentes maisons, dont les chefs se disputaient le gouvernement, entraînaient la chute d'un parti, qui se retirait dans la Haute-Égypte. Les vaincus étaient proscrits, leurs biens confisqués (1), et leurs beys étaient remplacés au divan par des kiachefs du parti victorieux, qu'on nommait beys à leur place. Le chef de la maison dominante, outre ce qu'il possédait par lui-même, devenait de cette manière possesseur d'une grande partie des villages de ses adversaires; il en obtenait encore par des concessions qu'il forçait

---

(1) Il faut remarquer que, dans toutes ces révolutions, les biens et la personne des femmes de mameloucks et de beys proscrits étaient toujours respectés : elles continuaient de vivre tranquilles au Caire, y touchaient leurs revenus et envoyaient des secours à leurs maris. C'est pour cette raison que les beys donnaient ordinairement à leurs femmes des villages et des propriétés considérables.

les mukhtesims à lui faire, et par la succession des gens de sa maison qui mouraient sans héritiers. Il se servait de toutes ses propriétés pour augmenter ses propres revenus, pour enrichir ses créatures, et pour rendre sa maison plus puissante.

Les beys et les kiachefs recevaient chaque année le gouvernement de quelque province ou arrondissement. Ils y allaient faire une tournée pour forcer le paiement des impositions dues au gouvernement et aux mukhtesims, soumettre les Arabes et maintenir la police; mais leur intérêt propre les occupait bien davantage que les affaires publiques; ils s'appliquaient à percevoir les droits qui leur étaient alloués, saisissaient toutes les occasions de faire des avanies ou d'ordonner des amendes, forçaient les Arabes à leur offrir des présens, et nourrissaient leurs troupes aux dépens des villages.

Outre les mameloucks, tous à cheval, les beys et le gouvernement entretenaient quelques gardes à pied, etc. Fidèle à la politique turque de donner rarement une autorité militaire aux hommes du pays, cette infanterie, peu nombreuse, n'était pas composée d'Égyptiens, mais d'hommes de la partie occidentale de la Barbarie et d'Albanais. Ils étaient chargés en sous-ordre des mameloucks, de la garde des villes et de la police des villages des beys qui les avaient à leur solde.

Le pacha, envoyé de Constantinople, était bien censé le chef du gouvernement de l'Égypte; mais les beys, maîtres de toute l'autorité, ne lui laissaient que les marques honorables de sa place (1). Je me dispenserai donc d'en parler, ainsi que des autres officiers et des effendis, envoyés par la Porte pour régler des comptes, que les beys faisaient toujours arranger de manière qu'on n'eût rien à envoyer à Constantinople.

Les revenus des mamelouks se composaient de ceux qui leur étaient particuliers et de ceux du gouvernement.

Les revenus particuliers étaient ceux des villages qui appartenaient aux beys, kiachefs et mameloucks comme mukhtesims; les différens droits qu'ils percevaient dans leur commandement, les avanies, les amendes, les présens qu'ils exigeaient. Les Cophtes ont toujours eu l'adresse de se rendre nécessaires; chaque bey, chaque mukhtesim en

---

(1) L'organisation des armées turques, composées de milices nombreuses, lorsqu'on les rassemble pour une expédition, mais qui se dispersent aussitôt qu'il n'y a plus qu'à conserver, contribue à rendre le pouvoir des pachas très faible et surtout passager. La Porte se réveille quelquefois et songe à rétablir son autorité; elle envoie des armées qui y réussissent; mais aussitôt que le pacha a repris tous ses droits, les soldats retournent chez eux. Réduit alors à ceux qu'il doit entretenir de ses revenus, et que, par avarice, il borne à un très petit nombre, il retombe dans l'avilissement; et les mameloucks, qui s'étaient éloignés pendant la présence de l'armée turque, reviennent envahir de nouveau toute l'autorité. Il y en a plusieurs exemples, notamment après l'expédition que le capitan-pacha fit, en 1788, contre Ibrahim et Mourâd-Bey, en s'appuyant du crédit et des mameloucks d'Ismaïn-Bey.

employait un par village, qui tenait les rôles de contributions et les percevait en son nom. Le bey propriétaire de plusieurs villages, avait un Cophte supérieur aux autres, qui était à la fois son intendant et son secrétaire. Ce dernier se dédommageait sur les subalternes et sur les fellâhs des humiliations qu'il devait supporter.

Les revenus publics se composaient du miry ou impôt territorial, que les mukhtesims percevaient et versaient entre les mains d'effendis envoyés de Constantinople, mais obligés d'obéir aux beys; des douanes; des droits sur le commerce intérieur; de la ferme de certaines exploitations; de la capitation des chrétiens, etc. Ces divers droits, à l'arrivée des Français, étaient affermés, les douanes à des chrétiens de Syrie, les droits intérieurs à des négocians musulmans, les exploitations et le commerce du natron et du séné à des Francs, etc., etc. Ces revenus publics étaient affectés aux dépenses du gouvernement. L'excédant devait être envoyé à Constantinople; mais les beys principaux en disposaient.

Après la conquête de l'Égypte, le gouvernement français devint propriétaire des villages qui appartenaient aux mameloucks et à des mukhtesims émigrés; il en perçut les revenus, ainsi que ceux des oussiehs, et se fit payer le miry. On ordonna un enregistrement des propriétaires de villages, pour constater les droits des mukhtesims qui étaient encore en Égypte. Les Cophtes étaient seuls instruits du mode de perception et du produit des contributions territoriales; on dut continuer à les employer. Les douanes et les autres contributions indirectes furent organisées. L'histoire générale de l'expédition fera connaître plus en détail ce que les Français ont fait pour une organisation des finances, également conforme au bien du peuple et aux intérêts du gouvernement.

L'évaluation des revenus que les mameloucks tiraient de l'Égypte, entraînerait à des détails que ne comportent pas ces considérations générales. On croit assez communément qu'elle leur produisait, de revenus publics et particuliers, trente-cinq à quarante millions. Ils ont varié chaque année sous les Français, selon les circonstances de la guerre; mais on peut les évaluer à vingt ou vingt-cinq millions. La raison de cette différence de produit est que, pendant la guerre, la douane et les contributions indirectes rapportaient fort peu; que les mameloucks qui surveillaient directement l'exploitation de leurs villages, et particulièrement celle de leurs oussiehs, en retiraient plus que les Français ne le pouvaient alors; enfin, qu'on avait supprimé les avanies, amendes et autres vexations qui rapportaient beaucoup aux beys.

Les Français n'ont pu recueillir aucun renseignement certain sur la population. Les Musulmans ont pris des Juifs une répugnance superstitieuse pour les dénombremens : à cet obstacle se joignait encore l'inquiétude des habitans pour le motif de pareilles recherches. N'imaginant pas qu'on pût avoir d'autre but que d'obtenir de l'argent, ils pensaient que les Français cherchaient à savoir leur nombre, pour leur imposer une capitation. Ils ne tiennent aucun registre des naissances et des morts; c'est avec beaucoup de peine que, dans quelques villes, on a obtenu la déclaration du nombre de ces derniers, et longtemps après celle des naissances; mais elles n'ont jamais été bien exactes. Les états recueillis par le citoyen Desgenettes sont les seules bases qu'on ait pu se procurer.

Si les mameloucks laissent peu de postérité, il n'en est pas de même des autres habitans, principalement des felláhs. Quoique un petit nombre soient assez riches pour profiter de la loi qui autorise la polygamie, et que les femmes y passent très vite, ils ont tous beaucoup d'enfans; sans cette fécondité, les grandes pestes affaibliraient beaucoup l'Égypte. N'ayant aucun renseignement sur celle des campagnes, on ne peut l'estimer; cependant il paraît qu'on peut porter celle de toute l'Égypte à environ deux millions cinq cent mille habitans, ou à plus de trois millions, compris la ville du Caire, qui en a deux cent cinquante à trois cent mille.

RÉSUMÉ DE L'ÉTAT SOCIAL DES PEUPLES DE L'ÉGYPTE.

Depuis l'Arabe Bédouin jusqu'aux chefs du gouvernement, la force et les richesses sont la seule route qui conduise au pouvoir, et dès-lors l'unique objet de l'ambition. Tous sont peu délicats sur les moyens d'acquérir des trésors; tous cherchent à s'attacher des hommes qui leur soient dévoués, et dont ils puissent employer utilement le courage et l'adresse. Les beys et les mukhtesims achètent des esclaves blancs et quelques noirs; les cheiks arabes achètent des Nègres. Chacun s'entoure d'une milice plus ou moins redoutable. Se croit-il assez fort, il lutte et fait la guerre avec ses concurrens ou ses oppresseurs. Lorsqu'il n'existe pas dans le gouvernement une puissance capable d'imposer à toutes ces forces divisées, l'anarchie est complète; l'esprit de faction et les haines héréditaires se joignent aux querelles qui naissent journellement. Le cultivateur est presque toujours entraîné dans ces querelles; il en a aussi de personnelles, mais de quelque manière qu'elles se terminent, le produit de ses récoltes sert toujours à nourrir les combattans; il doit payer les profusions des chefs pour augmenter leur pouvoir; il n'est que le misérable instrument de leurs jouissances. Régi plutôt par les caprices des hommes puissans que par des lois fixes, il ne sait à qui du gouvernement de Constantinople, des beys, des mukhtesims ou des cheiks arabes il doit obéir. Obligé de les satisfaire tous, il exécute d'abord les ordres de celui dont, pour le moment, il redoute la vengeance; de là l'usage de mettre chaque année des troupes en campagne pour percevoir les contributions.

Les qualités morales et l'instruction ne conduisent à aucun emploi; elles ne procurent qu'une très faible considération, et nulle richesse; rien n'invite donc à les cultiver. La seule étude est celle de la dissimulation, cette arme de la faiblesse ambitieuse; elle est autant le partage de toutes les classes du peuple que la base de la conduite du gouvernement.

Des lois vagues, la vénalité des juges, l'absence d'une force spécialement destinée à poursuivre et à punir les coupables, les refuges qui leur sont toujours ouverts par l'hospitalité, déterminent le gouvernement à punir une famille, une corporation, un village, pour la faute d'un seul homme, souvent fugitif, plus souvent inconnu; il adopte ainsi l'usage des Arabes, d'étendre les vengeances personnelles à des familles entières : il reconnaît le territoire de chaque tribu pour exiger d'elle la restitution ou le paiement des vols qui s'y commettent. Dans un gouvernement mal organisé, cette méthode de punir une classe entière des fautes d'un seul homme, a du moins l'avantage d'intéresser tous les individus à se surveiller réciproquement. Les asiles sont une ressource que tous les habitans se procurent mutuellement contre l'oppression. Ce n'est pas par esprit d'ordre et de justice que les gouvernans, peu susceptibles de ces sentimens moraux, poursuivent le coupable, et cherchent à terminer les querelles; mais c'est que la culture, les récoltes et le paiement des contributions en souffrent; et que les accommodemens leur procurent toujours des présens ou des amendes.

Le peuple égyptien a été soumis dans presque tous les temps, à des conquérans étrangers dont il a successivement détesté le joug. Toujours prompt à se livrer aux apparences du succès, mais en proie aux haines, aux jalousies, effets de sa division en classes distinctes, jamais un concours simultané d'efforts n'exista pour briser ses chaînes; les soulèvemens partiels furent toujours sévèrement réprimés : il conserve encore le même esprit d'inquiétude. Le gouvernement des Osmanlis est celui qu'il déteste le plus; cette aversion est continuellement excitée par les mameloucks et les Arabes, dont l'esprit domine en Egypte : elle a sans doute contribué, malgré le fanatisme religieux, à l'attacher aux Français.

Les élémens de la société s'opposent, en Egypte, à toute espèce d'améliorations; aucun changement utile ne peut être opéré que par des étrangers appelés au gouvernement. Les Français se sont trouvés dans cette position; mais outre les difficultés d'un établissement, et celles qui naissent de l'état de guerre, combien d'obstacles moraux n'avaient-ils pas à surmonter? L'attachement aux anciens usages, l'orgueil de la superstition, et l'ignorance qui repousse toute idée nouvelle, la différence de langage et de culte, les mœurs et l'état social des différentes classes, etc., etc. Il fallait organiser la justice, établir des autorités municipales, une police générale et une administration uniquement occupées du bien public; effacer les distinctions politiques et religieuses, habituer les hommes de cultes différens à obéir aux mêmes lois, changer la nature des propriétés territoriales et l'état des fellâhs; il fallait intéresser les cultivateurs à perfectionner leurs cultures, les artisans et les commerçans à étendre leurs spéculations, par la certitude de jouir du fruit de leurs travaux; il fallait détruire les Arabes errans, ou saper, par des institutions, leurs préjugés contre la vie sédentaire; il fallait enfin lier tous les intérêts particuliers à l'intérêt général, perfectionner le système des impositions, améliorer la distribution des eaux et l'irrigation, développer la culture des plantes coloniales, creuser des canaux de navigation, etc., etc. Alors l'Egypte se serait élevée au plus haut degré de prospérité. Mais il était nécessaire d'étudier parfaitement ce peuple, de détruire ses préjugés, d'attirer sur les législateurs l'amour, l'estime et la vénération qui seuls pouvaient leur donner une force morale suffisante pour établir et consolider de nouvelles institutions. Cela ne pouvait être effectué que successivement et avec beaucoup de lenteur. C'est au moment où les Français avaient acquis en partie ces connaissances et l'ascendant moral d'où dépendait le succès, qu'ils ont abandonné l'Egypte. La paix, qui procure la tranquillité à tous les autres peuples, n'est pas un bienfait pour les Egyptiens ; elle les rejette au sein des troubles et des dissensions intestines; elle les replonge dans la barbarie.

L'orgueilleux musulman connaissait les peuples de l'Europe, seulement par l'horreur que des barbares fanatiques avaient inspirée à ses ancêtres ; il ignorait ou se refusait à penser que ces mêmes peuples, affranchis de leurs préjugés, avaient fait des pas immenses dans la carrière de la civilisation; tandis que lui, dégradé par ses propres institutions, peut à peine se compter au nombre des peuples civilisés. Lors de l'expédition de Bonaparte en Égypte, on vit pour la première fois les sciences et les arts s'unir à la marche d'un conquérant. Les Égyptiens apprécièrent dès-lors la puissance des Européens, la douceur de leurs lois, et l'étendue de leurs lumières ; leurs braves admirèrent les exploits des Français : tous reconnurent leur supériorité.

L'armée d'Orient laisse en Égypte de grands souvenirs et des regrets. Ces impressions sont un germe que l'avenir et les événemens feront éclore.

DE L'ÉGYPTE
APRÈS
LA BATAILLE D'HÉLIOPOLIS.

PREMIÈRE PARTIE.
DEPUIS LE MOIS DE FLORÉAL AN VIII, JUSQU'AU MOIS DE BRUMAIRE AN IX.

CHAPITRE PREMIER.
SITUATION DE L'ARMÉE D'ORIENT, ET PROJETS DE KLÉBER AVANT SA MORT.

Après la bataille d'Héliopolis et le siége du Caire, l'armée se trouva dans la situation la plus brillante. Les troupes, bien habillées, bien nourries, et payées régulièrement, étaient satisfaites de leur sort. La mauvaise foi des Anglais, lors de la rupture du traité d'El-A'rych, avaient excité leur indignation; les Turcs n'étaient point pour elles des ennemis redoutables. Depuis le 18 brumaire, leur confiance dans le gouvernement ajoutait au désir de conserver une conquête dont elles sentaient toute l'importance, et qui leur plaisait depuis qu'elles y jouissaient de quelque agrément et supportaient moins de privations.

Les habitans, étonnés de voir le visir de la Porte (le plus grand personnage que leur ignorance leur permit de connaître) battu par les Français, étaient persuadés que tous les efforts des Turcs seraient désormais inutiles; ils regardaient l'Égypte comme la propriété de leurs nouveaux maîtres, et prenaient une grande confiance en eux. Ils avaient éprouvé dans plusieurs occasions combien leurs révoltes avaient été facilement dissipées par un petit nombre de troupes. Les charges de guerre auxquelles les rebelles avaient été imposés les avaient pour toujours dégoutés de semblables soulèvemens. La paix avec Mourâd-Bey contribuait encore à maintenir les Égyptiens dans ces sentimens.

Les contributions extraordinaires imposées au Caire, en punition de la révolte, donnaient les moyens de payer l'arriéré, qui s'élevait alors à onze millions, y compris la solde, et d'attendre la saison où l'on perçoit les impositions ordinaires, pour fournir aux dépenses courantes. Les améliorations que l'état de guerre et les difficultés inséparables d'un nouvel établissement avaient empêché Bonaparte d'effectuer dans un pays où la langue, les mœurs, les usages, tout élevait des obstacles, Kléber pouvait les faire après la bataille d'Héliopolis; celles qu'il ordonna dans toutes les parties de l'administration apportèrent beaucoup d'économie dans les dépenses, diminuèrent les frais de perception, et mirent un frein à beaucoup de vexations et de dilapidations.

Le général Kléber voulant profiter des dispositions générales des habitans, fit sentir particulièrement aux Cophtes que s'ils avaient été armés pendant la révolte du Caire, leur quartier n'aurait pas été pillé par les Turcs, et qu'il était de leur intérêt de concourir, avec les Français, à la défense commune. Il les engagea à former un bataillon de cinq cents hommes, qu'il fit habiller à la française : il comptait l'augmenter autant que les circonstances le permettraient.

Cette formation d'un corps était un moyen de développer le goût du service militaire ; mais il était encore plus avantageux d'engager les habitans du pays, chrétiens et musulmans, à s'enrôler dans les demi-brigades, où ils pouvaient prendre plus facilement le moral du soldat français. Kléber encouragea ces recrutemens. Ils réussirent dans la Haute-Égypte ; la 21e demi-brigade fit, en très peu de temps, trois cents recrues, qui se formèrent assez vite. Les habitans de la Basse-Égypte y paraissaient moins disposés ; cependant on aurait pu vaincre leur répugnance.

Les Grecs, d'un caractère plus belliqueux, se présentaient avec bien plus de zèle. Deux compagnies avaient déjà été formées précédemment par Bonaparte ; celle qui se trouvait au Caire lors du siège s'était fort bien battue. Kléber forma une légion où l'on engagea beaucoup de Grecs nouvellement arrivés dans les ports : elle fut bientôt d'environ quinze cents hommes.

L'armée avait éprouvé beaucoup d'obstacles pour les transports dans les momens difficiles, parce qu'alors les Arabes qui louaient leurs chameaux s'éloignaient. Afin d'assurer ce service important, Kléber fit établir un parc de cinq cents chameaux toujours disponibles, et qu'on employait, en temps ordinaire, aux différens services; il ordonna une levée des chevaux et des chameaux nécessaires pour remonter la cavalerie et l'artillerie; il fit établir des ponts volans, pour faciliter les passages du Nil aux troupes qui auraient à marcher de la côte sur les frontières de Syrie, et ordonna des reconnaissances pour organiser des communications entre le divers postes occupés par l'armée.

Il arrêta, pour le Caire, un plan de travaux simples qui remplissaient deux objets importans; celui de contenir les habitans de cette grande ville, et celui de la clorre, de manière qu'aucun parti ennemi ne pût s'y introduire. Il ordonna aussi les travaux nécessaires pour la défense des côtes.

Il établit un comité administratif composé de cinq membres, chefs des principales administrations, qui discutaient avec lui les améliorations que les circonstances rendaient possibles. Il arrêta beaucoup de dilapidations; ôta le moyen de spéculer sur le bien-être du soldat, et améliora le sort des troupes en faisant payer les rations de viande et de fourrage, et en mettant une partie de l'habillement au compte des corps.

La flotte turque, commandée par le capitan-pacha, avait paru, dans les premiers jours de prairial, devant Alexandrie. Kléber, ignorant si elle portait des troupes et méditait quelque débarquement, partit, dès qu'il en eut la nouvelle, avec une partie des troupes qui étaient au Caire, et donna des ordres pour réunir à Rahmanieh celles du Delta. Il quitta le Caire le 14 prairial, apprit à Rahmanieh que le capitan-pacha était seulement venu parader devant Alexandrie, afin d'entamer quelques négociations, défendit de recevoir à terre aucun parlementaire, et revint au Caire laissant dans le Delta, vis-à-vis Rahmanieh, un camp volant de deux demi-brigades et de deux régimens de cavalerie disponibles, pour aller sur tous les points de la côte qui pourraient être menacés, ou sur la frontière de Syrie.

Le général Menou était arrivé au Caire à la fin de floréal; depuis six mois il avait l'ordre de s'y rendre, d'abord pour être employé aux négociations avec les Turcs, ensuite pour la campagne qui se préparait, et après la prise du Caire, afin d'y commander. Mais en écrivant toujours qu'il allait partir, qu'il ne désirait rien tant que de combattre, il était resté paisiblement à Rosette, jusqu'au moment où les Osmanlis sortis du Caire et rejetés dans le desert, on n'eut plus qu'à jouir d'une tranquillité due aux victoires de l'armée. Arrivé au Caire, il fit des difficultés pour en prendre le commandement : celui de la Haute-Égypte, où il paraissait désirer de voyager, lui fut offert; mêmes obstacles. Enfin,

Kléber lui écrivit qu'après lui avoir offert les plus beaux commandemens, il ne lui restait plus qu'à lui offrir celui de l'armée; le général Menou choisit celui de la Haute-Égypte; mais il ne partit pas.

Lorsque le général Kléber partit pour Rahmanièh, il écrivit au général Reynier, qui était en tournée dans le Kalioubèh, de venir au Caire pour en prendre le commandement et surveiller la Haute-Égypte, ainsi que la frontière de Syrie, tandis que lui serait sur les côtes. L'exprès s'égara, et le général Reynier ne put arriver qu'après son départ. Pendant ce temps, le général Menou sollicita ce commandement : Kléber le lui accorda en lui recommandant de se concerter avec le général Reynier pour les dispositions de défense, s'il y avait quelque mouvement du côté de la Syrie. Ce dernier, de retour au Caire, lui donna tous les renseignemens qui pouvaient lui être nécessaires sur les fortifications, les troupes, les habitans et la police de cette ville, qu'il connaissait peu.

Kléber fut de retour le 21 de Rahmanièh; le 23, il montra au général Reynier la note qu'il faisait écrire en réponse à une lettre que Morier, secrétaire de lord Elgin, lui avait envoyée de Jaffa. Il entra dans quelques détails sur la conduite qu'il devait tenir avec les Turcs, et dont il l'avait déjà entretenu plusieurs fois. Il voulait profiter de la rupture du traité d'El-A'rych et des arrangemens pris alors par les Anglais, à l'effet d'occuper Alexandrie, Damiette et Souez, pour exciter le ressentiment des Turcs contre eux; il voulait aussi éviter les communications avec les chefs de ces deux armées, en même temps qu'il tâcherait d'établir une correspondance directe avec Constantinople. Par ce moyen, il espérait correspondre avec le gouvernement français, et faire consentir les Turcs à la neutralité jusqu'à la paix générale. Un arrangement aurait donné à l'armée française l'assurance de n'être attaquée que par une expédition maritime, que les Anglais n'auraient sûrement pas tentée sans l'appui des Turcs; il aurait augmenté les ressources en rétablissant une partie du commerce.

CHAPITRE II.

ASSASSINAT DE KLÉBER. — LE GÉNÉRAL MENOU PREND LE COMMANDEMENT. — SA CONDUITE DANS LES PREMIERS TEMPS, ET JUSQU'EN FRUCTIDOR.

Le 25 prairial, le général Kléber, après avoir passé, dans l'île de Raoudah, la revue de la légion grecque, vint au Caire voir les réparations qu'on faisait à sa maison. Il se promenait sur la terrasse de son jardin avec le citoyen Protain, architecte, lorsqu'il fut frappé de plusieurs coups de poignard. L'assassin, arrivé au Caire à la fin de floréal, avait suivi Kléber depuis Gisëh, s'était introduit dans la maison avec les ouvriers, et avait saisi le moment où ce général, occupé de sa conversation, ne pouvait l'apercevoir. Les généraux se réunirent dès qu'ils apprirent cette nouvelle. On fit la recherche de l'assassin, qui fut arrêté bientôt après, et on l'interrogea.

Les cheiks et les agas de la ville avaient été mandés; on voulait examiner si cet attentat n'était pas lié à quelque conspiration plus étendue. Un aide-de-camp vint demander s'ils devaient être introduits. Le général Reynier, à qui il porta la parole, lui dit de s'adresser au général Menou, qui le lui renvoya, et il s'établit entre eux une discussion sur le commandement de l'armée.

Le général Menou protesta que ce commandement ne lui convenait pas; que n'ayant pas fait la guerre activement, il était moins connu des troupes que le général Reynier, et qu'il *l'avait déjà refusé dans d'autres occasions*; il prodigua sa *parole d'honneur* qu'il donnerait plutôt sa démission d'officier général que de l'accepter, et que même, si on l'y forçait, il s'en servirait pour ordonner au général Reynier de le prendre. Ce général lui observa qu'en pareilles circonstances les lois ordonnaient au plus ancien de grade de prendre le commandement provisoire, en attendant les ordres du gouvernement, et que s'il désirait avoir le temps de faire ses réflexions avant d'accepter, il ne pouvait du moins se dispenser de donner des ordres en sa qualité de commandant du Caire; que quant à lui, il croyait ce commandement trop délicat pour s'en charger légèrement. Voyant qu'il ne se décidait pas, il le prit à part, renouvela ses observations, en ajoutant qu'une pareille discussion devait être renvoyée à un moment plus calme.

Le général Menou répéta encore qu'il ne pouvait prendre le commandement; qu'il n'avait pas fait la guerre, et n'était pas connu des soldats, peut-être prévenus contre lui par son changement de religion. Le général Reynier lui dit qu'il ne devait point regarder ce changement comme un obstacle; que même il le rendrait plus agréable aux habitans du pays; qu'enfin, tous les généraux, et lui en particulier, l'appuieraient de tous leurs moyens et de leurs conseils. Il l'invita à répondre au moins comme commandant du Caire, et se retourna du côté de l'aide-de-camp; la discussion finit alors. On continua de faire des informations sur l'assassinat, et, dès le lendemain, le général Menou prit le titre de *commandant l'armée par intérim*. Il nomma le général Reynier président de la commission chargée de juger l'assassin.

Après les funérailles de Kléber et l'exécution du coupable, le général Menou prit le titre de général en chef. L'armée le vit avec beaucoup de peine succéder à ses anciens chefs. Plusieurs corps élevèrent des murmures; mais les généraux les apaisèrent; ils espéraient que son habitude des affaires suffirait pour bien diriger l'administration du pays, et qu'au moment du danger ils pourraient l'aider de leur expérience.

Le général Menou chercha pendant les premiers jours à se concilier les esprits : généraux, administrateurs, il les accueillit tous, leur fit de fréquentes visites; il sembla même aller au-devant de leurs avis. Mais bientôt des traits d'animosité contre son prédécesseur, des tracasseries pour sa succession, commencèrent à dévoiler au moins sa maladresse. Les murmures de l'armée et les reproches adressés au général Reynier de l'avoir engagé à prendre le commandement, excitèrent sa jalousie, quoique la conduite franche de ce général fût bien propre à le rassurer sur les suites de cette rivalité.

Le commandement de l'Égypte pouvait procurer à la fois les plus brillantes réputations, celles de militaire, de législateur et d'administrateur. Pour se les assurer, il fallait être confirmé par le gouvernement, et effacer le souvenir de la gloire de Kléber. Des partis coloniste et anti-coloniste furent inventés. Le général Menou se mit à la tête du premier, et proclama l'engagement de conserver l'Égypte. On répandit en France l'opinion que les autres généraux formaient le second, et voulaient renouveler le traité d'El-A'rych (1). A cette époque l'Osiris fut expédié secrètement.

---

(1) La différence entre ces deux époques était bien appréciée par tous les individus de l'armée. Lors du traité d'El-A'rych, elle ne recevait de la France que des nouvelles affligeantes : les armées étaient battues, les frontières entamées. Les déclamations que le Directoire autorisait contre l'expédition d'Égypte faisaient regarder l'armée comme en exil. Ignorant encore

Convaincu qu'il ne pouvait pas aspirer à une réputation militaire, le général Menou tourna ses vues vers la carrière administrative; il affecta de s'occuper de tous les détails, et cherchant à donner une grande idée de sa moralité et de sa probité, il cria fortement contre les dilapidations; il promit enfin de détruire tous les abus, et cependant Bonaparte et

---

le sort de Bonaparte et l'heureuse révolution qui rendit à la France son énergie et sa gloire, elle brûlait de porter ses armes victorieuses dans sa patrie. Kléber avait continué des négociations, afin d'éclairer les Turcs sur leurs véritables intérêts, de retarder leurs opérations et de gagner du temps, en attendant les ordres du gouvernement et des secours : n'ayant plus d'autre moyen de les prolonger, il avait proposé des conférences et une suspension d'armes. Les Anglais, qui avaient dû intervenir, surent retarder l'annonce de la suspension d'armes et le transport des plénipotentiaires envoyés à la conférence, de manière qu'El-A'rych fut attaqué et livré par surprise, tandis que les Français se reposaient sur la foi de l'armistice.

El-A'rych pris, le général Desaix au pouvoir de l'armée turque, une partie de l'Égypte insurgée, on ne pouvait plus avoir que difficilement l'argent et les vivres nécessaires à l'armée; les villes des côtes étaient dans une situation à faire craindre des événemens semblables à celui d'El-A'rych. L'armée turque allait se répandre en Égypte; des corps de Russes et d'Anglais devaient se joindre à elle : l'armée d'Orient pouvait ne pas être victorieuse, ses victoires même devaient l'épuiser; ne recevant pas de secours, elle pouvait prévoir qu'elle succomberait après quelques attaques successives, et des auxiliaires européens, en aidant les Turcs, auraient acquis chez eux une influence politique dangereuse pour la France. Kléber,

Kléber en avaient peu laissé subsister. Pressé de donner des espérances favorables de son administration, et d'y intéresser l'armée, il publia l'engagement de tenir toujours la solde au courant, avant d'avoir assez étudié les finances de l'Égypte, pour en assurer les moyens; il mit beaucoup d'ostentation

---

persuadé que le Directoire abandonnait tout projet sur l'Égypte, et que les vieilles bandes de l'armée d'Orient, arrivant en Europe au commencement de la campagne, pouvaient sauver leur pays, fit le sacrifice de la gloire qu'il pouvait acquérir contre les Turcs dans l'espoir d'être plus utile. Il voulait, par ce traité, séparer les Turcs des Russes et des Anglais, les déterminer à faire la paix avec la France, et à lui assurer dans le commerce des avantages équivalens à la restitution de l'Égypte. Mais le visir dépendait trop des Anglais pour y consentir ostensiblement; il ne donna que des assurances verbales que cela s'arrangerait après l'évacuation. Les négociations étaient trop avancées pour reculer, et le traité fut conclu : son exécution était commencée lorsqu'on apprit la révolution du 18 brumaire. L'armée pouvait alors espérer que le gouvernement s'occuperait d'elle, si elle restait en Égypte; mais Kléber était trop loyal et trop esclave de sa parole pour rompre un traité qu'il avait signé. Les faux calculs du gouvernement anglais, la mauvaise foi jointe à l'insulte, tournèrent contre lui; ils rendirent à l'armée d'Orient ses armes, et lui valurent une nouvelle conquête de l'Égypte.

Lorsqu'on aurait cherché les circonstances les plus favorables pour procurer à cette armée une victoire complète, on n'aurait pu les mieux préparer qu'elles ne le furent par l'évacuation de la partie orientale de l'Égypte, la marche des Turcs et la réunion de l'armée française. Si, au lieu de signer la convention, on avait ouvert la campagne, il y aurait eu beaucoup d'affaires partielles, de privations, de marches pé-

à créer une commission chargée de surveiller la fabrication du pain. Lorsqu'il crut apercevoir qu'on lui obéissait avec moins de répugnance, il changea de genre de vie, devint moins accessible; entouré de liasses de papiers, il avait l'air de travailler beaucoup, mais les affaires les plus pressées restaient en souffrance.

Sous Bonaparte et sous Kléber, l'armée d'Orient n'avait qu'un même esprit; tous étaient unis par les mêmes dangers et les mêmes espérances : un nouveau chef créa un nouvel esprit. Aisément il aurait pu se concilier l'armée, secondé par tous les généraux, qui, pénétrés de la nécessité d'être unis, agissaient de cœur; pour lui, il préféra de se faire quelques partisans par des menées sourdes; mais leur développement fut long-temps couvert d'un voile que ses démarches ostensibles rendaient plus difficile à soulever.

---

nibles, et on aurait peut-être fini par succomber. A Héliopolis les deux armées étaient réunies ; aussi la victoire fut-elle brillante et décisive.

Après cette bataille et la nouvelle de la révolution du 18 brumaire, la situation de l'armée était bien changée. Assurée au moins pour un an de la possession paisible de l'Égypte, elle pouvait espérer que le gouvernement, qui alors méritait toute sa confiance, veillerait sur elle. Les derniers dangers avaient attaché tous les individus de l'armée à la conservation de l'Égypte; et si on avait voulu y chercher des anti-colonistes, l'armée entière aurait désigné l'homme seul qui passait à Rosette, à déclamer contre les opérations de son chef, les époques où elle scellait de son sang cette nouvelle conquête.

CHAPITRE III.

ÉVÉNEMENS POLITIQUES.

La note que Kléber avait préparée pour accompagner le renvoi de la lettre de Morier, secrétaire de lord Elgin, n'était pas encore partie; le général Menou en adoucit quelques expressions, et l'expédia le 2 messidor, telle qu'elle a été imprimée dans les journaux.

Le 9 du même mois, M. Wright, lieutenant du Tigre, arriva en parlementaire par le désert, avec des dépêches du visir et de Sidney-Smith. Il annonçait que l'Angleterre avait délivré les passeports nécessaires pour l'exécution du traité d'El-A'rych. Il s'était déjà présenté à Alexandrie; mais, refusé d'après les ordres de Kléber, il avait passé par la Syrie. M. Wright avait appris en route l'assassinat de Kléber, et avait tenu à Saléhiéh divers propos pour engager les soldats à se révolter contre les généraux qui refuseraient de les ramener en France. Ses discours n'avaient produit d'autre effet que l'indignation. D'après sa conduite, on aurait pu l'arrêter comme espion; il fut renvoyé.

De nouvelles lettres du visir arrivèrent le 15; elles étaient relatives à la note envoyée à Morier; il lui fut répondu de s'adresser à Paris. Le 13 fructidor il fit passer encore une dépêche; il essayait toujours d'entamer quelques négociations et craignait d'être prévenu par le capitan-pacha. Ces deux premières autorités de la Porte rivalisaient d'activité pour renouer avec l'armée française et s'en faire un mérite à Constantinople.

Le capitan-pacha était venu à Jaffa, avec Sidney-Smith, au commencement de messidor, pour concerter avec le visir un plan d'opérations militaires ou de négociations. Ils n'avaient pas de forces qui leur permissent de rien entreprendre; aussi la conférence entre le chef suprême de toutes les forces ottomanes, alors sans armée, dont le crédit à sa cour avait beaucoup baissé depuis la bataille d'Héliopolis, et le capitan-pacha, son subordonné mais favori du sultan, se passa sans rien décider, à s'observer mutuellement; puis ils se séparèrent, déterminés à négocier chacun de son côté.

Le capitan-pacha reçut à son bord, à Jaffa, l'aide-de-camp Baudot, enlevé par surprise à Héliopolis, et retenu pour servir à l'échange de Moustapha-Pacha, que Kléber avait gardé comme otage : ce pacha étant mort subitement à la nouvelle de l'assassinat de Kléber, cet événement prolongea la captivité de Baudot, qui ne fut rendu à Damiette qu'à la fin de thermidor. Le capitan-pacha avait eu pour lui des égards qui contrastaient avec les mauvais traitemens du visir.

Avec quelque adresse, on aurait pu se servir de l'intérêt personnel de ces deux chefs de l'empire ottoman, pour renouer des négociations tendant non à leur céder l'Égypte, mais à paralyser leurs efforts, à les éloigner des Anglais, et peut-être même à les disposer à la neutralité pendant la guerre (1); mais le général Menou répondit à toutes leurs propositions, qu'il fallait s'adresser à Paris pour les arrangemens relatifs à l'Égypte : les Turcs, qui sont accoutumés à voir les gouverneurs de province se rendre indépendans, regardèrent cette réponse comme une défaite, et se persuadèrent que toute négociation devenait inutile.

Baudot, d'après les entretiens qu'il avait eus avec le capitan-pacha, pensait qu'en lui insinuant que les négociations sont ordinairement entamées par des commissaires pour l'échange des prisonniers, et qu'après la conduite des Anglais, et l'intention qu'ils avaient manifestée de s'emparer des ports, si le traité d'El-A'rych avait eu son exécution, on éprouverait de leur part des obstacles à tout rapprochement de la France avec la Porte qui viendrait à leur connaissance, il aurait consenti à l'envoi d'un agent français à Constantinople, qui, sous le prétexte de l'échange des prisonniers, aurait traité directement des affaires relatives à l'Égypte.

Le capitan-pacha alla faire de l'eau en Chypre : lorsqu'il reparut en vendémiaire, le général Menou chargea le général Baudot de lui conduire Endjeah-

---

(1) Le général Menou reçut alors des lettres adressées à Kléber par le gouvernement; elles annonçaient que les Turcs n'étaient pas éloignés de consentir à cette neutralité.

Bey, fait prisonnier sur un vaisseau qui avait échoué vers Aboukir, et de tâcher de faire un traité pour l'échange des prisonniers. Il écrivit au capitan-pacha qu'il fallait d'abord s'en occuper, et qu'il pouvait s'adresser ensuite à Paris pour le reste. Le capitan-pacha ne s'arrêta pas long-temps devant Alexandrie, il retourna à Rhodes; Baudot ne put remplir sa mission, et Endjeah-Bey fut, peu de temps après, renvoyé sur un bâtiment grec.

CHAPITRE IV.

ESPRIT DES HABITANS DE L'ÉGYPTE. — ÉNÉNEMENS MILITAIRES JUSQU'AU MOIS DE BRUMAIRE.

L'ÉGYPTE était fort tranquille; les contributions se payaient dans toutes les provinces, sans qu'il fût besoin de forts détachemens pour les percevoir. La plupart des tribus arabes étaient soumises; celles qui ne l'étaient point encore avaient fui dans le désert, où s'étaient dispersées dans les villages pour éviter les poursuites: convaincues de la puissance des Français, c'était moins des intentions hostiles, que leur caractère craintif et défiant qui les empêchait de se rapprocher d'eux. Le débordement prochain du Nil, et le mauvais état de l'armée du visir, garantissaient qu'avant plusieurs mois on n'aurait à redouter aucune attaque extérieure. Un parti de quatre cents cavaliers turcs, qui était venu à Catiëh pour servir d'escorte à **M. Wright**, ne pouvait donner aucune inquiétude. Des rapports annoncèrent, au commencement de thermidor, que l'armée du visir se préparait à marcher; cela n'était pas probable, cependant la garnison de Saléhiëh fut renforcée d'une demi-brigade, qui bientôt après rentra au Caire.

Mohamed-Bey-l'Elfy était venu de Syrie par le désert, annonçant qu'il allait joindre Mouråd-Bey; mais il restait chez les *Mahazi*, tribu d'Arabes rebelles qui habite les déserts du Chark-Atfiëh. On le fit chasser par un détachement de dromadaires; d'autres partis se portèrent dans l'isthme de Souez pour l'arrêter, s'il cherchait à rétrograder. On le poursuivit long-temps; ses équipages furent pris; il fut même réduit à errer avec vingt-cinq cavaliers.

Le général Menou fit rentrer au Caire, à la fin de thermidor, la soixante-quinzième demi-brigade, que Kléber avait placée dans le Delta, pour y former un corps de réserve avec la vingt-cinquième et le vingt-unième régiment de dragons. Les ponts volans établis par Kléber à Rahmaniëh et à Semerihoud, pour faciliter les passages du Nil et les communications de l'armée depuis la côte jusqu'aux frontières de Syrie furent retirés.

Bientôt après, l'inondation couvrit les terres; l'armée ne pouvant être attaquée avant la retraite des eaux, aucune raison n'exigeait alors des mouvemens de troupes; cependant le général Menou ordonna à la division du général Friant d'aller relever à Alexandrie, Rosette et Rahmaniëh, celle du général Lanusse; qu'il voulait appeler au Caire. Des considérations très fortes auraient dû empêcher un pareil changement : Lanusse commandait depuis long-temps à Alexandrie, il connaissait très bien la défense de cette côte, et avait l'habitude des relations avec les habitans de la ville et ceux du Bahirëh; la peste régnant presque toujours à Alexandrie, il était à craindre que ce déplacement ne la portât au Caire; enfin ce mouvement ne pouvait s'opérer pendant l'inondation, qu'avec des barques, et c'était employer inutilement tous les moyens de transports, à la seule époque favorable pour approvisionner Alexandrie, etc. Mais le général Menou se souvenait que Kléber, fatigué de la prétention qu'il avait eue de commander Alexandrie et le Bahirëh sans sortir de Rosette, l'avait remplacé par Lanusse : il voulait aussi travailler l'esprit de ses troupes, et contraindre par des dégoûts cet officier qu'il n'aimait pas à demander son passe-port pour la France.

Trois tribus arabes des environs de Ghazah, les *Tarabins*, *Teha* et *Anager*, s'étaient réfugiées dans le désert, après une courte guerre contre les Osmanlis, qui avaient assassiné par trahison leurs principaux cheiks. Jamais les Arabes ne pardonnent cet attentat, dont les exemples sont si fréquens chez les Turcs. Ces tribus envoyèrent demander au général Reynier la permission de s'établir en Égypte, sous la protection des Français. Elles alléguaient en leur faveur que la cause de ces persécutions était leur alliance avec eux pendant la campagne de Syrie : c'était en effet le prétexte des Osmanlis; mais leur véritable motif était que Mahammed-Aboumarak, maître d'hôtel du grand-visir, qu'il venait de faire pacha de Ghazah, avait des haines de famille à satisfaire contre ces tribus, et qu'il profita de son élévation pour se venger.

Le général Reynier jugea que ces Arabes pouvaient être utiles; que, placés dans le désert entre la Syrie et l'Égypte, ils donneraient avis des mouvemens des Osmanlis. Il espéra qu'en éveillant leur intérêt, on les porterait à intercepter la contrebande de grains qui se faisait chaque jour sur cette étendue immense de désert; que, de plus, si l'on devait faire une nouvelle campagne en Syrie, ces Arabes pourraient servir. Il proposa au général Menou de leur accorder une partie de l'Occadi-Tomlat, et le désert qui le sépare de Catiëh et de Souez. Ces Arabes annonçaient être au nombre de sept mille, femmes, enfans et vieillards compris. Ils disaient avoir cinq cents cavaliers et huit cents hommes montés à dromadaire, ainsi que beaucoup de bestiaux; mais comme ils vinrent successivement et se dispersèrent dans le désert, on ne put pas juger exactement de leur nombre. Leurs principaux cheiks ayant été tués, il ne se trouvait plus parmi eux d'hommes influens dont on pût utiliser l'intelligence, et le général Menou les ayant reçus mesquinement, on n'en tira pas un grand parti.

CHAPITRE V.

INTRIGUES. — ORIGINE DES DIVISIONS.

Les mois de thermidor et de fructidor offrent peu d'événemens remarquables; les intrigues étaient encore obscures : on s'étonnait cependant des atteintes portées à la mémoire de Kléber. Ces coups étaient dirigés dans l'ombre, à la vérité, mais ceux qui les frappaient étaient accueillis : on s'apercevait déjà que c'était le meilleur moyen d'obtenir des grâces.

Le général Menou, dont la haine pour Kléber rejaillissait sur le général Damas, voyant que, malgré toutes ces tracasseries, ce général ne songeait pas à quitter sa place de chef d'état-major, et se jugeant assez fort (c'était en fructidor), lui ordonna de cesser ses fonctions. Sa lettre n'alléguait aucun motif. Ce général, étonné, lui répondit qu'il ne voyait pas ce qui pouvait donner lieu à une telle mesure, et qu'il convenait d'attendre les ordres du gouvernement, à moins qu'il n'existât des motifs suffisans pour le traduire devant un conseil de guerre : il ne reçut pas de réponse; le général Menou refusa même de lui parler.

Les généraux de division Reynier et Friant, peinés de cette discussion, qui tendait à diviser l'armée, allèrent chez le général Menou afin de l'engager à surmonter ses haines personnelles, d'autant moins fondées que le général Damas avait cherché à lui rendre service auprès de Kléber. Il s'excusa en disant qu'il croyait s'être aperçu qu'il y avait entre eux incompatibilité d'humeur, qu'il ne pouvait travailler avec lui ; protesta, *sur sa parole d'honneur,* qu'aucune animosité particulière n'influençait sa conduite, et termina par offrir sa démission. Cette menace empêcha le général Reynier d'insister ; déjà, par délicatesse, il ne lui avait pas représenté que, commandant l'armée *par intérim,* il ne devait pas se permettre un pareil changement, excepté dans les cas de la plus urgente nécessité, avant de connaître les intentions du gouvernement. Il se borna à lui demander d'avoir une explication avec le général Damas, pour se concilier avec lui, si cela était encore possible, ou lui donner un emploi convenable. Ce général, pour ne laisser aucun prétexte à des troubles dans l'armée, en occupant la place de chef de l'état-major malgré celui qui la commandait, accepta le commandement des provinces de Benesouef et de Fayoum. L'ordre du jour du 21 fructidor annonça sa retraite, et des éloges y furent donnés à sa conduite. Le général Menou fut plusieurs jours avant de lui désigner un successeur ; ensuite il choisit le général Lagrange ; mais en paraissant lui accorder toute sa confiance, il se réserva également tout le travail, même le plus minutieux ; aussi les affaires languirent comme auparavant.

Le général Reynier avait pénétré l'intention du général Menou, de se former un parti; il aurait pu le dissoudre en éclairant sur sa marche tortueuse plusieurs personnes qui, étrangères à toute duplicité, ne le jugeaient que sous le masque dont il s'était couvert; mais les désabuser eût été les éloigner du général Menou, c'eût été diviser l'armée; il préféra garder le silence.

Le général Menou trouvant que le parti qu'il voulait se former ne grossissait pas assez promptement; instruit aussi que, quoique la plus grande discipline régnât dans l'armée, la plupart des officiers et des corps ne l'aimaient pas, voulut se les concilier. Il nomma, le 1er vendémiaire, six généraux de brigade, et les officiers nécessaires pour les remplacemens des autres grades; quelques officiers, préférant rester à leurs corps, voulaient refuser, mais leurs réclamations furent rejetées; il les força d'accepter. La plupart de ses choix tombèrent sur des officiers que des services rendus ou l'ancienneté de leur grade appelaient à recevoir de l'avancement; mais on s'aperçut qu'il avait moins l'intention de donner des récompenses militaires, que de paralyser par des bienfaits ceux qu'il redoutait, ou d'élever aux places des hommes dont la loyauté ne pourrait soupçonner sa tortueuse politique. On vit qu'il n'était plus besoin de services militaires ni d'actions d'éclat pour mériter de l'avancement. Le général Menou se servit de cette prodigalité de grades pour engager des officiers à lui rapporter tout ce qui se disait de lui : il trouva peu d'hommes assez vils pour gagner sa bienveillance à ce prix, presque tous rejetèrent ses avances avec indignation. On ignorait au Caire cet espionnage : le général Lanusse en fut averti le premier, à Alexandrie, par des officiers qui avaient reçu de pareilles offres du général Menou.

CHAPITRE VI.

INNOVATIONS DANS L'ADMINISTRATION DU PAYS.

Jusqu'en fructidor, le général Menou ne s'occupa que des détails de l'administration et de la police des hôpitaux, déjà réorganisées par Kléber après le siége du Caire ; de la fabrication du pain, et de la rédaction de ses ordres du jour, qu'il remplissait de déclamations sur la morale, la probité, etc., afin de mieux séparer sans doute sa vie antérieure des circonstances où il se trouvait. Mais en fructidor, il entreprit d'organiser le gouvernement, ainsi que les finances de l'Égypte. Jetons un coup d'œil rapide sur son administration et sur ses nombreux arrêtés.

D'après un ancien usage, les mukhtesims, lorsqu'ils entrent en possession, confirment les cheiks existans ou en nomment d'autres, et les revêtent de béniches et de schals, cérémonie qui, dans les mœurs de l'Orient, annonce qu'ils demeurent investis de l'autorité. Les cheiks reconnaissent ce don par un présent de chevaux, chameaux ou bestiaux, d'une valeur ordinairement double de celle des vêtemens qu'ils ont reçus. Les propriétaires puissans renouvellent cette investiture toutes les fois qu'elle est conforme à leurs intérêts : quelques uns même l'ont convertie en une prestation en argent ; et ce droit, qu'ils perçoivent tous les deux, trois ou quatre ans, est réparti sur tous les fellâhs.

Pour ne négliger aucun des moyens de retirer les impositions d'usage, et se procurer l'argent nécessaire aux dépenses de l'armée, il fallait percevoir ce droit : mais on devait saisir cette circonstance pour s'assurer de l'attachement des cheiks et les intéresser à la perception des contributions ordinaires. La continuation de l'usage de les revêtir, à de certaines époques, aurait donné dans la suite des débouchés aux produits de nos manufactures, et amené les habitans à se glorifier des marques distinctives des fonctions confiées par le gouvernement : c'était un pas vers la civilisation. Ceux qui avaient étudié, dans les provinces, l'organisation municipale des villages et l'influence des cheiks, savaient qu'il était nécessaire de les ménager, pour assurer la tranquillité intérieure du pays et la perception des impôts; ils savaient aussi que les cheiks, effrayés ou mécontens, abandonnent leurs villages et font déserter avec eux, ou même révolter les habitans, et qu'alors il devient impossible de percevoir les contributions.

mais le général Menou fut séduit par l'espérance d'un produit de trois millions, qu'un faux calcul lui faisait apercevoir. Le payeur général, qui, par sa place, ne devait songer qu'à remplir ses caisses, sans entrer dans ces considérations politiques, adopta avec plaisir un projet qui lui promettait une augmentation de rentrées. On n'y vit qu'une opération de finances. L'arrêté fut mis à l'ordre du jour du 5 fructidor. Cependant rien n'en pressait la publication, puisqu'il ne pouvait être exécuté qu'après l'inondation.

Si un pareil droit avait plusieurs inconvéniens généraux, son administration était encore plus dangereuse. Les cheiks furent retirés de l'inspection des commandans de province, les seuls qui dussent, d'après les préjugés et les habitudes anciennes du pays, avoir de l'influence sur eux; ils passèrent sous la police du payeur général, et plus particulièrement sous celle d'inspecteurs turcs et d'un directeur général, que cette organisation faisait chef municipal de l'Égypte, qui, par sa place, avait le droit de correspondre avec tous les cheiks et pouvait soulever en même temps tout le pays, sur tous les points, sans qu'on s'en doutât. Cette place fut donnée à un cheik du Caire qui, déjà deux fois, avait trahi la confiance des Français.

Le général Menou nomma, le 12 fructidor, un directeur général et comptable des revenus de l'Égypte. Le citoyen Estève, payeur général, se prêta, par dévoûment au bien public, à son désir de changer le nom et les attributions de sa place; mais il fut constamment contrarié, et les projets qu'il forma furent estropiés.

L'ordre du jour du 20 fructidor nomma les directeurs et employés de cette nouvelle administration; ils furent plus nombreux et eurent des appointemens plus forts que sous Kléber.

L'ordre sur la marque des ouvrages d'or et d'argent, qui fut publié le 14 fructidor, était utile pour empêcher les friponneries des orfèvres et la fonte des monnaies; mais l'administration de ce droit coûta beaucoup plus qu'il ne pouvait rapporter.

Le général Menou se rappela qu'il y avait un conseil privé dans quelques colonies, et Kléber avait en partie imité cette institution, en formant un comité administratif de cinq membres. Il adjoignit d'abord plusieurs personnes à ce comité; ensuite il le supprima par son ordre du jour du 15 fructidor. Il lui substitua un conseil privé, composé de tous les chefs de l'armée résidant au Caire, et de quelques membres à son choix : mais qu'attendre d'une réunion de quarante à cinquante membres? Ce n'est pas une pareille assemblée qui travaille. Des discussions sur toutes les branches de l'administration auraient amené nécessairement la censure des mesures qu'il avait arrêtées; et lors même qu'on y aurait apporté tous les ménagemens possibles, elles auraient toujours excité, dans l'armée, une fermentation dangereuse pour la discipline : c'était enfin y créer un club. La plupart des chefs qui devaient composer ce conseil étaient déterminés à le faire dissoudre, en déclarant que les prédécesseurs du général Menou avaient administré l'Égypte sans une pareille institution, et qu'ils y voyaient trop d'inconvéniens. Soit qu'il les eût aperçus lui-même, ou qu'il n'eût publié son ordre que pour avoir l'air, en France, de s'entourer de l'opinion et des conseils de tous les chefs de l'armée, l'ouverture des séances fut retardée, puis on n'en parla plus.

On sait que, même en Europe, les innovations en fait d'impôts effraient le commerce. Tout nouveau droit rend peu les premières années, parce qu'on est obligé de mettre sa perception en régie, sujette à beaucoup de non-valeurs, puisqu'il ne peut être affermé d'une manière avantageuse avant que son produit soit bien connu. Ces inconvéniens sont bien plus forts dans un pays où les habitans s'effarouchent de la plus légère atteinte portée à leurs anciens usages. Ces considérations n'arrêtèrent pas le général Menou, qui publia, le 16 fructidor, un nouveau réglement sur les douanes. Il manifestait l'intention de favoriser le commerce avec la Syrie; mais il l'entrava de droits et de formalités qui rebutèrent les Arabes conducteurs des caravanes, et les décidèrent à faire la contrebande, que les frontières du pays leur rendaient très facile.

Kléber, afin d'encourager les bâtimens grecs à venir dans les ports d'Égypte, avait accordé des exemptions de droits et même des primes, pour l'importation des articles dont l'armée avait le plus grand besoin. Les droits furent rétablis, et on substitua aux primes des avis imprimés qui promettaient sûreté et protection à ceux qui viendraient; on les soumit en même temps à une foule de formalités pour la vente de leurs marchandises, et pour le chargement en retour.

Le commerce avec l'Arabie est fort avantageux à l'Égypte; elle y verse l'excédant des grains de la Haute-Égypte, et en tire en échange le café, les gommes, l'encens, des étoffes de l'Inde, etc., qui lui servent à solder les marchandises qu'elle tire d'Europe. Le port de Gosséir, qui, par sa proximité de ceux de l'Arabie, convient le mieux pour ce commerce, se trouvait dans l'apanage de Mourâd-Bey. Afin de forcer le commerce à refluer à Souez, fort occupé par les Français, on greva toutes les marchandises qui sortaient des terres de Mourâd-Bey, d'une douane excessive, sans offrir dans le port où l'on voulait attirer les Arabes, les articles dont ils ont besoin. Le commerce avec l'Arabie en souffrit, et le peu de bâtimens qui vinrent à Souez n'y trouvant pas de marchandises, vendirent en numéraire.

Le changement des droits de la douane établis à Siout, sur le commerce avec l'intérieur de l'Afrique, fit une mauvaise impression sur les caravanes, qui déjà se multipliaient d'après l'accueil que les premières qui virent les Français en avaient reçu.

Dans son ordre du jour du 20, le général Menou

donna une nouvelle organisation, et fit des diminutions à un droit qui se percevait, depuis les temps les plus anciens, sur les successions, sous le nom de *Beit-El-Mahl*.

Les droits sur les consommations intérieures avaient été supprimés par l'ordre du 16 fructidor concernant les douanes; bientôt après, le général Menou les rétablit sous le nom d'octrois; mais l'organisation qu'il leur donna valait-elle l'ancienne? Dans les villes de commerce, les marchandises sont déposées dans de vastes bazars nommés *okels*. Les droits sur les consommations et sur les transits étaient affermés, chaque année, à des individus qui les percevaient à peu de frais et d'une manière fort simple à la porte de ces okels. L'état de guerre avait empêché de tirer un grand parti de ces fermages, dans les premiers temps de la conquête; mais la confiance s'étant rétablie, la concurrence des négocians en aurait beaucoup haussé le prix. Il y avait des droits particuliers sur certaines denrées, sur les consommations dans les petites villes, et sur les marchés dans quelques villages. Plusieurs abus, des vexations particulières et des non-valeurs, devaient être supprimés. Quelques portions de ces revenus étaient affectées par d'anciennes concessions, à des familles, des établissemens ou des mosquées. On pouvait améliorer le mode de leur recette et augmenter leur produit, sans s'exposer, par un changement total, aux incertitudes d'une innovation.

Ces droits ralentirent la circulation intérieure;

toutes les denrées haussèrent de prix, et les troupes, dont les rations étaient payées en argent, en souffrirent. Il fallut une nuée d'employés pour les percevoir le premier mois. L'avidité et l'espoir d'être soutenus comme anciennement par l'autorité dans leurs vexations, déterminèrent plusieurs individus à se rendre fermiers. Ils promirent de très hauts prix; mais leurs espérances ayant été déçues, ils éprouvèrent des pertes sur la plupart des denrées.

Le divan du Caire s'était dissous après la convention d'El-A'rych, et Kléber n'avait pas jugé convenable de le rétablir avant l'entier paiement des dix millions auxquels cette ville avait été imposée. Mais après cette époque, ce corps devenait utile pour donner aux habitans une influence apparente dans le gouvernement, et les habituer aux affaires. L'idée d'en former en même temps une espèce de tribunal d'appel était bonne. La justice n'était pas rendue ou l'était mal, par des juges sans considération et sans autorité, guidés plutôt par leur intérêt personnel que par des lois invariables. Presque toujours les coupables échappaient aux recherches, les liaisons ou les haines de familles et de villages balançaient l'autorité; il n'existait aucune organisation municipale ni judiciaire.

Il y aurait eu un travail bien intéressant à faire pour préparer l'Egypte à un bon gouvernement: les progrès de la civilisation en dépendaient; on ne pouvait y conduire que par degrés un peuple ignorant, attaché servilement à ses anciens usages; il fallait beaucoup de ménagemens pour les opinions religieuses, afin d'amener des hommes divisés de culte, à obéir aux mêmes lois. Le général Menou avait nommé le 4 fructidor, une commission pour faire des recherches sur l'ancienne organisation de la justice et lui présenter un projet, mais il n'attendit pas que le travail qu'elle préparait fût achevé, et publia l'ordre du jour du 10 vendémiaire.

Bonaparte avait composé le divan d'hommes de toutes les religions, afin d'effacer la distinction des cultes. Le général Menou n'y admit, par ce nouvel arrêté, que des musulmans. Les chefs des autres religions, dont il se réservait le choix, n'eurent que le droit de séance, avec voix consultative. Il accorda aux musulmans des tribunaux investis du droit de les juger, non seulement entre eux, mais aussi dans leurs différends avec les chrétiens. Il laissait bien à ces derniers la faculté de terminer leurs procès par arbitrage; mais, dans certains cas, ils retombaient sous la police des kadis musulmans. Les ordres que Bonaparte avait donnés pour empêcher la corruption des juges furent renouvelés. Le général Menou défendit aussi le *dieh* ou rachat du sang, institution odieuse aux yeux de la raison, mais consacrée par l'usage, et que Mahomet lui-même a confirmée par le Koran. Rien de plus contraire aux lois des peuples civilisés; mais un usage aussi ancien et qui influait sur la tranquillité du pays, n'était pas de nature à être déraciné par un simple ordre du jour ; il fallait d'abord se procurer les moyens d'arrêter les coupables, organiser une autorité dans les villages, et détruire les asiles qu'offrait l'hospitalité : mais ceux qui n'avaient jamais habité que le Caire et les autres grandes villes soumises à une police sévère, ignoraient que toutes les institutions nécessaires pour en établir une dans les campagnes manquaient à l'Egypte.

Les jurés peseurs, mesureurs et sérafs percevaient un droit fixé par l'usage, d'après la nature des marchandises. Le général Menou porta leurs droits à deux et trois pour cent de la valeur. En un seul jour un peseur aurait pu faire sa fortune, s'il avait eu à livrer des objets de prix : les réclamations du commerce se multiplièrent à l'infini. Il avait aussi étendu cet ordre aux denrées que le gouvernement recevait pour impositions : c'était plus d'un dixième que l'on aurait perdu gratuitement, s'il n'avait pas modifié cet article après de nombreuses représentations.

Il était naturel de faire payer par l'armée les droits établis sur le commerce ; il y aurait eu beaucoup d'inconvéniens à l'en exempter ; mais l'ordre du 19 vendémiaire étendit aux successions des Français l'impôt appelé beit-el-mal. Cette extension était contraire aux lois de la République. Ce droit fut affermé à des habitans du pays ; et pour en augmenter le produit à leurs yeux, on leur fit envisager, d'une manière indécente, ce qu'ils auraient à prélever sur la fortune des généraux et autres officiers qui viendraient à mourir..... Cet ordre révolta généralement.

A peine les marchands du Caire et de Boulack, dont les magasins avaient été pillés ou confisqués lors de la prise de cette dernière ville, qui avaient ensuite payé au-delà de la moitié des douze millions des charges de guerre, commençaient-ils à respirer et ranimaient-ils leurs affaires qu'ils furent grevés d'une foule de droits. Ceux de Damiette, de Mehalleh-El-Kébir, de Tanta, etc., qui avaient également été imposés, eurent le même sort. L'espoir de vendre leurs marchandises plus cher aux individus de l'armée, presque seuls consommateurs à cette époque, leur avait fait surmonter ces difficultés; mais l'ordre du 20 vendémiaire, qui établissait des droits sur les corporations, acheva de les accabler. La plupart abandonnèrent leur commerce; quelques uns tournèrent leurs spéculations sur les fermages des nouveaux droits; d'autres, comme chefs de corporations, et chargés en cette qualité des répartitions, en s'exemptant eux-mêmes et faisant payer les pauvres, conservèrent seuls un peu d'aisance.

Il fallait certainement, pour fournir aux dépenses de l'armée, établir des impositions régulières sur les villes, mais elles devaient être réparties sur les riches, sur leurs propriétés, enfin sur le luxe. On pouvait conserver quelques droits anciens sur quelques corps de métiers, qui sont presque tous concentrés dans les mêmes quartiers. On pouvait aussi, par un droit modéré de patente, établir une surveillance, qui aurait pu devenir la source de quelque amélioration ; mais il aurait fallu d'avance étudier les anciennes impositions, examiner mûrement celles qu'il convenait d'établir, et on prit à peine des renseignemens nécessaires sur les lieux où il existait des corporations.

Pour civiliser l'Égypte et y établir un bon système d'administration, on devait principalement s'attacher à détruire l'influence politique des opinions religieuses. L'arrêté qui fait suite à celui des corporations, créa des impôts particuliers sur chaque corps de nation désigné par son culte ; on y voit même figurer les Cophtes comme tribu étrangère. Sans doute il convenait de faire peser les impositions sur les riches capitalistes cophtes, qui, chargés de la perception des impôts, vexent le peuple et enfouissent leurs richesses plutôt que de les mettre en circulation : ils pouvaient payer chaque année le million auquel ils étaient taxés ; mais on aurait dû les atteindre d'une autre manière. Si l'on voulait conserver quelques traces de ces distinctions religieuses, on pouvait modifier la capitation qui pèse sur les chrétiens, dans tout l'empire Turc, en accordant des exemptions à ceux d'entre eux qui se dévoueraient au service militaire, et les engager ainsi à former une milice pour la défense du pays.

Les négocians syriens avaient perdu une partie de leurs marchandises à Boulack ; ils avaient déjà beaucoup payé aux Osmanlis pendant le siége : Kléber avait promis de les indemniser. Le général Menou les frappa, peu après avoir pris le commandement, d'une avance de 500,000 francs, dont une partie seulement put être perçue. Il fixa ensuite leur capitation à 150,000 francs, à une époque où presque tout leur commerce était suspendu.

Aucune nation ne devait être autant protégée et encouragée que les Grecs; ils pouvaient seuls, pendant la guerre, faire un peu de commerce maritime, et ils commençaient à s'y livrer. Quelques encouragemens qu'on leur aurait donnés, auraient eu de grands résultats pour l'armée. On pouvait ouvrir, par leur moyen, des relations politiques fort intéressantes avec l'Archipel : militaires par goût, par esprit national, ils pouvaient fournir des recrues pour la légion grecque. Il est à remarquer que hormis ceux qui portaient les armes, il n'y en avait qu'un très petit nombre d'établis en Égypte; on pouvait donc se dispenser de les vexer pour une modique somme de 50,000 francs, qu'on eût retrouvée et au-delà, si les droits sur les corporations avaient été répartis sans distinction de cultes.

Les Juifs, qui sont presque tous artisans, courtiers ou sérafs, auraient aussi été bien plus également imposés sans cette condition.

La plupart des négocians francs avaient été pillés ou ruinés pendant le siége du Caire; plusieurs pères de famille, qui avaient été massacrés, laissaient leurs enfans sans ressources. Cette classe de négocians, autrefois privilégiés et accoutumés aux vastes spéculations du commerce de l'Orient, devait s'attendre à une protection spéciale.... ils furent imposés à 40,000 francs.

Enfin cet ordre du jour, qui ne parlait que d'encouragemens à donner au commerce, contenait en effet toutes les mesures les plus propres à le détruire. Au lieu d'exciter les Français venus à la suite de l'armée à former des établissemens, où elle se serait procuré bien des articles qui manquaient, il était terminé par l'annonce que, sous peu, on fixerait les droits qu'ils auraient à supporter. Cet avis produisit l'effet qu'on devait en attendre : beaucoup de Français qui avaient des projets d'établissement d'une utilité réelle, se hâtèrent d'y renoncer.

CHAPITRE VII.

DES FINANCES.

A l'époque où Kléber fut assassiné, une partie de la contribution en argent, imposée sur les habitans du Caire, et toute celle en marchandises n'étaient pas encore payées. On les perçut pendant le trimestre de messidor, ainsi qu'une partie des contributions territoriales ordinaires : la solde fut mise au courant, et la majeure partie des dettes fut acquittée. On assigna des fonds pour les fortifications, et les ingénieurs des ponts et chaussées en reçurent plus qu'il n'était nécessaire pour continuer les démolitions que la défense du Caire exigeait, et pour quelques embellissemens. Des gratifications, une augmentation de l'indemnité de rations, diverses dépenses inutiles, et la multitude d'employés français et turcs, suite d'une administration trop compliquée, portèrent successivement les dépenses de l'armée à 17 ou 1800,000 francs par mois; cependant tous les changemens avaient eu pour prétexte de substituer des économies à l'administration de Kléber, qui couvrait toutes les dépenses avec 13 ou 1400,000 fr.

Des ordres du jour annonçaient de fortes rentrées, produit des nouvelles impositions; le général Menou y répétait sans cesse l'engagement de tenir la solde au courant, et en vendémiaire presque tout était dépensé. Les droits ne rapportaient pas encore beaucoup; les impositions territoriales ne pouvaient être perçues qu'après l'inondation; enfin on manqua d'argent. On s'adressa aux Cophtes, et on leur ordonna de payer un emprunt forcé, que, d'abord, on leur promit d'hypothéquer sur les contributions arriérées; cette aliénation eût produit davantage, si elle avait été effectuée. Ce premier argent dépensé, on eut de nouveaux besoins, on fit un nouvel emprunt aux Cophtes. Nul doute qu'il ne convînt de leur faire regorger leurs brigandages; mais le général Kléber les regardait comme une réserve pour les momens critiques, et, en effet, il en tira, pendant le siége du Caire, tous les fonds dont il eut besoin.

Les rapports du citoyen Estève, et des personnes qui ont été chargées de la direction des différentes branches de l'administration, feront connaître avec précision les revenus que l'armée pouvait tirer de l'Égypte pendant l'état de guerre, et les augmentations que la paix et le rétablissement du commerce auraient occasionnées. J'en donnerai seulement ici une estimation approximative, d'après tous les renseignemens que je me suis procurés.

L'impôt territorial, depuis que Mourâd-Bey occupait le Saïd, ne pouvait pas s'élever à plus de 12,000,000, en y comprenant l'impôt impolitique sur les cheiks, qu'on fut ensuite forcé de leur présenter comme un à-compte sur les droits ordinaires.............................. 12,000,000

Les différentes impositions indirectes furent affermées environ 3,000,000, mais les fermiers éprouvant des pertes, on aurait dû leur accorder dans la suite une réduction, à moins que le commerce ne se fût ranimé.............. 3,000,000

Les droits sur les corporations et corps de nation étaient fixés, par l'ordre du jour, à 2,000,000, et auraient dû être réduits; cependant, au moyen de nombreuses vexations, on pouvait les percevoir........................... 2,000,000

La monnaie du Caire et les droits de

Report ci-devant....	17,000,000
marque sur les ouvrages d'or et d'argent, produisaient au plus..........	500,000
Les douanes pouvaient produire en temps de guerre, si le commerce avec l'Arabie et avec les Grecs était encouragé........................	1,000,000
(La paix aurait augmenté ce revenu de plusieurs millions.) Les oussiehs, les domaines nationaux, et l'enregistrement eussent produit........	1,500,000
Le miry des propriétaires et le tribut de Mourâd-Bey..................	1,000,000
Total.......	21,000,000

Les revenus en nature suffisaient aux besoins de l'armée et alimentaient les magasins de réserve.

La somme totale des revenus d'Égypte pouvait donc s'élever à environ 21,000,000 de francs par an, ou 1,750,000 fr. par mois; mais leur perception dépendait de la tranquillité intérieure, que différentes causes pouvaient troubler : une attaque ou même l'attitude menaçante d'une armée ennemie, forçant à réunir les troupes, la suspendait entièrement; car dans tout l'Orient, il faut l'appareil militaire pour exiger l'impôt. Il était donc essentiel de mettre la plus grande économie dans les dépenses, afin que si la source des revenus venait à tarir momentanément, on eût toujours un fonds de réserve disponible pour subvenir aux besoins de l'armée. Toutes ces considérations ne purent arrêter le général Menou dans le cours de ses innovations, ni empêcher l'augmentation des dépenses. Il se persuadait toujours que rien ne pouvait, en dedans comme en dehors, troubler la tranquillité du pays. On doit cependant lui rendre cette justice, qu'en dissipant les ressources de l'armée, il a toujours montré du désintéressement personnel.

CHAPITRE VIII.

ADMINISTRATION DE L'ARMÉE; MAGASINS EXTRAORDINAIRES.

Tandis que le général Menou affectait de s'occuper exclusivement des besoins et de la subsistance du soldat, et qu'il entrait dans les détails les plus minutieux, il négligeait la formation des grands approvisionnemens. Il fit cesser, comme dispendieuse, la fabrication du biscuit; il était cependant indispensable en Égypte, attendu le petit nombre de fours, restreints aux seuls établissemens des Français, et afin d'en mettre en réserve à Alexandrie une quantité suffisante, pour fournir, soit à l'armée, si elle devait s'y porter en masse, soit aux vaisseaux qui apporteraient des secours. Persuadé que l'Égypte était à l'abri de toute attaque étrangère, il négligea, par économie, les magasins de siége; l'ordonnateur en chef Daure lui fit inutilement des représentations pour obtenir les moyens de former, dans toutes les places, des approvisionnemens considérables. Kléber les avait ordonnés, mais il périt avant l'époque où ils devaient être effectués : il voulait qu'il y eût à Alexandrie des vivres pour toute l'armée, pendant un an. Le général Menou permit seulement d'en réunir la quantité nécessaire pour nourrir deux mois l'armée, et un an la garnison.

Lorsque le général Menou connut la création des inspecteurs aux revues, il annonça à Daure qu'il voulait organiser les inspecteurs et les commissaires des guerres, conformément à l'arrêté des Consuls; il lui vanta l'importance des fonctions d'*inspecteur en chef*, et après quelques flagorneries, lui offrit cette place, en lui proposant de céder celle d'ordonnateur en chef à un autre, qu'il mettrait au fait des affaires. Daure ne soupçonnant pas la duplicité de cette offre, accepta; et quelques jours après parut l'ordre du 30 vendémiaire, où il se vit avec surprise porté comme simple *inspecteur aux revues*. Il réclama du général Menou l'exécution de sa promesse, ou la conservation de la place qu'il occupait; il lui représenta qu'il ne pouvait la quitter pour une place égale ou inférieure, sans donner lieu à des soupçons sur la pureté de sa conduite, et que, si l'on pouvait former quelque accusation contre lui, pour la manière dont il avait géré, on devait le faire passer à un conseil de guerre. Cet administrateur jouissait d'une estime méritée sous tous les rapports, et que Bonaparte et Kléber lui avaient accordée; on fut généralement indigné de cette injustice. Le général Menou fut sourd à la voix publique et aux représentations particulières. Il s'excusa sur l'augmentation de dépense qu'entraîneraient les appointemens de la place d'inspecteur en chef; mais ce motif ne l'avait pas retenu pour d'autres nominations. Sur les représentations qui lui furent faites par plusieurs généraux, il assura de n'avoir point donné sa parole; ensuite il promit de la tenir. Daure voyant qu'il ne pourrait faire le bien en conservant la place d'ordonnateur, accepta celle d'inspecteur en chef. Le général Menou ne songea plus dès-lors à organiser ce corps.

CHAPITRE IX.

MURMURES DE L'ARMÉE CONTRE LE GÉNÉRAL MENOU. — LES GÉNÉRAUX DE DIVISION LUI FONT DES REPRÉSENTATIONS. — SA CONFIRMATION.

Les innovations du général Menou, sa conduite envers plusieurs personnes, ses déclamations triviales, les leçons de morale et de probité, si souvent répétées dans ses nombreux ordres du jour, et qu'il semblait adresser à une armée démoralisée et sans honneur, excitaient un murmure presque général.

Les habitans, effrayés de tant d'innovations, se

plaignaient de ce qu'un général musulman (1) *dont ils auraient dû beaucoup espérer, les forçait à regretter un général chrétien.* Ils étaient habitués, sous le gouvernement des Turcs et des mameloucks, à souffrir tous leurs caprices ; ils auraient de même souffert ceux du général Menou, si les deux généraux qui l'avaient précédé, ne leur avaient pas fait connaître la douceur des lois européennes.

La conduite du général Menou ouvrait un vaste champ aux réflexions, et les questions suivantes se présentaient naturellement aux individus de l'armée, même les moins observateurs.

Quel but peut avoir un général qui, n'exerçant sa place que par *intérim*, bouleverse toute l'administration du pays pour y substituer des innovations évidemment contraires aux intérêts de l'armée, contraires aux vrais principes de l'administration du pays, aux usages invétérés des habitans, et aux moyens de civilisation? Pourquoi débuter par des expériences d'un succès incertain, à une époque où les besoins de l'armée exigent des ressources promptes et assurées?

Pourquoi, dans toutes les occasions, proclamer l'Egypte colonie, avant d'en avoir reçu l'ordre du gouvernement? Pourquoi contredire ce que Bonaparte et Kléber avaient toujours dit aux Turcs, que

---

(1) Ces plaintes ont été faites dans ces termes par des principaux habitans du pays, et notamment par El-Mohdi, l'un des premiers cheiks du Caire.

l'Egypte serait gardée en dépôt jusqu'à la paix? N'est-il pas démontré qu'il force lui-même la Porte à redoubler d'efforts et à réclamer les secours de toutes les puissances?

La responsabilité personnelle du chef qu'il met en avant, n'est-elle pas illusoire? la sûreté de l'armée ne peut-elle pas être compromise sous ce prétexte? Un homme, novateur par caractère, destructeur par système de tout ce qu'ont fait ses prédécesseurs, cherchant à éloigner les généraux et les administrateurs instruits, n'expose-t-il pas l'armée à des revers inévitables? Ne l'expose-t-il pas même à perdre une conquête précieuse, acquise au prix de son sang et de ses travaux?.... Et à quoi servira cette responsabilité?

Quel malheur ne peut-on pas prévoir pour l'armée, si elle vient à être attaquée sous les ordres d'un chef sans habitude de la guerre, qui anéantit ses ressources, refuse de former des magasins, divise les généraux, les abreuve de dégoûts et excite contre eux les soupçons des troupes?

Tout ce qu'il a fait ne présage-t-il pas ce qu'il peut faire encore? Les murmures ne doivent-ils pas faire craindre des troubles? la discipline une fois violée, la sûreté de l'armée, la conservation du pays même ne sera-t-elle pas évidemment compromise? Y a-t-il des moyens de prévenir ces désastres?

De quelle manière, vu la presque impossibilité de correspondre avec la France, détourner tous les maux que peut attirer sur l'armée un homme dévenu son chef par les circonstances et l'ancienneté seulement ? .

Beaucoup de personnes jugeaient le général Menou incapable de commander l'armée, et croyaient qu'il fallait engager le général Reynier à en prendre le commandement. D'autres proposaient de lui faire son procès. D'autres, plus modérés, pensaient que les généraux devaient seulement se réunir pour lui faire des représentations.

Les généraux de division qui se trouvaient au Caire sentirent la justesse de ces réflexions. Ils pensèrent que, placés par leur grade sur la seconde ligne de l'autorité, ils devaient prévenir les malheurs que la conduite du général Menou, ou l'insurrection des troupes contre lui, pourrait occasionner; qu'éloignés du gouvernement, n'ayant que des moyens lents, incertains et difficiles de l'instruire de la vérité, ils devaient veiller au salut de l'armée; et de tous les moyens proposés, ils choisirent le dernier, qui leur parut avoir le moins d'inconvéniens.

La position du général Reynier devenait fort délicate; en engageant le général Menou à prendre le commandement de l'armée, il lui avait promis de l'aider de ses moyens et de ses conseils; ensuite il se trouva en butte à ses intrigues, et les méprisa. Il craignait l'influence que des partis pouvaient avoir sur les destinées de l'armée, et quoiqu'il évitât de les exciter, la foule des mécontens avait les yeux fixés sur lui. Il sentait qu'un autre chef devenait nécessaire à l'armée; mais il était fort délicat de succéder au général Menou. Le bouleversement de toute l'administration du pays, les dissensions qu'il avait fomentées, les économies de Kléber dissipées, tandis que les dépenses avaient augmenté, les promesses qu'il multipliait chaque jour de tenir la solde au courant, difficiles à réaliser ; enfin, les espérances qu'il cherchait à inspirer de son administration ; toutes ces causes réunies devaient avoir des résultats qui ne pouvaient encore être aperçus, mais dont les effets désastreux auraient été attribués à son successeur. A ces considérations se joignaient la probabilité de sa confirmation, le danger d'un tel exemple pour la discipline, etc. Ces réflexions déterminèrent le général Reynier à éviter de prendre part à toute résolution qui tendrait à le porter au commandement ; il les communiqua aux autres généraux de division, et convint avec eux d'empêcher le général Menou, par leurs conseils, d'achever de diviser l'armée, et de désorganiser l'administration du pays.

Ils se disposaient à se rendre chez lui dans cette intention, le 4 brumaire, lorsqu'on annonça l'arrivée d'un officier dépêché de Toulon. Ils retardèrent leur démarche pour savoir s'il apportait la décision du gouvernement sur le commandement de l'armée ; mais les dépêches étaient encore adressées à Kléber. En annonçant ces nouvelles de France à l'ordre du jour du 6 brumaire, le général Menou proclama qu'il existait des dissensions dans l'armée ; ce n'était pas sans doute le moyen de les apaiser.

Cela détermina plus fortement encore les généraux de division Reynier, Damas, Lanusse, Belliard et Verdier, à la démarche qu'ils se proposaient de faire; et le même jour ils se rendirent chez lui. Le général Menou fut fort troublé de cette visite; ces généraux lui dirent qu'ayant constamment vécu aux armées, ils y avaient vu régner l'union et la bonne intelligence, parce que les intrigues y étaient inconnues; que l'armée d'Orient avait joui de la plus grande tranquillité sous Bonaparte et sous Kléber; qu'ils voyaient avec peine des germes de division s'élever, et qu'en recherchant leur cause, ils la trouvaient dans sa conduite, depuis qu'il avait pris le commandement; que le meilleur moyen de rétablir l'harmonie serait de revenir sur quelques mesures contraires à l'intérêt général, de se régler à l'avenir sur les lois de la République et sur les principes de la hiérarchie militaire, et surtout de mettre fin à toutes les intrigues. Ils s'appesantirent sur les inconvéniens des innovations en général, sur ceux d'une partie de ses arrêtés, tels que l'organisation du droit des cheiks et de celui sur les successions. Ils lui firent sentir qu'il ne pouvait, dans aucun cas, se mettre au-dessus des lois françaises; que s'il représentait le gouvernement par rapport à l'administration de l'Égypte, il n'était pour l'armée que général en chef, et qu'il avait en cette qualité une assez grande latitude pour faire le bien; que si l'Égypte était déclarée colonie, le gouvernement déterminerait son administration, et que ce devait être un motif pour lui de ne pas se hâter de tout innover. Ils ajoutèrent qu'il était imprudent de proclamer publiquement l'Égypte colonie, avant que le gouvernement se fût prononcé. Ils lui citèrent la politique de Bonaparte et de Kléber sur cet objet, et cherchèrent à lui faire sentir quelle inquiétude inspirerait aux Turcs cette dénomination. Ils l'invitèrent à suivre, dans sa conduite, l'exemple des généraux ses prédécesseurs, qui avaient toujours été réservés sur les innovations, afin de ne pas effrayer les habitans par des changemens trop précipités; à rédiger ses ordres du jour dans des termes plus convenables, et à supprimer ses déclamations sur la morale et la probité, qui tendaient à persuader que l'armée n'était qu'un amas de brigands, que Bonaparte et Kléber n'avaient pas su discipliner. Ils lui demandèrent aussi de ne pas correspondre directement avec les officiers subalternes, ce qui était contraire à la hiérarchie militaire. Ils l'invitèrent à ne faire, à l'avenir, que les nominations accordées aux généraux en chef, sur le champ de bataille, et pour les remplacemens nécessaires. Les généraux de division lui observèrent encore que pour le bien du service, et pour ne pas refroidir le zèle des individus chargés de fonctions publiques, il devait s'astreindre à la règle de ne destituer personne d'un emploi confié par le gouvernement, sans le faire juger par un conseil de guerre.

On lui parla de la souscription pour un monument à élever à Kléber, ainsi que de l'étonnement qu'avait dû produire son refus d'y souscrire, et même de l'annoncer à l'ordre du jour, en même temps que celle pour Desaix. Il donna d'abord sa *parole d'honneur* qu'on ne lui en avait jamais parlé; mais on lui cita des témoins de son refus, et il promit d'en ordonner l'insertion. Il convint du renchérissement des denrées, occasionné par ses nouveaux droits d'octroi, et promit de mettre les troupes en état de se procurer des vivres avec leur indemnité. On évita de parler d'objets personnels. La discussion s'anima un peu sur quelques articles; le général Menou, embarrassé, ne fit que des réponses vagues; il finit par demander un jour de réflexion, annonçant une réponse par écrit. Il ne l'envoya pas; mais le lendemain, il dit à l'un des généraux qu'il avait trouvé leurs représentations fondées; qu'il désirait cependant ne revenir que successivement sur ses mesures, pour ne pas montrer trop d'instabilité. Le 10, il y eut une nouvelle entrevue avant la cérémonie funèbre pour Desaix. Il convint encore de la nécessité des changemens demandés, et dit qu'il avait déjà donné au payeur l'ordre de ne pas percevoir dans l'armée les droits sur les successions, ajoutant qu'il en ferait insérer l'annonce à l'ordre du jour; il promit de nouveau de se conformer en tout aux demandes qui lui avaient été faites.

Les troupes furent réunies le 10 brumaire pour rendre un hommage funèbre à Desaix; la cérémonie fut silencieuse. Cette perte était vivement sentie; mais il aurait fallu un chef militaire pour offrir di-

gnement à l'un de nos plus estimables guerriers, l'expression des regrets de cette brave armée......
Le lieu redoublait le sentiment de la double perte qu'elle avait faite le même jour; c'était à la vue d'Héliopolis, de ce champ de bataille où Kléber avait reconquis l'Egypte, qu'était placé le cénotaphe. Il eût été naturel de jeter aussi quelques fleurs sur sa tombe..... Mais la haine du général Menou avait commandé le silence. Les généraux se turent pour ne pas aigrir les esprits déjà très exaspérés.

Vers cette époque, le général Menou fit proposer aux généraux Damas, Lanusse et Verdier, leurs passeports pour la France; mais zélés pour la conservation de l'Egypte, voyant l'armée en de débiles mains, ils espéraient lui être encore utiles; ils refusèrent.

Le général Menou n'avait rien adressé au gouvernement depuis le départ de l'*Osiris*, qui avait porté la nouvelle de la mort de Kléber; mais enfin, la crainte qu'il ne fût instruit du mécontentement de l'armée, et le besoin d'en prévenir l'effet, le déterminèrent à écrire. Il fit tout ce qui était en son pouvoir pour se concilier les porteurs de ses dépêches; mais pour mieux se prémunir contre les rapports que pourraient faire, au gouvernement, ceux qui obtinrent la permission de partir, il ne négligea pas d'envoyer des notes particulières contre eux, et d'annoncer que c'étaient des personnes *au moins inutiles*, pour ne pas dire plus.

Il annonça qu'il avait beaucoup de peine à faire

le bien, et à lutter contre le prétendu parti anticoloniste. Il multiplia à l'infini les obstacles qu'il disait éprouver à mettre de l'ordre dans l'administration et les finances; écrivit qu'il se faisait des ennemis, parce qu'il attaquait les intérêts particuliers; et tâcha, de cette manière, de prévenir en faveur de sa personne et de son administration, en ajoutant de grandes déclamations sur son dévoûment à la chose publique, et sur sa résolution de défendre l'Egypte.

Le rapport du général Kléber sur la campagne d'Héliopolis, continué après sa mort par le général Damas, fut envoyé; mais le général Menou y supprima tout ce qui était relatif à l'état de l'armée lors de la mort de ce général, et notamment à la formation des corps de troupes auxiliaires. Il avança ensuite que sa situation brillante n'était due qu'aux soins qu'il avait pris de l'administration, et que les habitans bénissaient sa justice et ses innovations. Enfin il trompa le gouvernement par de faux aperçus des ressources du pays et des dépenses qu'elles devaient couvrir. Il le trompa encore en lui parlant de fortifications, de travaux, d'encouragemens donnés aux sciences, de voyages et de recherches scientifiques dont il n'était nullement question en Égypte (1). Les généraux de division, voulant at-

---

(1) Les officiers qui arrivèrent de France furent très surpris de ne pas trouver les canaux navigables toute l'année, ainsi que les routes et les forts dont ils avaient vu l'énumé-

tendre l'effet de leurs représentations, n'écrivirent pas au gouvernement par le premier bâtiment.

Un officier arriva de France le 12; des lettres particulières annoncèrent au général Menou qu'il était confirmé. L'officier porteur des dépêches donnait

---

ration dans sa correspondance imprimée; ils s'informèrent du succès des voyages qu'il avait également annoncés. Loin d'encourager les sciences, le général Menou a contrarié les recherches des membres de l'Institut et de la Commission des Arts; il affectait toujours d'en parler avec intérêt, mais il ne se déterminait à rien. Plusieurs savans et artistes l'ont persécuté pour obtenir l'agrément de parcourir la Haute-Égypte. Ils se désolaient de perdre leur temps au Caire, tandis que la tranquillité dont on était assuré, au moins pendant l'inondation, donnait les moyens de disposer des escortes nécessaires pour beaucoup de reconnaissances intéressantes. Il n'y eut que deux voyages qu'on parvint à lui faire approuver lorsqu'ils furent déterminés; celui des citoyens Coutelle et Rosière au mont Sinaï, et celui du chef de bataillon Berthe au *Gebel-Doukhan*. On s'occupait de projets de voyage aux oasis lorsque la campagne commença.

Les fouilles aux Pyramides ne furent ordonnées par le général Menou que d'après les recherches que le général Reynier y avait faites, avec quelques membres de l'Institut, et qu'il se proposait de continuer.

Si, pendant ce temps, les recherches générales furent contrariées, les membres de l'Institut et de la Commission des Arts ne travaillèrent pas avec moins de zèle et de persévérance à acquérir des connaissances sur tout ce qui était remarquable; et n'obtenant pas les moyens de voyager, ils rédigèrent, dans leur cabinet, les observations qu'ils avaient faites sous Bonaparte et Kléber.

la nouvelle de la prise de Malte et de la paix avec les puissahces barbaresques.

Le même jour, les généraux eurent une nouvelle entrevue avec le général Menou, qui promit encore de s'occuper des changemens qu'on lui demandait, mais en témoignant toujours le désir de ne les faire que successivement; il observa que déjà il avait suspendu l'arrêté sur les successions, qu'il avait mis à l'ordre du jour un surcroît d'indemnité pour les rations de viande des troupes, ainsi qu'une augmentation de solde pour les lieutenans et sous-lieutenans. Cette augmentation de solde et d'indemnité de rations grevait le trésor de l'armée d'une dépense de six cent mille francs par an. Il aurait été possible d'assurer le bien-être du soldat d'une manière moins onéreuse.

SECONDE PARTIE.

DEPUIS LE MOIS DE BRUMAIRE JUSQU'AU MOIS DE VENTOSE AN IX.

CHAPITRE PREMIER.

DE L'ESPRIT DE L'ARMÉE JUSQU'A L'ARRIVÉE DE LA FLOTTE ANGLAISE.

Un officier qui arriva au Caire le 15 brumaire, apporta au général Menou son brevet de général en chef. Voyant, après les cérémonies funèbres qui avaient eu lieu à Paris, qu'il ne pouvait plus se dispenser de rendre à Kléber quelques honneurs publics, il mit enfin à l'ordre du jour la souscription et le concours pour un monument à sa mémoire, mais il s'opposa secrètement à son exécution.

La démarche des généraux avait en partie rempli son objet ; le général Menou était devenu beaucoup plus réservé dans ses innovations ; quelques unes de ses mesures avaient été modifiées, et il avait promis de revenir graduellement sur les autres.

Lorsque sa confirmation fut arrivée, et qu'en temporisant il eut laissé aux esprits le temps de se calmer, il se crut assez fort, et tenta de noircir les généraux par des bruits qui circulèrent sourdement. On insinua qu'ils avaient eu le dessein de l'arrêter et de le forcer à donner sa démission, mais qu'il leur avait imposé par sa fermeté; qu'ils avaient eu pour but de faire évacuer l'Égypte; qu'ils étaient de connivence avec l'ennemi, à qui l'un d'eux faisait même passer des grains; et d'autres calomnies non moins absurdes. Ils avaient eu la délicatesse de lui promettre le secret sur l'objet de leur démarche, et méprisèrent ces bruits, qui ne furent accueillis que par quelques personnes. Ces officiers espérant toujours qu'aussitôt que le gouvernement pourrait être éclairé sur la conduite du général Menou, lui nommerait un successeur, répugnaient à le dénoncer. Le général Reynier surtout ne pouvait écrire contre lui, sans paraître mu par le désir d'occuper sa place, et ces considérations auraient pu rendre ses lettres suspectes de partialité; mais sentant que la division qui régnait entre les généraux, et qui semblait former un parti d'opposition dont il avait l'air d'être le chef, pourrait avoir des suites funestes pour l'armée, il écrivit au premier consul pour lui demander de le rappeler en France, dès que la campagne qui paraissait devoir commencer après la retraite des eaux serait terminée. Ces généraux écrivirent à plusieurs personnes d'avertir le gouvernement que, pour conserver l'Égypte, il fallait y envoyer un autre général en chef, sans choisir parmi ceux de l'armée. Cependant, lorsqu'ils furent instruits des bruits qu'on cherchait à accréditer, ils jugèrent que le général Menou était également capable de les calomnier en France, et adressèrent au gouvernement une note très modérée sur leur entrevue avec lui. Ils ne la signèrent pas collectivement, pour éviter de lui donner l'apparence d'une dénonciation. Elle fut remise le 3 frimaire à un officier, dont le départ fut retardé jusqu'au 19 nivose, par les mêmes indécisions qui paralysaient tout. Il fut pris par les Anglais.

Le titre de général en chef accordé au général Menou, par le gouvernement, fit peu de sensation dans l'armée, habituée depuis long-temps à le voir s'en qualifier; le désir d'en être débarrassé avait cependant inspiré à beaucoup de personnes l'espoir qu'il ne serait pas confirmé; mais on faisait aussi les réflexions suivantes : le gouvernement, qui voit le général Menou reconnu par l'armée, ignore qu'elle en est mécontente, et que les généraux n'ont pas été consultés lorsque son ancienneté l'a porté au commandement. Il lui suppose assez d'habitude des affaires pour penser qu'il sera capable de diriger l'administration, et doit présumer que, sentant son inexpérience de la guerre, il prendra les conseils des autres généraux, et saura entretenir l'union entre eux et lui. Le gouvernement doit enfin considérer son changement de religion comme pouvant le rendre agréable aux habitans du pays, et lui faire acquérir l'ascendant d'opinion nécessaire pour en améliorer l'administration et les institutions civiles. Tels furent les raisonnemens qu'on fit dans l'armée; et ces motifs devaient naturellement frapper en France, où on était trompé par ses rapports. L'opinion qu'il avait propagée, de l'existence d'un parti anti-coloniste, opinion que ne pouvaient combattre ceux qui étaient alors accusés de le former, était encore un motif de plus pour lui accorder sa confirmation.

Les dépêches parties le 12 brumaire, arrivèrent à Paris à la fin de frimaire. On y lut avec satisfaction l'état florissant de l'armée. Le général Menou, s'attribuant toutes les améliorations de Kléber, se vantait de l'avoir mise dans cette situation brillante ; puis on y voyait tant d'opérations administratives, il y répétait si souvent que son *gouvernement était béni par les habitans*, qu'il était naturel qu'on le crût sur parole, personne n'étant là pour démentir ses assertions. Les tableaux fastueux qu'il présentait de l'état de l'armée, des ressources considérables qu'il lui avait assurées, et de ses espérances pour l'avenir, devaient séduire ceux même qui connaissaient l'Égypte. Les inconvéniens de ses innovations ne pouvaient être aperçus que sur les lieux ; l'éloignement en couvrait l'incohérence. Le bruit qu'il existait en Égypte un parti anti-coloniste, composé de tous ceux qui avaient eu la confiance de Kléber, se répandit en France avec une nouvelle affectation, après l'arrivée de ces dépêches. Des articles insérés dans quelques gazettes, sous des rubriques étrangères, parurent comme pour faire accréditer cette invention par les ennemis. Le général Menou avait eu la précaution de rendre suspects ceux qui auraient pu le démasquer en arrivant en France..... Comment la vérité serait-elle parvenue au gouvernement? La nouvelle de mécontentemens et de divisions dans l'armée ne devait-elle pas lui paraître une suite de ces partis imaginaires. Instruit indirectement du peu d'accord qui régnait entre les généraux, sans en bien connaître les motifs, il devait craindre d'augmenter les dissensions, s'il le faisait remplacer par l'un d'eux, et devait espérer que l'approche des ennemis ferait tout oublier. Le général Menou avait érigé l'Égypte en colonie, et s'engageait à la défendre ; le gouvernement ne pouvant démentir cette dénomination impolitique et prématurée, il ne lui restait qu'à en profiter, pour faire connaître les avantages de ce pays et exciter en France un enthousiasme qui facilitât les moyens d'y faire passer des secours.

On savait à Paris les préparatifs que les Anglais et les Turcs faisaient contre l'Égypte. Des éloges publics, des promesses de récompenses nationales, une perspective de gloire et d'honneurs, devaient porter l'armée à se surpasser dans les combats qu'elle aurait à soutenir. Les louanges pouvaient engager un général sans expérience à redoubler d'efforts pour les mériter : elles lui furent prodiguées d'avance ; et ce stimulant, si puissant sur une âme noble, ne fit qu'augmenter sa morgue. Il n'aperçut dans ces éloges que les moyens d'accroître son ascendant sur l'esprit de l'armée; et, quoiqu'il n'osât attaquer directement les généraux dont il craignait l'influence, il crut les circonstances favorables pour les perdre dans l'opinion ; il espéra les dégoûter de servir sous ses ordres, et les engager à quitter l'Égypte, avant qu'ils eussent eu le temps d'éclairer le gouvernement.... Tous les individus de l'armée connurent alors que les seuls moyens d'obtenir ce qu'on désirait du général Menou, était de ne point voir les autres généraux, de déclamer contre eux. Ceux-ci, ne voulant point s'exposer à languir dans son antichambre, et même à être renvoyés sans audience, s'abstinrent d'aller chez lui. Ayant plusieurs fois éprouvé qu'on ne pouvait pas compter sur ses réponses verbales, ils préférèrent aussi de correspondre par écrit. Ils supportaient ses tracasseries et les méprisaient; mais ils durent plusieurs fois lui rappeler les principes de la hiérarchie militaire, et que ses correspondances avec les subalternes détruisaient la discipline.

Il était intéressant, pour le général Menou, que les Égyptiens parussent satisfaits de son administration: ce peuple est habitué à flatter tous les caprices des hommes puissans; les membres du divan adressèrent au premier consul une lettre telle que le général Menou la désirait. Il voulut ensuite faire écrire des adresses en sa faveur, par les différens corps de l'armée, mais il ne put y réussir.

Les hommes placés par un concours de circonstances sur un théâtre trop vaste pour l'étendue de leurs moyens, cherchant à masquer leur faiblesse, identifient leur cause à un intérêt plus général. Etrangers à l'art de gouverner, bien loin de se l'avouer à eux-mêmes, ils tâchent encore de séduire le vulgaire par des tableaux fastueux et l'annonce de grands résultats. Cette tactique fut de tout temps employée par ces charlatans politiques dont la révolution a vu naître et s'anéantir un si grand nombre : douter de l'infaillibilité de Robespierre, c'était conspirer contre la France; il ne présentait jamais ses intérêts que comme ceux de la République. Quiconque blâme la conduite de ces hommes ou ne partage pas leurs opinions, est désigné comme factieux, comme un ennemi de l'État; mais leur masque une fois arraché, l'édifice éphémère d'une gloire usurpée s'écroule; et leur chute est d'autant plus honteuse qu'ils s'étaient plus élevés.

A la fin de nivose, le général Menou reçut un numéro de la *Gazette de France* du 5 vendémiaire an ix, où se trouvait une lettre, datée de la Syrie, conçue de manière à faire croire qu'elle avait été écrite par un officier anglais. Il y était désigné comme le plus propre à défendre l'Égypte; on s'y étendait sur l'impossibilité de reprendre ce pays aux Français, autrement qu'en y faisant naître une insurrection, pour le remplacer par un général du prétendu parti anti-coloniste. Il lut cette gazette le 1ᵉʳ pluviose à plusieurs personnes qui se trouvaient chez lui; la plupart de ceux qui l'entendirent en furent révoltés. (1)

---

(1) Quelques jours après, il prétexta une visite des casernes, afin de paraître en public avec les généraux de division; et il profita de ce qu'ils le traitaient, devant les troupes, avec le respect dû à son grade, pour faire circuler le bruit que ces généraux étaient convenus qu'ils avaient eu le dessein de lui

Les deux frégates qui arrivèrent à Alexandrie apportèrent la nouvelle de l'attentat contre la personne du premier consul. Le général Menou, en annonçant ce projet odieux dans l'ordre du 23 pluviose, l'amalgama avec ce qui lui était personnel, et inséra, à la suite de cette nouvelle, l'article de la *Gazette de France* dont nous venons de parler. Cet ordre du jour excita l'indignation : elle était naturelle contre les auteurs d'un crime atroce, mais elle fut aussi générale contre l'auteur de l'ordre du jour. Quoique les généraux de division Reynier, Damas, Lanusse et Belliard n'y fussent pas nommés, ils étaient évidemment attaqués. Le silence qu'ils avaient gardé jusqu'alors devait cesser, l'injure était publique; cependant ils se bornèrent à lui écrire des lettres très fortes; ils lui demandèrent une dénégation formelle de ses inculpations indirectes, en lui rappelant la modération avec laquelle ils avaient supporté tous ses procédés antérieurs; ils le menacèrent d'une grande publicité s'il ne réparait cette offense. Ces lettres lui furent envoyées le 25 pluviose; il répondit par une circulaire en termes vagues, qu'il n'avait pas eu l'intention de les désigner. Ces généraux, craignant d'exciter des troubles dans

---

ôter le commandement de l'armée, et lui en avaient demandé pardon. Il transformait ainsi en une bassesse ce qui n'était qu'un effet de la discipline... Quel moyen de calmer les divisions, que d'intéresser l'amour-propre des généraux à ne pas lui céder, même par des témoignages de déférence, lorsqu'ils paraîtraient en public avec lui !

l'armée, se contentèrent de cette réponse. Cet ordre du jour était également inconvenant et impolitique; car si un parti anti-coloniste avait réellement existé, n'était-ce pas lui donner de la consistance, le favoriser même, que de le désigner publiquement? c'était encore augmenter les divisions au moment où la campagne allait s'ouvrir.

CHAPITRE II.

ÉVÉNEMENS MILITAIRES ET POLITIQUES JUSQU'A L'ENTRÉE DE LA CAMPAGNE.

Un parti de trois cents cavaliers turcs et mamelucks vint, le 12 brumaire, à Katiëh, pour protéger des caravanes de grains et de riz; ces denrées, transportées furtivement par le lac Menzalëh, étaient ensuite chargées sur des chameaux, et conduites en Syrie par des Arabes, auxquels leur vente procurait un immense bénéfice. Le but de ce détachement était aussi de donner une chasse aux Arabes réfugiés de la Syrie qui gênaient ces caravanes. Ces tribus fuyaient de l'Ouady avec leurs bestiaux, lorsque le général Reynier, qui allait inspecter la garnison et les ouvrages de Salèhiëh, les rencontra. Il demanda un détachement de dromadaires qui se porta sur Katiëh; l'ennemi avait déjà disparu. Ce mouvement fit soupçonner, avant qu'on en connût le véritable motif, que les Osmanlis voulaient essayer quelques tentatives, quoique leur armée fût bien désorganisée, et que l'inondation empêchât d'agir dans l'intérieur de l'Égypte; on se mit en mesure pour se défendre et pour aller même les attaquer à Katiëh, s'ils voulaient s'y établir.

Une reconnaissance de quarante mameloucks vint encore à Katiëh, le 7 frimaire : elle en repartit aussitôt. Les dromadaires y firent une nouvelle course, et poussèrent dans le désert jusques auprès d'El-A'rych.

Le grand-visir était resté à Jaffa depuis sa retraite d'Héliopolis; son armée était de mille à douze cents hommes, tant infanterie que cavalerie. Il lui arrivait quelques soldats, mais la désertion compensait ces renforts, et la peste, qui régnait dans son armée, contribuait à l'affaiblir. Le corps des mameloucks d'Ibrahim-Bey et celui d'Hassan-Bey Djeddâoui, réduits à cinq cents cavaliers, étaient campés près de lui. Quelques ouvriers anglais réparaient les fortifications de Jaffa. A El-A'rych, la brèche avait été fermée. On élevait sur les parapets un mur crénelé, et quatre cents janissaires composaient la garnison. Quinze à dix-huit cents cavaliers et fantassins albanais, campés près de là avec quelques pièces, y formaient une espèce d'avant-garde.

Le visir, pour retenir sous leurs drapeaux les hordes indisciplinées qui composaient son armée, annonçait chaque jour qu'il allait marcher sur l'Égypte; mais la bataille d'Héliopolis et le siége du Caire avaient laissé dans l'esprit des troupes et des habitans une impression si profonde, que tous les moyens de succès moraux et physiques lui manquaient à la fois. Cependant l'époque de sa marche parut décidément fixée au mois de rhamadan, ensuite elle fut reculée. Il était dépourvu de forces, de moyens, sans autorité et sans aucune considération, en querelle avec le Djezzar, dont l'armée était plus nombreuse, et qui avait accueilli plusieurs pachas de son armée. La seule plaine de la Palestine lui restait. C'était là que se bornaient ses ressources, encore les habitans avaient-ils envoyé dans les montagnes une partie de leurs bestiaux; le reste du pays ne lui fournissait rien. Ses ordres aux habitans des montagnes étaient méconnus; les détachemens qu'il envoyait contre eux étaient repoussés à main armée; on devait revenir plusieurs fois à la charge, avec de nouvelles troupes, pour parvenir à soumettre un canton. Plusieurs, au lieu de lui obéir, abandonnaient leurs villages, et fuyaient avec leurs bestiaux dans les montagnes du Karak, à l'est de la mer Morte ou dans le désert de l'Hauran. Quelquefois, lorsqu'il parvenait à s'emparer des cheiks par trahison, la soumission du canton était le fruit de cette surprise. La province qui lui résista le plus long-temps fut celle des Naplousains, qui étaient soutenus par Djezzar-Pacha; les chefs de l'armée du visir, envoyés successivement contre eux, furent tous battus aux défilés de leurs montagnes : cependant la paix se fit; mais ils fournirent peu de chose. La faiblesse de l'empire ottoman est telle, que le premier fonctionnaire de l'État se trouvait entouré de provinces rebelles, et réduit, pour toute ressource, à la plaine presque inculte de la Palestine.

Le pacha de Damas devait envoyer un corps de troupes destinées à augmenter l'armée du visir; mais la jalousie de ce pacha, et la répugnance des habitans à combattre les Français, empêchèrent sa formation. Des renforts devaient aussi arriver de l'intérieur de l'Asie, et se réunir à Alep; mais un corps de dix mille hommes déjà envoyé par Bathal-Pacha, fut appelé de cette ville, pour l'opposer, dans les provinces d'Europe, à Passawan-Oglou. Quelques troupes qu'on envoya, à diverses reprises, par mer, se dispersèrent aussitôt après leur débarquement.

Comme il ne recevait que fort peu d'argent de Constantinople, le visir voulut (en frimaire) augmenter le taux des monnaies pour pouvoir payer ses troupes; mais elles se révoltèrent, et ce n'est qu'avec beaucoup de peine qu'il parvint à les calmer, et à les retenir près de lui.

A la fin de la campagne du général Bonaparte en Syrie, on avait détruit les récoltes dans la plaine de la Palestine; l'armée du visir avait ensuite achevé de la dévaster. La plus grande disette régnait dans ce pays, qui tire ordinairement de l'Égypte des grains, du riz et d'autres denrées, et qui n'en recevait plus que rarement par contrebande. Le visir était contraint de faire venir d'Europe les subsistances de son armée. Ces ressources étaient mal administrées ; beaucoup de soldats en faisaient le commerce ou vivaient de brigandages. Dans l'impossibilité d'agir seul, il avait demandé des secours aux Anglais, qui l'excitaient toujours à marcher, et ne cherchaient qu'un prétexte pour envoyer sur l'Égypte des forces capables d'exécuter leurs projets. Déjà le général Killer, avec des officiers et des canonniers, instruisait ses troupes. Il comptait sur un corps auxiliaire de cinq à six mille hommes, et fut très surpris de l'arrivée de seize mille hommes, disposés à agir comme partie principale. Les succès de ces alliés lui parurent aussi redoutables que ceux des Français ; car, quel que fût le résultat de cette lutte, les points les plus importans devaient rester au parti victorieux et non aux Turcs.

Une partie de cette armée parut devant Jaffa au commencement de nivose ; mais la crainte de la peste, qui faisait de grands ravages dans l'armée du visir, l'empêcha de débarquer ; elle alla terminer ses préparatifs à Rhodes et dans le golfe de Macri.

Vers la fin de frimaire, un capidji-bachi apporta de Constantinople, au grand-visir, le plan de campagne et l'ordre d'agir de concert avec les généraux anglais ; des courriers à dromadaire furent expédiés en Arabie, pour porter des dépêches à la flotte qui devait arriver par la mer Rouge.

Les dépositions des espions qu'on entretenait en Syrie ; celles des bâtimens grecs à leur arrivée, etc., firent connaître, dès le 10 nivose, ces dispositions hostiles. Tout portait à croire que les Anglais préparaient un grand effort contre l'Égypte. Ils ne pouvaient employer autre part, avec quelque espérance de succès, cette armée embarquée depuis si longtemps, et ils avaient trop d'intérêt à profiter du secours de leur marine et à prendre Alexandrie, pour débarquer ailleurs que dans les environs de cette place. Cependant le général Menou affectait de croire que le visir seul pouvait essayer quelque attaque; que les Anglais, prévoyant le partage de l'empire ottoman, voulaient se *faire leur part;* qu'ils se contenteraient de l'Archipel; et, pour cet effet, avaient commencé à s'établir à Rhodes; mais qu'ils ne viendraient jamais attaquer l'Égypte : il plaisantait même, dans sa société, des inquiétudes de ceux qui voulaient l'éclairer sur les véritables desseins des Anglais. Il fit quelques dispositions incomplètes pour réunir les troupes. Une partie de la 21ᵉ légère, qui occupait la Haute-Égypte, eut ordre de se rassembler à Benisouef, et de se tenir prête à marcher au Caire. Persuadé que la côte ne pouvait pas être menacée, il la dégarnit de troupes, et fit venir, d'Alexandrie au Caire, cinq cents hommes d'infanterie et cent chevaux; pareil nombre y remonta aussi de Damiette.

Les deux frégates qui entrèrent le 14 pluviose dans le port d'Alexandrie, avec trois cents conscrits, une compagnie d'artillerie et des munitions, donnèrent encore plus de certitude à ces nouvelles : le gouvernement envoyait des instructions pour la défense de l'Égypte, et annonçait de nouveaux secours plus considérables.

La cavalerie était bien habillée et parfaitement tenue; mais aucun régiment n'avait assez de chevaux pour monter tous ses hommes. La réquisition ordonnée par Kléber avait servi pour les mettre au complet, et pour former un dépôt de remontes : elle fut suspendue, le dépôt fut vendu sous prétexte d'économie, et il manquait à la cavalerie, à la fin de pluviose, environ quatre cents chevaux.

Les courses continuelles du régiment des dromadaires ruinaient un grand nombre de ces animaux : ce corps n'avait reçu aucune remonte depuis celles ordonnées par Kléber : son chef proposa plusieurs fois inutilement au général Menou, de lui permettre d'y employer des fonds qui provenaient de prises faites par le régiment.

Quelques officiers d'artillerie imaginèrent que les chevaux de ce service seraient moins fougueux, et plus propres au trait, s'ils étaient coupés : cette opération fut proposée au général Menou qui l'autorisa, dans le moment même où il était menacé d'une double attaque, et avant d'être assuré que les chevaux seraient guéris à l'époque où l'on devrait entrer en campagne.

Mulley-Mahammed, ce fanatique qui, pendant la campagne de Syrie, avait soulevé la province du Bahirëh et plusieurs autres cantons de l'Égypte, en se faisant passer pour un ange envoyé du Prophète; qui depuis était venu au Caire, lors du siége, et avait beaucoup contribué à retarder la capitulation; qui ensuite avait été joindre l'armée du visir, fut envoyé, au commencement de pluviose, en Égypte, afin d'y organiser une nouvelle révolte pour l'époque où les armées combinées l'attaqueraient. Il fut poursuivi dans le Delta et obligé de fuir dans la Haute-Égypte, où il ne trouva qu'une seule tribu arabe disposée à se soulever, celle de Djehemah.

Mouràd-Bey était instruit du plan de campagne des ennemis, par les mameloucks d'Ibrahim-Bey, avec lesquels le général Kléber l'avait autorisé à correspondre, dans l'intention de mieux pénétrer les desseins et les dispositions des Turcs. Kléber avait senti qu'il valait mieux approuver ces relations et en profiter, que de s'exposer à des communications secrètes, qu'on ne pourrait jamais empêcher. Mouràd-Bey haïssait les Osmanlis et redoutait leur vengeance ; mais sa politique était de ménager tous les partis. Son traité avec Kléber le liait au sort de l'armée française ; c'était d'elle qu'il pouvait espérer les plus grands avantages, dans l'état d'épuisement où la guerre l'avait plongé, et qui lui ôtait l'espérance de redevenir jamais maître du pays. L'estime qu'il avait conçue pour les Français affaiblissait, peut-être même effaçait en partie l'impression des maux qu'ils lui avaient fait éprouver. Ce qui paraît certain, c'est que, soit par attachement, soit par politique, il avertit exactement le général Menou des projets des ennemis, de leurs forces, et même de leurs plans d'opérations.

Le grand-visir, instruit de l'ascendant que le parti opposé aux Anglais commençait à reprendre à Constantinople, aurait préféré des négociations aux chances que le sort des armes pouvait lui faire courir; mais toute correspondance avait été rompue. Il fit proposer à Mourâd-Bey, par Ibrahim, de s'offrir en qualité de médiateur.

C'était l'époque où Mourâd-Bey devait envoyer au Caire le tribut de ses provinces. Il donna cette commission à Osman-Bey-Bardisi, et le chargea en même temps de faire connaître au général Menou le plan de campagne des ennemis et les propositions du grand-visir. Ce bey arriva au Caire le 18 pluviose, et eut audience le 19. Après avoir fait des protestations d'attachement, et s'être plaint de la mauvaise récolte qui ne permettait pas de compléter le tribut en grains, il donna des renseignemens sur les projets des ennemis qui devaient agir très incessamment contre l'Égypte. L'armée anglaise, d'après son rapport, devait être de dix-huit mille hommes; elle devait opérer son débarquement avec le capitan-pacha, tandis que le grand-visir traverserait le désert, et qu'une flotte anglaise, partie de l'Inde, arriverait à Souez avec un corps de troupes. Il exhiba les lettres qu'Ibrahim-Pacha écrivait à Mourâd de la part du grand-visir. Ce dernier le chargeait de représenter au général Menou, que l'armée française pourrait difficilement résister à l'attaque de trois armées combinées; que ses victoires même lui causeraient des pertes impossibles à réparer, et qu'elle finirait par succomber à de nouveaux efforts; il insistait sur l'inconstance de la fortune, qui pourrait bien ne pas la favoriser, et l'invitait à lui faire savoir s'il serait possible de renouer quelques négociations. Mourâd-Bey priait le général Menou de ne pas oublier ses intérêts s'il se déterminait à traiter, mais lui offrait, dans le cas contraire, d'envoyer les secours fixés par le traité d'alliance, et de le seconder de tous ses moyens.

Le général Menou aurait pu se borner à montrer de la fermeté, beaucoup de confiance dans ses ressources pour défendre l'Égypte, ainsi que dans la valeur des troupes, et accepter les secours de Mourâd-Bey, en lui faisant entendre que c'était plutôt par estime que par besoin. Il pouvait profiter des avances du grand-visir pour exciter des divisions entre les Anglais et lui, entraver les opérations de leur armée, et concourir au succès des négociations entamées à Constantinople. Mais il reçut fort mal Osman-Bey, affecta de ne pas croire à la possibilité de l'exécution d'un tel plan de campagne, s'emporta contre les observations sur l'inconstance de la fortune, et répondit qu'il n'avait besoin ni des secours ni de la médiation de personne; que Mourâd-Bey ferait mieux de rester tranquille dans les provinces qu'on lui avait accordées, et de ne pas correspondre avec la Syrie. Osman lui représenta que Mourâd-Bey avait entretenu des intelligences avec l'armée du grand-visir, d'après l'invitation même du général Kléber, et pour l'instruire des projets de l'ennemi commun; le général Menou reprit qu'il ne se réglait pas sur la conduite de Kléber, et qu'il ne voulait pas, comme lui, vendre l'Égypte; que ces correspondances de Mourâd-Bey lui déplaisaient, qu'il lui soupçonnait de mauvais desseins, et ne le voyait pas sans inquiétude accueillir et armer les mamelroucks qui venaient de la Syrie pour le joindre. Osman-Bey répondit que Mourâd avait toujours été autorisé à appeler près de lui ceux de sa maison, ainsi que ceux dont les beys étaient morts, afin de diminuer d'autant l'armée du visir.

Il lui parla ensuite d'un autre objet de sa mission; c'était d'annoncer au général Menou que Mahammed-Bey Elfy étant venu se livrer de lui-même à Mourâd-Bey, se jeter à ses pieds et solliciter son pardon, il n'avait pu le lui refuser; mais que cependant il l'avait relégué dans un village avec ses mameloucks, jusqu'au moment où il aurait obtenu du chef des Français une égale clémence. Le général Menou blâma fort durement Mourâd-Bey de ce qu'il ne lui avait pas livré ce bey pieds et poings liés.

Osman demanda la permission de remettre des lettres que Mourâd-Bey l'avait chargé de porter aux principaux officiers-généraux, en même temps qu'il leur ferait visite, pour les assurer de son attachement à l'armée française. Le général Menou lui répondit avec humeur que Mourâd-Bey ne devait correspondre qu'avec lui, général en chef et représentant du gouvernement français; qu'il pouvait faire ses visites, mais qu'il ne devait remettre aucune lettre.

Osman-Bey fut peiné de cette réception et indigné des propos relatifs à Kléber; Il instruisit des détails de son entrevue le général Damas et l'inspecteur Daure, qu'il connaissait plus particulièrement. Tous deux cherchèrent à lui faire entendre qu'il ne devait pas s'offenser de quelques paroles dures échappées au général Menou, et lui dirent qu'il pouvait assurer Mouràd-Bey de l'estime et de l'attachement de tous les Français. Osman-Bey leur témoigna sa surprise de ce qu'on avait pu souffrir pour successeur de Kléber un homme si différent des autres militaires, ajoutant qu'il *craignait qu'un tel chef ne causât la perte de l'armée française.* Ces officiers répondirent que la subordination et l'obéissance étaient l'âme des armées, et que celle d'Orient était bien en état de battre toutes celles qui viendraient l'attaquer. Osman attendit au Caire une réponse. A la première nouvelle de l'apparition de la flotte anglaise dans la rade d'Aboukir, il réitéra les offres que Mouràd avait faites d'unir ses forces à celles des Français; mais il ne reçut que des réponses évasives. Lorsque le général Menou se fut enfin déterminé à marcher, il le fit venir, lui ordonna de quitter sur-le-champ le Caire pour rejoindre Mouràd-Bey; et non content de refuser les secours de ce dernier, il le fit menacer d'un châtiment sévère s'il faisait le moindre mouvement en faveur des ennemis..... Osman-Bey partit désolé.

Des accidens de peste eurent lieu au Caire et dans plusieurs villages voisins, au commencement de pluviose; elle se déclara en même temps dans la Haute-Égypte. Cette maladie pouvait faire des progrès très dangereux et gagner les casernes des troupes, pendant que, logées dans la ville, elles avaient des communications fréquentes avec les habitans, dans des rues étroites, dans les cafés et avec les femmes. En supposant même que le contact ne suffît pas pour propager cette maladie, elle pouvait être produite par l'atmosphère malsaine du Caire, pendant la saison du *Khamsin*. Le moyen le plus sûr d'en garantir les troupes était de les faire camper hors de la ville, dans le désert; les mamelucks eux-mêmes, habitués à ne prendre aucune précaution contre cette maladie, employaient ce moyen lors de ses plus grands ravages. Le campement des troupes aurait cependant eu l'avantage de les disposer à la campagne qui allait bientôt s'ouvrir. Tous ces motifs avaient déterminé les généraux à demander au général Menou l'autorisation de faire camper leurs divisions; mais il ne répondit pas à leur demande. Il éluda aussi les propositions de la commission de salubrité, qui tendaient au même but.

CHAPITRE III.

FINANCES. — PRODUIT DES NOUVEAUX DROITS. — VICES DES INNOVATIONS. — AUGMENTATION DES DÉPENSES DE L'ARMÉE. — LA PERCEPTION DU MIRY EST RETARDÉE. — LES CAISSES SONT VIDES AU MOMENT D'ENTRER EN CAMPAGNE.

Les droits d'octroi et les autres rentrées n'avaient pas assez rendu en vendémiaire, brumaire et frimaire, pour suffire aux dépenses de l'armée. Les emprunts aux Cophtes étaient perçus et dépensés à la fin de ce trimestre. Cette ressource étant épuisée, et ne voulant pas faire murmurer les troupes par un retard de solde, on employa une somme de 500,000 francs en or, que Kléber avait ordonné de mettre en réserve, et qu'il voulait porter à un million, afin d'avoir, dans tous les temps, des fonds prêts pour entrer en campagne, si l'armée venait à être attaquée.

L'impôt sur les cheiks ne fut mis en perception qu'au commencement de frimaire; les réclamations générales sur les inconvéniens et sur les vices de son administration, n'avaient pu décider à le changer. La lenteur des rentrées et l'opposition que les cheiks paraissaient y mettre, décidèrent le directeur des revenus publics à faire promettre, par ses employés, que ce droit serait précompté sur le miry, dont un tiers était alors échu : cette promesse en ranima un peu la perception ; mais c'était écarter ce droit de son but : il avait été annoncé comme devant produire 3,000,000 en sus des impositions ordinaires, et l'opiniâtreté à le maintenir, après en avoir connu les vices, réduisit à ne percevoir qu'une portion seulement des impôts exigibles à cette époque.

Le général Menou voulant faire un système de finances entièrement neuf, se disposait à changer les impositions territoriales et leur perception : sans se rendre compte des difficultés d'un cadastre et du temps qu'il faudrait pour l'achever, il comptait en faire la base de son nouveau système, et le mettre à exécution la même année. Il ne réfléchit pas qu'un cadastre est un ouvrage immense, qui nécessite une foule de recherches et de travaux ; qu'en Europe même où tous les moyens sont réunis, on n'en a achevé que pour de petites étendues de pays ; et qu'en Égypte, outre les difficultés qui tiennent à la nature du travail, il en existe encore de locales ; que l'arpentage des terres, ordonné par les propriétaires et les mameloucks les plus puissans, avait toujours été une opération militaire, parce que les villages craignant de payer davantage, s'y étaient opposés les armes à la main ; qu'enfin on serait obligé pour le faire d'employer de nombreux détachemens, et qu'il fallait plus d'une année pour préparer ce travail. Il voulait aussi changer le mode de perception et le retirer des mains des Cophtes, qui, réglant tous les comptes des villages sous l'ancien gouvernement, avaient seuls la connaissance exacte de leurs produits, et volaient facilement ceux qui étaient obligés de les employer.

Ces projets étaient bons; il était nécessaire de changer la répartition et la perception des impositions territoriales; la meilleure base pour la première était un cadastre, et il était utile de confier la seconde à des mains plus fidèles que celles des Cophtes; mais il fallait sentir qu'on n'avait pas encore les moyens d'opérer tous ces changemens, qu'on devait les remettre à un autre temps; et que les besoins d'une armée, à une époque où l'ennemi paraissait se disposer à attaquer, exigeaient qu'on levât promptement les contributions. Il fallait sentir aussi que les retards faisaient perdre, pour leur recouvrement, le moment le plus favorable, et dont les possesseurs de l'Égypte ont toujours cherché à profiter, celui où les récoltes étant encore sur pied, les cultivateurs retenus par elles, ne cherchent pas à se soustraire au paiement.

En nivose les embarras augmentèrent; on acheva de dépenser l'or mis en réserve par Kléber; on demanda le paiement des droits sur les corporations et sur les corps de nation; les villages payèrent des àcomptes sur le droit des cheiks, et dans le mois de pluviose on put acquitter une partie de la solde et des dépenses de nivose; mais ces efforts épuisèrent la caisse, et le directeur fut embarrassé pour tenir ses engagemens. Enfin, à force de sollicitations, il obfut l'ordre, donné le 15 pluviose, de percevoir 3,000,000 de francs à compte des impositions de l'an 1215. Le général Menou, voulant toujours mettre son projet à exécution dans l'année, ne permit pas d'en demander davantage, quoique, en suivant l'ancien usage, on eût pu exiger quatre millions dès la fin de frimaire, et presque autant en ventose. Il ne voulait pas non plus employer les Cophtes à la perception de cet à-compte; il avait imaginé que sur son ordre seul tous les cheiks de village s'empresseraient d'apporter les sommes qui leur étaient demandées, et qu'il ne serait pas nécessaire d'envoyer des troupes pour les y contraindre, mesure qui fut toujours jugée indispensable dans le pays. A la fin de pluviose seulement, on put lui faire comprendre que les rentrées seraient fort lentes et presque nulles, si on n'employait pas les troupes, et si on n'envoyait pas dans les villages les seraphs cophtes accoutumés à faire la répartition des contributions, avec quelques intendans cophtes et des agens français pour les diriger.

Ces retards empêchèrent de partir, pour mettre cette somme en perception, après les premiers jours de ventose; toute la première décade se passa à porter des ordres, sans beaucoup recevoir. On ne put payer qu'une partie des dépenses de pluviose, avec le produit des droits sur les consommations et sur les corporations, ainsi qu'avec le miry de Mourâd-Bey. Enfin, les caisses se trouvèrent vides lorsque l'apparition de la flotte anglaise et la marche de toutes les troupes sur les points menacés, suspendirent la perception des impôts, et privèrent le directeur des revenus publics, de tous les moyens de faire rentrer dans les caisses l'argent nécessaire aux besoins de l'armée.

CHAPITRE IV.

DES MAGASINS. — DE L'ADMINISTRATION DES SUBSISTANCES. — DES REVENUS EN NATURE.

L'ORDONNATEUR Daure n'avait pu persuader le général Menou de la nécessité de faire des approvisionnemens considérables; son successeur, l'ordonnateur Sartelon, ne fut pas plus heureux, et les avis des préparatifs des ennemis ne purent pas davantage l'y déterminer. La fabrication du biscuit ne fut pas même reprise pour remplacer celui qui s'était avarié en plein air, ou dans de mauvais magasins. Les grains destinés à compléter l'approvisionnement d'Alexandrie, pour l'armée pendant six mois, et pour la garnison pendant un an, furent envoyés par eau, en brumaire et frimaire, à Rosette. De là, ils furent transportés successivement à Alexandrie. De plus on déposa à Rosette, on ne sait par quelle raison, du blé et de l'orge qui auraient été beaucoup mieux placés à Alexandrie ou à Rahmaniëh ; Rosette n'étant susceptible d'aucune défense.

Les petits forts construits sur la côte, sur les bords du Nil et autour du Caire, ne furent approvisionnés que pour un mois. L'approvisionnement de Belbéis et de Saléhiëh ne fut pas complété à la quantité nécessaire pour nourrir l'armée, lorsqu'elle se rassemblerait sur la frontière de Syrie; les magasins de Damiette et de Lesbëh étaient plus considérables. La citadelle du Caire était approvisionnée pour trois mois.

L'organisation physique de l'Égypte, le genre de culture qu'elle exige, et la stérilité à laquelle elle est condamnée, lorsque la crue du Nil n'est point assez forte pour couvrir toutes les terres, ont, dans tous les temps, forcé le gouvernement à porter la plus grande attention sur la formation des magasins de grains suffisans pour fournir à la subsistance du peuple dans les mauvaises années, ou au moins à l'ensemencement des terres. Dans les bonnes années, on récolte une quantité de grains de beaucoup supérieure à celle que les habitans consomment. Les récoltes des années médiocres permettent même une exportation assez considérable pour l'Arabie, la Syrie et Constantinople; une partie de cet excédant est mise en réserve, jusqu'à ce qu'on soit assuré d'une bonne inondation. Sous le gouvernement divisé des mameloucks, le magasin général où se versait le produit du miry en nature, était bientôt épuisé par la répartition entre les personnes qui y avaient droit; mais les beys, propriétaires de presque tous les villages, faisaient des réserves particulières.

Lorsque, outre les habitans, on avait encore à nourrir une armée, qu'on se trouvait dans un état de guerre intérieure et extérieure, susceptible d'un moment à l'autre d'amener des changemens et de suspendre toute perception, on avait de bien plus fortes raisons pour former des magasins extraordinaires. Bonaparte avait fait établir au Mékias un magasin général de grains, qui devait fournir aux approvisionnemens des places, aux besoins de l'armée; et, si cela devenait nécessaire, à ceux des habitans. Les grains provenant de la portion des contributions qu'il était d'usage de percevoir en nature, dans la Haute-Égypte, y étaient versés; ceux que dans la Basse-Égypte, on tirait des *oussiëhs*, et ceux qu'on requérait ou qu'on achetait, y servaient aussi pour l'approvisionnement des places.

Les troubles intérieurs qui précédèrent la bataille d'Héliopolis, avaient empêché de former un approvisionnement bien considérable. L'inondation avait été médiocre et la récolte faible; vers la fin du siége du Caire, Mouràd-Bey avait fourni les grains nécessaires pour nourrir l'armée. Aussitôt que Kléber, débarrassé des ennemis, put s'occuper de l'administration de l'Égypte, il fit activer la levée des grains et la formation des magasins : ce fut le principal objet de la surveillance du comité administratif. Deux membres de ce comité allèrent ensuite dans la Haute-Égypte pour y presser les versemens; mais, pendant leur mission, le général Menou supprima le comité. L'un des membres resta bien chargé de la direction des revenus en nature; mais on ne veilla pas, comme Kléber avait voulu le faire en organisant le comité administratif, à ce que les subsistances de l'armée ne fussent pas sacrifiées à la finance ; à ce qu'on s'occupât également de la perception des grains et de celle de l'argent; à ce qu'on ne convertît pas en espèces les contributions qu'il importait de recevoir en nature, etc.... Les magasins s'épuisèrent au lieu de se remplir ; ils étaient vides au commencement de frimaire. Le directeur des revenus en nature avait inutilement averti qu'on allait manquer, et proposé les moyens de les remplir et de les alimenter. Lorsqu'on fut pressé par le besoin, on chargea les Cophtes de verser les grains dans le magasin général, comme emprunt qu'on promettait de leur rembourser; mais ils ne le firent que lentement, et seulement pour fournir à la consommation journalière du Caire. Le directeur des revenus en nature écrivit au général Menou pour l'inviter à prendre quelque grande mesure; il proposa d'intéresser davantage les Cophtes, en leur abandonnant les arriérés dus par plusieurs villages, et qui par suite de leur négligence, n'avaient pas été perçus, et aussi pour le prévenir que si l'armée devait entrer en campagne, elle serait sans moyens suffisans : cela fut inutile. Cet administrateur ne fut point secondé. Les rentrées qu'il pressa, autant qu'il lui fut possible, pendant les mois de frimaire, de nivose et de pluviose, suffirent à peine aux besoins journaliers; et lorsque les Anglais parurent, le magasin général ne pouvait pas fournir à la subsistance de l'armée pour plus de vingt jours.

PIÈCES JUSTIFICATIVES.

(N° 1.) Au quartier-général du Caire, le 6 brumaire an IX (28 octobre 1800).

Proclamation aux habitans de l'Egypte. Au nom de Dieu, clément et miséricordieux ; il n'y a de Dieu que Dieu, et Mahomet est son prophète.

MENOU, GÉNÉRAL EN CHEF DE L'ARMÉE FRANÇAISE, AUX HABITANS DE L'ÉGYPTE.

Habitans de l'Égypte! écoutez ce que j'ai à vous dire au nom de la République française. Vous étiez malheureux; l'armée française est venue en Égypte pour vous porter le bonheur. Vous gémissiez sous le poids des vexations de toute espèce; je suis chargé par la République et par son premier consul Bonaparte, de vous en délivrer. Une multitude d'impôts vous enlevaient tous les fruits de vos travaux; j'en ai détruit la plus grande partie. Aucune règle ne fixait d'une manière précise ce que vous deviez payer; j'en ai établi une invariable. Chacun dorénavant connaîtra à quel taux s'élèvent ses contributions; dans chaque ville, dans chaque village, dans chaque maison, si cela est possible, seront affichés et publiés les états de ce que chacun doit payer.

Les gens puissans et les grands exigeaient de vous des avanies, je vous engage ma parole que je n'en exigerai jamais. Parmi vous, ceux qui avaient acquis par un long travail des richesses et de l'argent étaient obligés de les cacher, de les enfouir même dans la terre pour empêcher qu'elles ne tombassent dans les mains des grands, qui sans cesse épiaient l'occasion de vous les ravir. Habitans de l'Égypte, je vous promets, au nom de la République, devant Dieu et son Prophète, que ni moi, ni aucun Français, tant qu'il me restera un cheveu sur la tête, n'attenterons à vos propriétés. En payant exactement l'impôt fixé par la loi, vous serez libres de jouir de tout ce qui vous appartient, sans que personne puisse vous en empêcher, ou vous demander compte de vos richesses.

Les grands et les gens puissans vous traitaient beaucoup moins bien qu'ils ne traitaient leurs chevaux et leurs chameaux ; vous le serez dorénavant par les Français et par moi, comme si vous étiez nos frères.

Quand les percepteurs du miry et autres contributions, voyageaient dans les provinces, ils étaient accompagnés d'une foule de serviteurs, de domestiques, d'écrivains, de kakouas, qui tous dévoraient vos propriétés et vous enlevaient souvent jusqu'à votre dernier medin ; il n'en sera plus ainsi, habitans de l'Égypte ! Si quelqu'un de ceux qui sont destinés par moi à percevoir les impositions, vous prend un seul medin au-delà ce qui sera fixé par la loi, il sera arrêté, emprisonné et condamné aux châtimens les plus sévères. La République française et son premier consul Bonaparte m'ont ordonné de vous rendre heureux ; je ne cesserai de travailler pour exécuter leurs ordres.

Habitans de l'Égypte, si vous le voulez, le miry que vous payez, en y comprenant les autres droits qui y ont été ajoutés, diminuera considérablement. En voici le moyen : lorsque vous connaîtrez par une loi écrite, et qui sera adressée par moi à toutes les villes et villages, le montant du miry que vous aurez à payer; n'attendez pas que les percepteurs aillent vous le demander; allez vous-mêmes le porter dans la caisse des trésoriers de province, et pour vous faciliter le paiement, je diviserai en quatre parties égales le miry qui vous sera imposé; tous les trois mois vous en paierez une partie; et pour vous faire bien comprendre ce que je veux faire pour votre avantage, lisez avec attention ce qui suit :

Je suppose qu'un village soit imposé à dix mille pataques par an pour son miry, tous les trois mois il devra payer dans la caisse du trésorier de la province, deux mille cinq cents pataques; au bout de l'année il aura satisfait à ce que la loi exige de lui, sans avoir éprouvé aucune vexation. Si, au contraire, il attend pour payer que les percepteurs arrivent en foule, il lui en coûtera alors beaucoup plus que la loi n'avait exigé. Vous le voyez, habitans de l'Égypte, il ne tient qu'à vous de diminuer vos impositions et de n'éprouver aucune vexation. Jusqu'à présent les mukhtesims de village vous demandaient beaucoup plus qu'il ne leur revenait : cela n'arrivera plus. Ce que devront recevoir les mukhtesims sera fixé par la loi; je vous défends de leur payer un medin au-delà de ce que j'aurai réglé. Souvent les cheiks-el-beled vous vexent, vous font payer des avanies qu'ils partagent avec les mukhtesims, les percepteurs des impositions et autres grands qui n'ont en vue que leur avarice et votre ruine. Habitans de l'Égypte, cela n'arrivera plus; ce que devront recevoir pour leur salaire les cheiks-el-beled sera fixé par la loi que je vous enverrai, et si l'un d'eux exige quelque chose au-delà de ce qui sera ordonné par cette loi, il perdra sa place et ses propriétés. Dorénavant vous ne nourrirez plus les troupes qui marcheront dans les provinces, que dans le cas où elles iront pour vous faire payer des contributions que vous n'auriez pas acquittées dans le temps prescrit par la loi; dans tout autre cas, elles paieront tout ce qui leur sera fourni pour leur nourriture. Je donnerai à cet égard des ordres à tous les généraux et commandans. Tous les généraux et commandans français veilleront à ce que personne n'exige de vous rien au-delà de ce qui sera prescrit par la loi; je vous avertis encore que vous ne devez de présens à personne. Mon devoir, et celui de tous les commandans et administrateurs, est de vous écouter, de vous donner aide et protection quand vous vous conduisez bien; je défends aussi à vos juges d'exiger de vous aucun présent. Dieu et Mahomet son prophète leur ordonnent de vous rendre la justice; je le leur ordonne de même en leur prescrivant de n'avoir dans leurs jugemens égard ni au riche ni au pauvre, mais seulement à leur conscience et à la vérité; ceux qui contreviendront à cet ordre, seront sévèrement punis. Je viens, ô habitans de l'Égypte, de créer un tribunal suprême au Caire; il est composé des cheiks les plus recommandables par leur sagesse, leurs vertus et leur désintéressement; ils sont destinés à maintenir la religion dans sa pureté, et à vous juger. Je suis convaincu qu'ils s'acquitteront de leurs fonctions ainsi que le doivent faire des hommes qui craignent Dieu et son Prophète; mais je vous déclare ainsi qu'à eux, que si, ce que je ne puis croire, ils manquaient à leurs devoirs, ils seraient punis avec la dernière sévérité.

Jusqu'à présent les interprètes exigeaient de vous des avanies, en vous promettant la protection de leurs maîtres : ils vous trompaient; cela n'arrivera plus : si quelques uns exigent de vous de l'argent et des présens, avertissez-en les généraux ou moi; ces méchans seront punis de la manière la plus terrible. Ces hommes, pour vous engager à leur donner de l'argent, vous disent que ce sont les Français leurs maîtres qui l'exigent, ou bien encore ils vous disent qu'il n'est pas possible de voir les généraux ou autres Français en place, ni de leur parler; ils vous trompent; leurs paroles ne sont que mensonges; faites-les connaître, ils seront punis.

Souvent, quand les Français ou les troupes voyagent, un domestique, un interprète, un écrivain, ou tout autre se détachant en avant, entrent dans vos villages et vous disent pour vous effrayer que les Français demandent pour vivre un nombre considérable de buffles, de chèvres, de moutons, ou autres objets, alors vous les priez de s'intéresser pour vous; ils s'y refusent pour mieux vous effrayer, et vous finissez par leur donner de l'argent : ils vous ont encore trompés; ils trompent leurs maîtres.

Dans les villes, les aghas qui sont chargés de la police, de la propreté des subsistances, avaient jusqu'à présent exigé de vous des droits de toute espèce, tous ces droits sont abolis : je vous défends de leur rien payer; ils recevront un salaire que fixera la loi.

Je sais que ceux qui sont chargés de la vérification des poids se présentent souvent chez les marchands; ils prétendent toujours trouver les poids faux, alors ils font avancer leurs kaouas; ils ordonnent des coups de bâton ou autres punitions; le marchand s'effraie, il promet qu'il se rendra le lendemain chez l'agha des poids et mesures; il s'y rend effectivement, et porte en présent, 80, 60, 50 pataques. C'est ainsi, ô peuples de l'Égypte, que vous avez été trompés ou vexés jusqu'à présent.

Que sont devenus les biens appartenant aux mosquées ? que sont devenues les immenses fondations pieuses faites par vos ancêtres ? A quoi étaient-elles destinées ? A entretenir les mosquées ; partout je les vois détruites ou prêtes à s'écrouler. A nourrir les pauvres ! partout ils meurent de faim ; les rues et les chemins en sont pleins. A soigner les malades, les infirmes, les aveugles et tous les hommes sans ressources ! les maisons destinées à les recevoir sont, ainsi que les mosquées, dans le plus grand désordre ; les malheureux qui y sont renfermés ressemblent plutôt à des victimes condamnés à perdre la vie qu'à des hommes assemblés pour recevoir des soulagemens ! Qui donc a consumé tous ces biens, toutes ces fondations ? des hommes puissans qui vous ont trompés jusqu'à présent. Ce temps est passé. Je vous le répète encore, j'ai reçu l'ordre de la République française et du premier consul Bonaparte de vous rendre heureux, et je ne cesserai d'y travailler ; mais je vous avertis aussi que si vous n'êtes pas fidèles aux Français, que s'il vous arrivait encore, pressés par de mauvais conseils, de vous élever contre nous, notre vengeance serait terrible ; et j'en atteste ici Dieu et son Prophète, tous les maux retomberaient sur vos terres. Rappelez-vous ce qui est arrivé au Caire, à Boulaq, à Mehhaley-el-Kebyr, et autres villes de l'Égypte : le sang de vos frères, de vos pères, de vos enfans, de vos femmes, de vos amis, a coulé comme les flots de la mer ; vos maisons ont été détruites, vos propriétés ravagées et consumées par le feu. Quelle a été la cause de tout cela ? les mauvais conseils que vous avez écoutés ; les hommes qui vous avaient trompés. Que cette leçon vous serve pour toujours ; soyez sages, tranquilles ; occupez-vous de vos affaires, de votre commerce ; cultivez vos terres, et par-

tout vous n'aurez dans les Français que des amis généreux, des protecteurs et des défenseurs, je vous le jure
au nom du Dieu vivant, au nom du Dieu qui voit tout,
qui dirige tout, et qui connaît jusqu'aux plus secrètes
pensées de nos cœurs.

> Le général en chef de l'armée française, *signé* MENOU;
> le général de brigade, chef de l'état-major géné-
> ral, *signé* LA GRANGE ; l'adjudant-général, sous-
> chef de l'état-major général, *signé* RÉNÉ.

(N° 2.) Au quartier-général du Caire, le 29 nivose an IX (19 janvier 1801)

LA GRANGE, GÉNÉRAL DE DIVISION, CHEF DE L'ÉTAT-MAJOR
GÉNÉRAL DE L'ARMÉE, AU GÉNÉRAL BONAPARTE, PREMIER
CONSUL DE LA RÉPUBLIQUE FRANÇAISE.

CITOYEN CONSUL,

L'état de l'armée d'Orient ne laisse rien à désirer sous
le rapport du bien-être ; il n'est aucun doute que jamais
il n'a existé de troupes plus exactement soldées, mieux
entretenues, et plus en état de répondre en tout à ce que
la République doit attendre d'elles. J'espère qu'avec votre
secours, citoyen Consul, cette armée jusques ici heureusement échappée du danger dont elle a été menacée,
n'aura plus à courir de pareils risques. L'exemple du
passé doit pourtant nous rendre circonspects pour l'avenir, et c'est de cet avenir que je viens aujourd'hui vous
entretenir.

L'Europe et même le monde connaît sans doute
actuellement, citoyen Consul, la conduite d'un homme
qui, par le plus inconcevable système, a constamment
persévéré jusques à sa fin, au moment où la mort est venue

le surprendre, à vouloir absolument l'évacuation de l'É-
gypte, quelque honteux que fût ce parti pour lui et pour
les braves qu'il commandait ; il l'a constamment suivi,
même, alors que les deux armées se sont trouvées en présence et que les circonstances le forçaient à combattre.
Une vérité bien frappante, et qui peut être attestée par
beaucoup de monde, c'est que la victoire d'Héliopolis a
été remportée malgré les ordres positifs donnés par le
général Kléber de ne pas combattre. Un de ces événemens inattendus a décidé cette journée en l'honneur de
l'armée française, dans le moment même où son général,
toujours irrésolu, toujours pacifique, demandait à par-
lementer. Son premier aide-de-camp, Boudot, avait été
envoyé en conséquence auprès du grand-visir, et cet officier y était arrivé au moment où la bataille s'engagea.

Il eût semblé sans doute que l'armée ottomane étant
battue, chassée honteusement de l'Égypte, et presque
détruite par tout ce qu'elle eut à souffrir en traversant le
désert pour gagner la Syrie dans sa fuite ; il eût, dis-je,
semblé que tous ces avantages tournant à la gloire du
général Kléber, eussent dû l'engager à changer de système ; loin de là, il fut toujours persévérant : rien, pas
même le sentiment de la gloire dont on venait de le
couvrir malgré lui, ne put le déterminer à abandonner
des projets honteux pour un homme d'honneur, flétris-
sans pour l'armée qu'il commandait, et en tout si funestes
aux intérêts de la France. La source de tant de fautes
venait d'un caractère aussi haineux que vindicatif ; il
trahissait tout, devoir, patrie, réputation ; et cela parce
qu'il vous portait, citoyen Consul, la haine la plus implacable. Il voulait rendre l'Égypte à nos ennemis parce
que cette conquête vous appartenait, et qu'il la consi-

dérait comme votre ouvrage. Qui pourrait se faire une idée de toutes les folies qui à cette époque roulaient dans la tête du général Kléber?

Une chose bien incroyable, citoyen Consul, c'est qu'un pareil homme avait trouvé de nombreux partisans; je pensais qu'après l'événement aussi extraordinaire qu'inattendu de sa mort, toutes ses créatures rentreraient dans le devoir, et qu'enfin le gouvernement français ne compterait plus dans l'armée que de vrais Français, fidèles à l'honneur de la République comme à ses intérêts; mon opinion se fortifiait encore en voyant que le commandement de l'armée était échu à un homme d'un caractère connu, et surtout professant des principes opposés à ceux du général Kléber; mais bientôt je m'aperçus que j'étais dans l'erreur. Les partisans de ce général mort commencèrent à former des conciliabules; des réunions avaient lieu chez les plus puissans et les plus marquans d'entre eux par leur place; on cherchait à grouper les mécontens, l'armée était sur le bord du précipice, des moyens furent mis en usage pour la corrompre; enfin on attaqua dans le public les opérations du général Menou, et les chefs de cette coalition finirent par une démarche qui heureusement a été sans suite, comme elle a été sans exemple dans l'histoire de la révolution.

Ce parti comprimé par la nomination définitive du général en chef, qui arriva dans ces circonstances, n'est pas éteint; il existe toujours au grand scandale de l'armée; s'il est moins remuant, moins actif que par le passé, il est toujours persévérant.

Cependant, citoyen Consul, à quelques hommes près, l'esprit de l'armée est bon; le gouvernement peut compter sur sa fidélité, mais il ne faut pas pour cela qu'il perde de vue les individus qui ont dû lui être signalés. Ils ont de grands avantages pour faire donner l'armée dans l'écueil que Kléber avait ouvert devant elle; c'est pour l'avenir surtout que je demande votre prévoyance, citoyen Consul; j'ai la conviction intime que si, par un événement dont les vicissitudes humaines nous offrent tant d'exemples, nous venions à perdre le général Menou, un mois ne s'écoulerait pas sans que l'Egypte ne fût remise au pouvoir de nos ennemis. L'homme qui par son ancienneté de grade, serait appelé à remplacer le général en chef est un des plus acharnés partisans de l'évacuation ; ami de Kléber, il était le dépositaire de tous ses secrets, son confident intime, et vraisemblablement sectateur de tous ses projets insensés.

Voilà, citoyen Consul, les appréhensions que je crains pour l'avenir; je les confie à vous seul, je les dépose dans votre sein, parce que votre destinée vous appelle à faire la gloire et le bonheur de la France; et que mon dévoûment pour elle et pour vous est sans bornes.

Je vous salue respectueusement, *Signé* LAGRANGE.

Avant de cacheter ma lettre, j'ai encore, citoyen Consul, à vous dire quelque chose sur les grands changemens que le général en chef vient de faire dans l'administration de l'armée. Cette administration se trouve actuellement si réduite, si simplifiée, qu'il faudrait réellement être aveugle pour n'y pas voir clair, si on veut; l'organisation du pays a nécessité d'autres mesures. Le dédale affreux dans lequel l'Égypte se trouvait, a forcé le général en chef à d'abord tout détruire pour ensuite tout recréer; cette grande opération a donné les résultats les plus satisfaisans, elle a fait connaître jusqu'au dernier medin en totalité, le montant de tous les revenus, qui, quoique considérablement augmentés pour nous, se trouvent néanmoins réellement diminués pour le peuple, parce que la portion que percevaient les fripons est rentrée en bonification, et de là sont venus les grands cris qu'ils ont poussés, se sentant réellement écorchés.

Nos ateliers d'armes, de poudre, de boulets, sont, citoyen Consul, en pleine activité; il en est de même des métiers et des foulons pour les draps, dont vous devez avoir reçu les échantillons; bientôt on aura en magasin les étoffes nécessaires pour habiller l'armée au complet; tous les services sont généralement assurés : l'avenir, je vous assure, n'a rien d'effrayant pour nous.

Je vous demande des excuses, citoyen Consul, sur la longueur de ma lettre.

Signé LAGRANGE.

(N° 3.) Au Caire, le 25 pluviose an IX (14 février 1801).

DAMAS, GÉNÉRAL DE DIVISION, AU GÉNÉRAL EN CHEF MENOU.

Étranger à la ruse et à l'intrigue, j'avais résolu de souffrir la persécution dans le silence, plutôt que de lutter, avec l'arme de la vérité, contre la duplicité et le mensonge. Les faussetés que vous avancez dans vos lettres au gouvernement, publiées dans les derniers *Moniteurs* venus de France, en vous attribuant des opérations militaires et administratives qui ne sont pas de vous, mais bien l'œuvre de la prévoyance du général Kléber, ne m'auraient pas déterminé, non plus que ce qui m'est particulier, à rompre le silence; mais votre ordre du jour d'hier, qui porte l'empreinte de la noirceur la plus profonde et de la calomnie la plus atroce, me force de vous demander qui vous avez eu intention de dénoncer à l'indignation publique?

Par quelle affreuse méchanceté, à la suite du récit de l'horrible attentat commis, à Paris, contre le premier soutien de la République, parlez-vous d'une faction étrangère qui fait ressentir ses effets jusqu'en Égypte? Pour quelle raison citez-vous ensuite un extrait de gazette de Londres, que vous aviez en votre possession depuis plus de quinze jours, et dont vous aviez déjà donné connaissance à plusieurs individus; gazette dans laquelle la chose publique n'est qu'accessoire auprès de vous, dont il n'est dit que le mal nécessaire pour vous donner du relief? En parlant ainsi, ces ennemis-là vous servent à souhait.

Auriez-vous la noire intention de transformer en conspiration la démarche que firent près de vous, le 6 brumaire dernier, les cinq généraux de division, pour vous faire, sur vos innovations en tout genre, des représentations aussi sages qu'utiles au bien de l'armée? Il ne vous appartient pas, Général, de qualifier ainsi cette conduite; le Premier Consul, qui doit maintenant être instruit de la vérité, saura apprécier la pureté de nos intentions; il reconnaîtra que le vrai conspirateur est celui qui veut perdre les vieux soldats de la République, pour les punir de l'avoir trop bien servie. Une telle tactique est usée, et sur une seule inculpation de vous, aussi calomnieuse que ridicule, on ne croira pas complices du plus grand forfait, des enfans de la révolution, ceux qui l'ont servie avec le plus entier dévoûment, qui en donnent journellement des preuves à la République et à son premier magistrat que tous chérissent également, et qui sont pénétrés de reconnaissance pour les bienfaits dont leurs services ont été récompensés.

Par quelle méchante affectation désignez-vous dans l'armée deux partis que vous appelez colonistes et anti-colonistes? Personne, avant que vous les eussiez créés, ne les connaissait. Les vrais défenseurs de la colonie sont ceux qui, par leurs travaux guerriers, ont eu le plus de part à sa double conquête, et qui en ont cimenté les bases de leur sang.

Leur constance à rester ses soutiens, malgré les dégoûts dont vous les avez abreuvés pour les engager à l'abandonner, sont les preuves évidentes de leur attachement à la République; et s'il existe une faction, elle ne peut être que celle de l'intrigue du cabinet contre la loyauté du guerrier. Cette réfutation, aussi fortement exprimée que l'injure a été vivement sentie, vous fournira peut-être matière à de nouvelles calomnies, au lieu d'amener un désaveu digne de la franchise avec laquelle je m'explique. C'est alors que je ferai tout pour mettre au plus grand jour votre duplicité en opposition à ma loyauté, et que, de concert avec ceux que vous semblez désigner comme coupables, nous n'aurons pas de peine à faire reconnaître les vrais ennemis de la République aux moyens qu'ils emploient pour la bouleverser et la détruire. *Signé* Damas.

(N° 4.) Au Caire, le 26 pluviose an ix (15 février 1801).

LE GÉNÉRAL DE DIVISION REYNIER AU GÉNÉRAL EN CHEF MENOU.

Votre lettre de ce jour ne répond pas entièrement, Général, à la mienne du 25. Je vous y demandais une dénégation formelle des calomnies qu'on a cherché à répandre dans l'armée, et que votre ordre du jour tend de la manière la plus perfide à accréditer.

Si ce sont les Anglais qui ont fait l'article inséré dans la *Gazette de France*, pour chercher à exciter des troubles dans l'armée d'Égypte, vous les servez complétement en lui donnant de la publicité; il est vrai que, par la manière dont vous l'avez amené, vous favorisez vos animosités et votre ambition particulière.

Je sais que les Anglais sont capables de tout pour parvenir à leurs desseins; qu'il est très probable qu'ils emploient toute espèce de moyens de perfidie et d'intrigues pour empêcher que l'Égypte ne reste à la république française. C'est à vous, Général en chef, à poursuivre et arrêter leurs agens; vous serez aidé avec zèle dans cette recherche par toute l'armée; mais ce n'est pas par des ordres du jour pareils à celui du 23 que vous y parviendrez.

Vous savez combien ma lettre du 25 est pleine de vérités, c'est à vous à leur rendre hommage par une réponse franche qui me satisfasse complétement.

L'injure a été publique, et ce serait peut-être servir les Anglais que de m'obliger à faire connaître toute son atrocité.

J'attends, Général, une réponse définitive.

Signé REYNIER.

(N° 5.) Au quartier-général d'Alexandrie, le 17 thermidor an VIII
(5 août 1800).

LANUSSE, GÉNÉRAL DE DIVISION, AU GÉNÉRAL EN CHEF MENOU.

CITOYEN GÉNÉRAL,

J'apprends avec peine que les bruits qui avaient été répandus sur mon compte dans le temps, et qui cessèrent bientôt de s'accréditer, parce que leur absurdité même ne le permettait pas, sont aujourd'hui remis en scène, accompagnés d'autres ni moins faux ni moins ridicules. J'avais d'abord regardé ces calomnies, et j'aurais continué de les regarder comme elles le méritent, c'est-à-dire avec l'œil du mépris, si je n'avais su que c'est de chez des personnes puissantes qu'elles sortent, et que ces personnes travaillent avec la plus grande activité à rassembler des matériaux qui puissent les mettre à même de m'attaquer directement. Qu'elles continuent, citoyen Général, à rassembler tout ce que pourront leur rapporter de vils adulateurs, ou des hommes timides qui sauront que le seul moyen d'être accueillis chez elles, est d'y paraître comme mes accusateurs. La calomnie s'est trop exercée sur mon compte, pour que je puisse retarder plus long-temps de faire éclairer ma conduite aux yeux de l'armée entière, par une autorité impartiale. Un conseil de guerre peut seul me rendre justice, et c'est de lui seul que je veux l'obtenir.

Je devine bien pourquoi mes persécuteurs veulent me perdre dans l'opinion de l'armée. Je sais qu'être sincère et franc, c'est être criminel à leurs yeux. Hé! que voulez-vous, citoyen Général? je ne crus jamais que je serais obligé de vivre dans les cours ou avec des courtisans. Voilà pourquoi je ne cherchai à en imiter ni le langage ni les maximes. Quoique je sois encore aujourd'hui à même de prendre une leçon de duplicité, je vous jure que je ne profiterai pas de ma position.

J'ai l'honneur de vous saluer. LANUSSE.

(N° 6.) Au quartier-général d'Alexandrie, le 12 fructidor an VIII
(30 août 1800).

LANUSSE, GÉNÉRAL DE DIVISION, AU GÉNÉRAL EN CHEF MENOU.

J'AI reçu votre lettre du 6, citoyen Général; je suis tout aussi disposé que vous à faire une guerre implacable aux fripons; mais, comme je vous l'ai déjà dit, je n'attaquerai jamais quelqu'un, pas même en propos, avant d'avoir acquis des preuves certaines sur sa malversation.

Vous désirez, dites-vous, que la commission que j'ai nommée ne trouve point de coupable. Moi je désire que, s'il est vrai qu'il en existe, elle les trouve; il ne m'en coûtera pas de les faire punir.

Quand je n'aurais pas déjà su que vous aviez ici des personnes chargées de vous rendre compte de tout ce qui s'y passe, je n'aurais pas pu l'ignorer d'après votre lettre du 2 fructidor. Je n'ignore pas non plus que, depuis que vous avez pris le commandement de l'armée, vous avez envoyé ici des émissaires chargés de commissions dont ils étaient incapables de s'acquitter. Il n'est pas encore hors de ma connaissance que vous correspondez directement avec plusieurs chefs de service, et que vous leur transmettez des dispositions sans m'en prévenir, quoique cependant, jusqu'à ce qu'il en soit autrement ordonné, ils soient directement sous mes ordres. Je vous le demande, citoyen Général, est-ce là de la confiance? non certes. Ce n'est pas non plus l'ordre hiérarchique que vous dites aimer, et que je crois essentiel d'observer pour que chacun s'acquitte avec goût, zèle, exactitude, de ses devoirs.

Je ne fais partir que les bâtimens grecs au-dessous de cent tonneaux, et qui étaient venus spécialement pour faire le commerce, jusqu'à ce que vous m'ayez expliqué si la permission s'étend sur ceux qui étaient venus avec un firman du grand-seigneur, pour servir au transport de l'armée, et que vous m'ayez fait connaître quels sont ceux que vous mettez au rang des neutres. J'ai fait débarquer tout le riz qui se trouvait sur ceux qui avaient fait leur chargement, et ils mettront à la voile aussitôt qu'ils croiront pouvoir passer, malgré la croisière, qui est aujourd'hui au nombre de huit bâtimens dont deux vaisseaux.

La djerme que j'ai fait armer, protége dans ce moment les travaux du sauvetage à Aboukir ; elle entrera en station dans la baie, dans tous les temps, parce que là elle est mieux postée que partout ailleurs, pour protéger le cabotage. Elle a à bord quatre bonnes pièces de canon et quinze soldats choisis : elle a d'abord une marche supérieure.

Deux petits bâtimens grecs, chargés de vin, etc., sont entrés à Aboukir. Le citoyen Martinet, qui s'y trouve, a acheté les cargaisons, par commissions de différens généraux, et il aurait voulu les faire remonter au Caire sur les mêmes bâtimens. Comme je ne savais si telles étaient vos intentions, je m'y suis opposé. Si pareille circonstance se présente à l'avenir, que pourrai-je faire?

J'ai l'honneur de vous saluer. LANUSSE.

N° 7.) Saléhiéh, le 24 frimaire an IX (15 décembre 1800).

CH., CHEF DE BATAILLON DE LA 85ᵉ DEMI-BRIGADE,
AU GÉNÉRAL EN CHEF MENOU.

J'AI cru, citoyen Général, qu'un homme obscur, confondu dans la foule, qui instruirait le Premier Consul de la République, de la véritable situation de l'armée lorsque vous en avez pris le commandement, de l'état où elle se trouve actuellement ; qui l'instruirait des dégoûts, des oppositions sans nombre que vous avez eu à surmonter ; j'ai cru, dis-je, que cet homme, organe de l'opinion publique, obtiendrait peut-être autant de confiance que vos propres écrits. De quel autre intérêt que celui du bien public pourrait-il être animé ?

La lettre que j'ai l'honneur de vous envoyer, adressée au Premier Consul, a-t-elle atteint ce but? L'a-t-elle atteint sans inconvénient, je l'ignore ?

J'ai hésité long-temps pour savoir si je ferais partir cette lettre sans vous la communiquer, j'ai hésité encore pour savoir si je devais vous la communiquer ; l'un et l'autre parti me répugnent également ; le premier, dans la crainte de vous compromettre ; le second, dans la crainte que, ne vous rendant pas justice, vous ne preniez pour une basse adulation ce que j'ai dit sur votre compte : pouvais-je moins alarmer votre modestie? Je ne le crois pas. Si cette démarche n'a pas votre approbation, brûlez ma lettre (1), Général, et pardonnez en faveur des sentimens qui l'ont dictée.

Salut et respect, *Signé* CH.

---

(1) La lettre ne fut pas brûlée, mais expédiée à son adresse ; c'est celle qui suit.

(N° 8.)   Au Caire, ce 1er brumaire an IX (23 octobre 1800).

Сн., CHEF DE BATAILLON DE LA 85ᵉ, AU PREMIER CONSUL.

En quittant l'Égypte vous laissâtes l'armée dans le dénûment le plus absolu, vous le savez. Ce que vous ignorez peut-être, c'est que le général dont vous fîtes choix pour la commander fut reçu avec un enthousiasme universel : il n'existait pas un individu qui ne le regardât comme une divinité, comme un ange tutélaire. C'était l'homme dont on espérait les plus de grandes choses ; il est difficile de parvenir à une place sous de plus heureux auspices. Investi d'une confiance sans bornes, qu'il est coupable, s'il a trompé l'attente générale.

..... Il est mort !!... Je laisse à l'impartiale postérité le soin de le juger, mais s'il n'est connu que par sa conduite en Afrique, la place qu'elle lui assignera sera en contradiction manifeste avec le monument que lui élèvent ses contemporains.

L'histoire n'oubliera pas qu'entouré de tous les moyens propres à réaliser les brillantes espérances qu'on avait fondées sur son compte, le général Kléber, au lieu de réformer les abus existans, en multiplia le nombre ; qu'au lieu de punir les dilapidateurs de la fortune publique, il leur accorda sûreté et protection. Les voleurs, les concussionnaires étaient tellement sûrs de l'impunité qu'ils ne sauvaient pas même les apparences : à Sparte, au moins on punissait la maladresse.

Elle n'oubliera pas de transmettre à nos neveux qu'en Égypte, jadis le grenier du peuple romain, l'armée française a mangé la subsistance la plus mauvaise qu'il soit possible de concevoir ; que le pain, surchargé de paille de terre et d'autres matières étrangères, était tel que l'homme le plus avare n'en voudrait pas donner à ses chiens, pour me servir des expressions de l'honnête, du bienfaisant Menou. La solde, constamment arriérée de huit ou dix mois, ne laissait au soldat, à l'officier, aucune autre ressource pour se procurer une nourriture plus saine.

L'Égypte, écrasée sous des contributions exorbitantes, ne rendait presque rien au trésor public. Mille canaux divers en détournaient le cours. Le général Reynier dévastait la Charkié; le général L......, ce nom me rappelle sans cesse les rues de Padoue, que j'ai vues tapissées d'un jugement infamant contre lui; le général L...... pressurait les riches provinces de Menouf et de Mansoura; Damiette, le reste du Delta, gémissaient sous les généraux Rampon et Verdier. Ceux qui reprochent au général Dugua d'avoir poussé trop loin sa collection de médailles et de pierres précieuses, ne font pas la réflexion satisfaisante qu'il enrichissait les sciences et les arts. Le général Destaing, l'adjudant-général Boyer, sont connus dans les lieux où ils ont été employés, par les exactions les plus criantes : ce dernier joint la scélératesse au brigandage pour s'approprier les caravanes qu'il sait appartenir à des Arabes amis; il en fait sans pitié massacrer les conducteurs; il évite par là toute réclamation.

Bien loin d'étendre les relations commerciales par une conduite sage et louable, tous les adjudans-généraux qui ont commandé Suez, s'y sont comportés de la manière la plus révoltante; ils ont commis les plus grandes avanies sur les bâtimens qui ont eu le malheur d'approcher ce port : ils ne rougissaient pas de détourner à leur profit la plus riche partie des cargaisons, et de jeter une forte imposition toujours à leur profit sur ce qu'ils voulaient bien laisser aux propriétaires. Le général Kléber ne pouvait ignorer ces faits; ils étaient connus de toute l'armée.

Espérons que l'adjudant-général Tarayre, estimé pour sa probité, sa valeur et ses talens, rendra au commerce son activité, et au nom français le lustre qu'on lui a fait perdre chez les peuples de l'Yemen.

Ces hommes sans pudeur, cette bande immorale, spoliatrice, de commissaires des guerres, d'employés en tout genre, l'écume, l'immondice de la France, que l'armée a charriée à sa suite, faisaient cause commune avec les hommes que je viens de citer : tous ensemble ils dévoraient notre substance, ils s'engraissaient de notre sang. L'officier, abreuvé d'humiliations, croupissait dans la plus profonde misère, et ces messieurs étalaient le luxe le plus effréné. Cette foule d'aides-de-camp, d'officiers d'état-major, qui jouissent des douceurs de la guerre sans en connaître les privations ni les dangers, et n'en ont pas moins obtenu tout l'avancement, qui dès-lors a cessé d'en être la récompense ; tous ces officiers, dis-je, à l'instar de leurs généraux, faisaient parade de la plus somptueuse magnificence ; leurs appointemens pouvaient-ils subvenir à de telles dépenses ? Lorsque les chefs dépouillent le public, il est encore soumis à la cupidité de tous les subalternes, plus avides, plus insatiables que leurs maîtres. Les hôpitaux, cette partie si intéressante d'une armée, étaient, comme les autres branches de l'administration, livrés à la rapacité, au brigandage : les malades, entassés dans les salles, n'excitaient la pitié de personne ; personne ne leur donnait le plus léger secours ; sans soins, sans traitemens, ils périssaient en foule maudissant l'État qu'ils avaient défendu et l'atroce gouvernement qui les abandonnait.

Il y a plus, Général, pour justifier une honteuse capitulation, le général Kléber a calomnié l'armée; il a motivé la prétendue nécessité de traiter avec l'ennemi sur les insurrections partielles qu'il soudoyait peut-être. Il a paru redouter une action dans la crainte que l'armée ne se déshonorât par une lâcheté; mais l'armée a confondu ses détracteurs à la bataille d'Héliopolis, malgré le vice des dispositions prises dans cette journée. Si ses troupes eussent été bien placées, six mille Osmanlis ou mameloucks ne se seraient pas jetés dans le Caire, et les huit cents braves que cette ville a coûtés vivraient encore.

Dans les mêmes vues, le général Kléber a laissé prendre El-A'rych : je défie ses plus zélés partisans de nier ce fait. Il sacrifie impitoyablement six cents hommes à l'horreur qu'il avait conçue contre l'expédition d'Égypte et obtient à ce prix de nouveaux prétextes pour l'évacuer, et on lui élève un monument!... Oui, sans doute, mais qu'il soit d'opprobre et d'infamie! qu'il éternise à jamais l'indignation que doit inspirer un semblable assassinat!

Telle a été la conduite du général Kléber en Égypte, dirigée par le général Damas, plus coupable peut-être que le général en chef, puisqu'il est notoire qu'il n'a usé de l'ascendant qu'il avait acquis sur son esprit, que pour l'entraîner dans des écarts funestes à l'armée, ruineux pour la France, qui perdait, avec la plus forte portion du globe, l'espoir consolant de parvenir bientôt à la paix générale. Telle était l'affreuse position de l'armée à l'époque où le général Menou en prit le commandement.

Lorsque la corruption attaque les premières personnes d'un État, lorsque, par un renversement de toute morale, elles s'engraissent des malheurs publics, il faut être doué d'une âme peu ordinaire pour oser entreprendre d'y rétablir l'ordre. Ce que vous avez fait en France, le général Menou l'a exécuté en Égypte : ses premiers pas dans l'administration annoncèrent un honnête homme, décidé à améliorer le sort de l'armée.

Effrayés de ces dispositions, tous les hommes que je viens de citer formèrent une ligue sacrilége pour en arrêter l'effet; ils ne négligeaient aucun des moyens propres à lui faire perdre la confiance qu'il méritait à tant de titres. Tous leurs discours tendirent sans cesse à déprécier sa personne ou ses actions; mais, comme l'observe judicieusement l'Éloge funèbre du général Desaix, il n'est pas toujours donné aux âmes communes d'offenser un grand homme ; leurs injures même ne l'atteignent point.

Malgré les obstacles qu'ils lui opposaient à chaque instant, le général Menou marcha sans dévier avec une constance, une fermeté inébranlable, vers le but qu'il s'était proposé; il se tint des conciliabules secrets, tantôt chez le général Reynier, tantôt chez Daure ou Tevenin, mais plus souvent chez le général Damas. Supérieur aux petites passions, le général en chef ne voulut jamais voir ce qu'il y avait d'outrageant dans les propos injurieux qu'on ne cessait de tenir publiquement sur son compte. Cette bonté, prise pour de la faiblesse, leur fit concevoir le projet de le déposer. On envoya des émissaires à *toutes* les demi-brigades en garnison au Caire, pour sonder leur opinion. Un homme qui jouit de quelque considération vint chez nous, chargé d'une si honteuse commission; il poussa la hardiesse jusqu'à nous dire, dans la chaleur de la discussion, qu'il ne reconnaissait pas le général Menou pour le représentant du gouvernement, et qu'en cas de scission, il ne recevrait des ordres que du général Reynier. Peut-on s'expliquer plus ouvertement? Votre arrêté du 19 fructidor a tout fait rentrer dans la poussière; mais ces hommes n'en sont pas moins les ennemis irréconciliables du général Menou, conséquemment ceux de l'armée; ils ne lui pardonneront jamais d'avoir révélé leurs turpitudes. L'armée, actuellement bien nourrie, bien payée, bien entretenue, prouve à l'évidence que l'esprit de rapine seul dirigeait la précédente administration. Ils ne lui pardonneront jamais cette infatigable activité qui les désespère, qui les épouvante au point de leur faire jouer un rôle pour lequel, j'en conviens, ils n'ont point de dispositions, celui d'honnête homme.

L'ennemi nous menace! Quelle confiance le général en chef peut-il leur accorder? Pour le perdre, je les crois capables de tout sacrifier, pourvu que leur sûreté personnelle ne soit pas compromise.

Général, l'armée apprit avec plaisir votre élévation. Moins séduits par l'éclat de la bataille de Marengo que par votre modération après la victoire, que par les heureux résultats qu'elle doit procurer à la République; touchés surtout par le tableau intéressant que présente l'intérieur de la France, nous avons tous oublié que le général Bonaparte, en Égypte, ne réprima pas le brigandage avec toute la force dont il pouvait disposer. Le bienfaiteur de ma patrie ne trouvera jamais un homme plus dévoué que moi.

Général, étendez votre sollicitude jusqu'à l'armée d'Orient! Ne la mérite-t-elle pas? ne lui devez-vous rien? Ah! vous n'oublierez jamais que les cadavres de Castiglione, d'Arcole, de Rivoli, d'Acre, forment les gradins qui conduisent jusqu'au Premier Consul.

Ce n'est pas en hommes que votre secours est nécessaire à l'armée; elle est assez forte pour écraser encore l'Orient conjuré; rappelez seulement trente individus qui s'opposent à son bien-être, qui entravent les opérations de son général; vous aurez tout fait pour elle; elle vous devra le bonheur.

Sans considération particulière, sans détour, j'ai attaqué les hommes qui, dans leur conduite, n'ont respecté ni leur dignité ni leurs personnes. Je ne puis offrir aucune preuve; je ne suis que l'organe de l'opinion publique invariablement fixée sur leur compte; ils sont flétris sans retour. Consultez l'armée, Général; si un cri général ne dépose pas contre eux, je consens à être poursuivi comme le plus vil des calomniateurs.

Salut et respect, *Signé* CH.

(N° 9.) Au quartier-général d'Alexandrie, le 1er fructidor an IX
(19 août 1801).

LANUSSE, GÉNÉRAL DE DIVISION, AU GÉNÉRAL EN CHEF
MENOU.

JE ne suis pas du nombre de ces hommes, citoyen Général, qui attaquent en l'air, sans remords et sans pudeur, la réputation des autres hommes. Je vous ai dit dans le temps que je n'avais pas pu me procurer des preuves certaines qui me missent à même d'attaquer aucun de ceux que l'on nomme dilapidateurs des marchandises arrivées dans Alexandrie; j'avais tenu le même langage au général

Kléber. Cette déclaration avait suffi à votre prédécesseur, et je croyais qu'elle vous suffirait; mais puisqu'il en est autrement, vous m'avez mis parfaitement à mon aise en m'autorisant à prendre telle mesure qui me paraîtrait convenable pour découvrir et poursuivre les auteurs des déprédations; je vous envoie ci-joint l'arrêté qui crée la commission que j'ai nommée à ce sujet, que je vous prie de mettre à l'ordre du jour de l'armée, et ensuite le résultat des opérations de cette commission. Si la renommée publique vous a appris qu'il s'était commis des exactions à Alexandrie, une voix plus authentique doit faire connaître à cette renommée la vérité tout entière.

Les reproches que vous me faites sur ma manière de servir, sont les premiers que j'ai reçus. J'ai cependant obéi jusqu'à ce jour aux ordres de quelques généraux ; fort de l'idée de ne les point mériter et de le prouver, je suis tranquille.

Si l'envie vous reste de faire fusiller le drogman Battus, je n'ai nullement besoin de lui. Vous pouvez le faire remonter au Caire, et là le faire exécuter plus à votre aise que vous ne l'eussiez pu, si vous fussiez resté à Alexandrie. Il est bien étonnant que cet homme vous ayant été dénoncé comme fripon, et l'ayant reconnu pour tel vous-même, vous ne m'ayez pas donné le moindre renseignement sur son compte, quand vous m'avez remis le commandement du 5° arrondissement.

Je n'eusse pas mieux demandé, et je ne demanderais pas mieux encore que de coopérer aux travaux de l'armée; mais une demi-confiance ne me saurait convenir. Je n'ai pas besoin de beaucoup de sagacité pour juger que je n'ai pas la vôtre tout entière.

J'ai l'honneur de vous saluer,   LANUSSE.

(N° 10.) Du 2 vendémiaire an IX (24 septembre 1800).

AU MINISTRE DES AFFAIRES ÉTRANGÈRES.

Citoyen Ministre,

J'ai l'honneur de vous adresser une copie certifiée du traité conclu entre Mourâd-Bey et le général Kléber. Les négociations pour ce traité ont eu lieu pendant le dernier siége du Caire.

Je joins à ce premier traité la copie d'un autre, qui a été fait entre Mourâd-Bey et moi : il a pour objet de céder à ce prince quelques villages qui lui avaient été promis par le général Kléber, et de le dispenser, pour l'an VIII, d'une partie du tribut qu'il s'était obligé de payer par le premier traité.

Je n'entrerai point ici dans la discussion relative à la paix conclue entre Mourâd-Bey et le général Kléber; je n'y ai pris aucune espèce de part. Lorsque les circonstances m'ont porté au commandement de l'armée, j'ai trouvé cette paix conclue, et j'ai pensé qu'il était de l'honneur français d'en exécuter fidèlement tous les articles.

Je dois cependant vous observer, citoyen Ministre, que, lorsque cette paix fut traitée et conclue, Mourâd-Bey était dans une position à nous faire beaucoup de mal : dix mille Osmanlis, commandés par Nassif-Pacha, et quinze cents mameloucks, commandés par Ibrahim-Bey, étaient dans le Caire. Si Mourâd-Bey s'y était encore jeté avec ses mameloucks, le crédit dont il jouissait parmi les habitans eût fait traîner en une extrême longueur le siége du Caire; le grand-visir eût eu le temps de rassembler de nouvelles troupes, de se jeter avec elles dans une partie quelconque de l'Égypte, et d'opérer par là une diversion très fâcheuse. Il eût encore été possible que la longueur du siége eût enhardi les habitans d'une grande partie de l'Égypte à se lever en masse : voilà quels sont vraisemblablement les motifs qui engagèrent le général Kléber à conclure la paix avec Mouråd-Bey.

Un des articles du traité, qui doit paraître le plus désavantageux, est celui qui accorde à Mouråd la possession de Cosséir. Ce port, situé sur la côte occidentale de la mer Rouge, pourrait offrir un abord trop facile à nos ennemis, si Mouråd-Bey était de mauvaise foi. Les Anglais, qui naviguent dans la mer Rouge; les Arabes de l'Yémen, qu'ils pourraient mettre dans leurs intérêts, y débarqueraient facilement avec l'aide de Mouråd-Bey; mais jusqu'à présent, ce prince, qui abhorre les Anglais et les Turcs, se conduit à merveille et avec beaucoup de bonne foi. Je le fais d'ailleurs surveiller avec beaucoup de soin par le général qui commande à Siout, et qui, sous tous les rapports, est plein de talens, de zèle et d'activité; il se nomme Donzelot.

Le prince chérif de la Mecque est jusqu'à présent dans nos intérêts. J'entretiens une correspondance avec lui, et je tâche par tous les moyens d'attirer à Suez tout le commerce de l'Arabie.

Un autre prince arabe, propriétaire de Moka et de Fana, au sud de la Mecque, m'a fait faire des offres d'amitié et de paix; j'en profiterai avec empressement.

Tous les cheiks arabes qui habitent l'espace compris entre Suez et Médine, ainsi qu'aux environs du mont Sinaï, sont venus ici ou ont envoyé pour faire alliance avec les Français. J'ai écrit à l'empereur d'Abissinie; j'ai fait faire des propositions d'alliance au roi de Sennaar, de Darfour et de Dongola. Des caravanes très nombreuses des deux premiers pays sont en chemin pour se rendre au Caire.

J'emploierai tous les moyens pour établir de grandes liaisons de commerce avec tous ces princes.

Des cheiks arabes du Fezzan et de plusieurs autres parties du Béled-El-Gerid ont fait demander aussi de traiter avec les Français, pour envoyer des caravanes. Je travaille également à établir quelques correspondances entre Tripoli et Tunis.

Les Turcs, divisés en deux partis, à la tête de chacun desquels sont le grand-visir et le capitan-pacha, me font demander la paix, chacun de son côté. Le grand-visir, moitié vil, moitié insolent, est l'ennemi juré du capitan-pacha, qui le lui rend bien. Dans le camp ottoman situé à Jaffa, est un envoyé russe, nommé M. Frankini. Cet homme, ennemi juré des Français, il y a sept ou huit mois, a changé de système et de manières depuis quatre mois. Il nous fait actuellement beaucoup de politesses; il cherche à nous prouver que sa cour voudrait se rapprocher de la République, se plaint des Anglais, et paraît avoir inspiré de la défiance au grand-visir. Celui-ci, de sa personne, est bien avec les Anglais, très mal avec Djezzar, pacha d'Acre, avec les Naplouzains, et surtout avec les Arabes, qui pillent tous ses convois. Le premier général ottoman paraît craindre de s'en retourner à Constantinople, où il présume qu'on lui ferait couper la tête.

Le capitan-pacha, beaucoup plus instruit, plus spirituel, et surtout beaucoup plus humain que le grand-visir, croise, avec une vingtaine de bâtimens, depuis Damiette jusqu'à Alexandrie. Il m'envoie fort souvent des parlementaires; je lui en envoie pareillement, et nous nous faisons mutuellement beaucoup de politesses. Il se nomme

Houssein-Pacha ; a été élevé mamelouck du grand-seigneur, dont il a la confiance et l'amitié. Il désirerait fort conclure un traité avec les Français qui sont en Égypte, afin de se donner encore plus d'importance vis-à-vis de son maître. Il craint surtout infiniment que je n'entame quelque traité avec le grand-visir, pour lequel il a haine et mépris. Sur toutes les propositions que ces deux grands officiers de la Porte me font, je traîne en longueur et tâche de leur inspirer beaucoup de méfiance contre les Anglais. J'entame dans le moment un traité d'échange avec le capitan-pacha pour tous les prisonniers français qu'ils ont, soit à Constantinople, soit dans l'Archipel, soit dans les différentes échelles du Levant. Nous avons en Égypte à peu près quatre mille Osmanlis prisonniers, et quoiqu'il n'y ait point de cartel entre la République et la Porte, j'ai cru qu'il était de l'humanité et de la générosité française de traiter ces prisonniers comme nous traiterions ceux d'une nation avec laquelle nous aurions un cartel d'échange.

Quant aux propositions sur le fond de la question, je fais sentir au grand-visir et au capitan-pacha qu'elles ne peuvent se traiter qu'à Paris et à Constantinople; mais je pense, citoyen Ministre, qu'il serait fort possible de s'arranger avec la Porte pour que nous conservassions l'Égypte, qui, j'ose l'assurer, peut devenir en très peu de temps une excellente et magnifique colonie.

Quant aux Anglais, ils me paraissent désespérés, pour ne pas dire enragés, d'avoir manqué leur coup lors de la rupture de la désastreuse capitulation d'El-A'rych. M. Smith est revenu prendre le commandement de la croisière anglaise. Elle ne consiste que dans un vaisseau de ligne, *le Tigre*, une corvette et un kirlanguich, petit bâtiment grec. Ces trois bâtimens courent continuellement sur nos djermes, dont ils prennent un très petit nombre, tandis que le capitan-pacha, avec ses vingt bâtimens, nous laisse très tranquillement faire notre cabotage. M. Smith m'envoie aussi des parlementaires, que j'ai fait recevoir avec beaucoup de hauteur, je devrais dire le mépris, que les Anglais, par leur conduite, méritent à tous égards. M. Smith se plaint des mauvais traitemens, dit-il, que j'ai employés contre M. Courtenay Boyle, capitaine anglais qui, étant venu s'échouer avec son bâtiment sur les côtes de l'Égypte, a été fait prisonnier. J'ose vous assurer, citoyen Ministre, que c'est une imposture manifeste. J'ai eu pour M. Courtenay Boyle toutes les attentions et tous les égards possibles ; je l'ai échangé à Damiette, et lorsqu'il est parti, je l'ai comblé de présens ; je lui ai fait donner tous les vivres et toutes les subsistances dont il pouvait avoir besoin : s'il est nécessaire, je ferai publier ma correspondance à cet égard. Il n'est point d'exemple d'une conduite aussi perfide et aussi déloyale que celle des Anglais.

Je traite aussi bien que possible les Grecs de l'Archipel : je leur donne permission de sortir d'Alexandrie et de Damiette avec des chargemens de marchandises, dont sont seulement exceptés le blé et le riz, n'ayant pas cru devoir envoyer des vivres à nos ennemis. Plusieurs de ces Grecs sont déjà revenus nous porter des objets de consommation qui nous sont d'une très grande utilité. M. Smith a arrêté, pris et dépouillé plusieurs de ces bâtimens sortant d'Alexandrie. J'écris au capitan-pacha, pour lui faire sentir que c'est une insulte que font les Anglais à la Porte. Je lui mande que je n'ai donné à ces bâtimens permission de sortir avec des chargemens, que par considération pour le grand-seigneur, dont les Grecs sont les sujets, et par égard pour lui, capitan-pacha, gouverneur-né et presque propriétaire de tout l'Archipel.

Tel est, citoyen Ministre, le compte que j'ai cru devoir vous rendre de notre situation politique en Égypte; je vous prie de la mettre sous les yeux du Premier Consul.

Salut et respect.

Abdala Menou.

TROISIÈME PARTIE.

CAMPAGNE CONTRE LES ANGLAIS ET LES TURCS.

CHAPITRE PREMIER.

ARRIVÉE DE LA FLOTTE ANGLAISE. DISPOSITIONS MILITAIRES.

L'armée anglaise avait reçu à Rhodes et à Macri, dès le commencement de pluviose, tout ce qui était nécessaire pour ouvrir la campagne : le ministère la pressait d'agir contre l'Égypte (1); mais les Turcs ne se hâtaient pas d'y concourir. Ils paraissaient craindre autant les succès de leurs alliés que leur défaite. Le visir, encore effrayé de la bataille d'Hé-

---

(1) Le ministère anglais avait à justifier la rupture du traité d'El-A'rych, et à calmer l'indignation des Turcs, irrités d'avoir perdu l'Égypte au moment où ils s'y croyaient établis; il avait à arracher des mains de l'opposition une arme terrible; et pour détourner les regards de cette responsabilité qui pesait sur lui, il dirigea contre l'Égypte une armée, errant sur les mers depuis plusieurs mois. L'opinion publique, en Angleterre, était contraire à cette expédition. Les circonstances et des fautes multipliées l'ont fait réussir; mais qu'en est-il résulté pour cette puissance ? des dépenses excessives et une grande perte d'hommes; l'armée d'Orient a évacué l'Égypte avec des conditions semblables à celles du traité d'El-A'rych, sans que les troupes anglaises puissent se glorifier de succès qui ne sont dus ni à leur bravoure ni aux talens de leurs généraux.

liopolis, tremblant de s'exposer à de nouveaux revers, était bien déterminé à ne marcher que lorsque les Anglais lui auraient ouvert la route. Son autorité était méconnue dans la plupart des provinces de la Syrie; il n'avait, pour former une armée et des magasins, que les secours et les convois qu'il recevait de sa capitale. Le capitan-pacha était à Constantinople avec une partie de sa flotte; il penchait à traiter avec les Français plutôt que de courir encore les hasards d'une expédition, et attendait la fin des irrésolutions de la Porte.

Ces différens chefs, persuadés que leurs efforts pour reprendre l'Égypte seraient inutiles, craignaient de s'exposer séparément aux premiers revers; mais les ordres du gouvernement anglais devinrent impératifs, et ses généraux ne purent s'y refuser. Ils redoutaient autant que leurs soldats la bravoure éprouvée et l'habitude de victoires de l'armée qu'ils avaient à combattre. Instruits néanmoins du caractère et des dispositions de celui qui la commandait, ils espérèrent profiter de ses fautes pour s'établir sur quelques points, affaiblir les Français par des affaires de détail, et se maintenir, en attendant des secours et l'effet des attaques que le visir et un corps parti de l'Inde devaient effectuer. Aussitôt qu'ils apprirent que le capitan-pacha avait mis à la voile de Constantinople, et leur amenait un renfort de six mille Albanais et janissaires, ils partirent de Macri. Le 10 ventose, ils parurent dans la rade d'Aboukir. (Les tableaux n°ˢ 1 et 2, contiennent l'état de cette armée, ainsi que celui de l'armée d'Orient et de sa répartition.) Leur flotte fut contrainte de retarder son débarquement jusqu'au 17, les vents du nord et du nord-est rendant la mer trop houleuse au point choisi pour l'exécuter.

La frégate *la Régénérée* entra le 10 ventose dans le port d'Alexandrie; elle venait de Rochefort, et portait deux cents hommes de la 51e demi-brigade, une compagnie d'artillerie et des munitions. Le brick *le Lodi*, qui arrivait le même jour de Toulon, avait rencontré la flotte de l'amiral Gantheaume, qui portait un renfort de quatre à cinq mille hommes, et que des circonstances avaient engagé à relâcher dans ce port. Dès-lors on put s'apercevoir que le moment le plus favorable pour arriver à Alexandrie était manqué; mais l'arrivée de ces bâtimens et cette nouvelle donnèrent à l'armée d'Orient la certitude que le gouvernement s'occupait fortement de la secourir.

L'apparition de la flotte anglaise fut connue au Caire le 13, à trois heures après midi. D'après les rapports, les chaloupes étaient à la mer pour opérer le débarquement; et la prise de trois officiers du génie anglais qui faisaient une reconnaissance de la côte sous Aboukir, ne laissait aucun doute sur le point menacé.

Nous avons vu précédemment que le général Menou s'était fait illusion jusqu'alors, en repoussant les avis qui lui venaient de toutes parts sur cette expédition. Il n'avait pas même consenti à l'envoi des bâtimens pour observer les préparatifs des Anglais et surveiller leurs mouvemens. Aucun corps de réserve qu'on pût opposer avec succès au débarquement, n'existait sur la côte; on l'avait même dégarnie de troupes, et les places n'étaient pas suffisamment approvisionnées.

On était assuré par tous les rapports, que le visir n'était pas encore prêt à agir, et qu'il ne passerait le désert que lorsqu'il serait certain du succès des Anglais. On savait qu'Aboukir était le seul point de la côte qui pût leur convenir pour opérer une descente, parce que leur flotte trouvait un abri dans cette rade, et que de là ils pouvaient aussitôt se porter sur Alexandrie. Tous les hommes qui avaient un peu étudié l'organisation de l'Égypte et son système de défense, tous ceux qui connaissaient les forces de l'armée française, était convaincus que la seule bonne disposition était de la réunir.

Au moment où l'on reçut la nouvelle du débarquement, toute l'armée s'attendit à marcher vers Aboukir : aussi fut-elle très étonnée des dispositions que prit le général Menou. Il ordonna au général Reynier de partir sur-le-champ pour Belbéis, avec deux demi-brigades et l'artillerie de sa division; au général Morand, d'aller promptement à Damiette, avec cinq cents hommes de la division Rampon, qui précédemment avaient été appelée au Caire; et au général Bron de conduire à Aboukir le 22ᵉ régiment de chasseurs, fort seulement de deux cent trente chevaux. Le reste de la cavalerie dut attendre des ordres à Boulac. La division Lanusse ne partit que le 14 pour Rahmaniëh, et même la 88ᵉ, la plus forte demi-brigade de cette division, fut appelée au Caire, le jour de son départ.

Quelques généraux essayèrent de faire sentir au général Menou la nécessité de rassembler promptement l'armée vers Aboukir. Ils lui observèrent que le visir ne marcherait pas avant d'être certain du succès des Anglais; qu'on aurait le temps de les battre et de se porter ensuite vers Salêhiëh, avant qu'il pût y paraître; que, dans le cas même où le visir, par des mouvemens plus rapides, aurait obtenu de légers succès, ses troupes seraient aisément dissipées, lorsqu'elles apprendraient la défaite de leurs alliés : qu'enfin, en divisant l'armée, on l'exposait à des revers, etc. Le général Reynier écrivit (1) au général Menou ces observations, il les

---

(1) Lettre du général Reynier au général Menou :

Au Caire, le 13 ventose an ix.

Vous m'envoyez, citoyen Général, l'ordre de partir pour Belbéis avec deux demi-brigades et le général Robin : il va être exécuté, parce qu'un militaire doit premièrement obéir; mais l'intérêt de l'armée me commande quelques observations que vous écouterez. Je suis chargé de défendre la frontière qui peut être attaquée par le visir; mais je pense que, dans notre position, elle peut être dégarnie. Le visir est arrivé ou va arriver à El-A'rych ; mais il n'est pas probable qu'il marche avant d'avoir reçu la nouvelle du succès des Anglais. Ses préparatifs pour passer le désert ne sont pas complets, et il enverra seulement quelques partis à Catiëh et au-delà. S'il marche et attaque Salêhiëh, cette place est en état de résister jusqu'à ce que les troupes viennent la secourir, après avoir battu le dé-

lui renouvela ensuite de bouche, ajoutant qu'il fallait mettre de côté toute les haines particulières pour ne songer qu'à l'ennemi..... Tout fut inutile. Dans

---

barquement. Il poussera peut-être quelques partis contre Belbéis et le Caire; mais cela n'est pas aussi dangereux que de laisser faire des progrès aux Anglais.

L'armée qui débarque à Aboukir doit être de dix à douze mille hommes. Si le général Friant n'a pas réussi à culbuter leur premier débarquement, il doit être actuellement enfermé dans Alexandrie, et nous avons besoin, pour combattre les Anglais, de toutes nos forces disponibles.

Lors du débarquement des Turcs à Aboukir, Bonaparte ne laissa à Belbéis et à Saléhiëh que cent hommes, fort peu de troupes à Damiette, et une très faible garnison au Caire : il réunit tout pour marcher à Aboukir. La position est semblable, nous devons faire de semblables dispositions : c'est particulièrement dans cette armée qu'il faut mettre en usage la grande maxime de guerre, de suppléer au nombre par la rapidité des marches.

Je pense qu'il convient de faire marcher ma division, avec toutes les forces disponibles, vers Alexandrie. La garnison de Saléhiëh est plus que suffisante; je renforcerais un peu celle de Belbéis : des dromadaires éclaireraient le désert, et je laisserais les instructions nécessaires aux commandans de ces places.

J'ai combattu plusieurs fois les Anglais, et je désire, ainsi que les troupes que je commande, concourir à les battre encore en Égypte. Dans plusieurs de mes lettres précédentes, je vous ai parlé de cette expédition : elle est importante, et nous ne devons rien négliger pour la faire échouer d'une manière glorieuse pour l'armée d'Orient, et digne des exemples que nous ont donnés les autres armées.

Si vous attendez de nouveaux renseignemens sur ce débar-

l'impossibilité de lui faire adopter de meilleures dispositions, il espéra que son départ dissiperait la jalousie et les craintes qu'il inspirait, et crut qu'ensuite les autres généraux pourraient faire avec plus de succès les mêmes observations; mais le général Menou fut sourd à toutes les représentations; et ne recevant ni le lendemain, ni les jours suivans, aucun avis du débarquement, il se persuada d'autant mieux qu'il avait fait d'excellentes dispositions.

Sans doute, puisqu'il s'opiniâtrait à rester au Caire et à diviser l'armée, le seul moyen de sauver l'Égypte, eût été de choisir un autre chef; les circonstances et l'éloignement du gouvernement, auraient peut-être autorisé un tel parti; mais c'était

---

quement, avant de vous déterminer à faire partir toutes les troupes pour Alexandrie, je vous demande de faire rester ma division ici ou à Birket-El-Hadji; je trouve cela plus conforme à mon plan de défense de la frontière de Syrie, et ces troupes seraient beaucoup plus disponibles pour les porter sur Alexandrie aussitôt que vous le jugerez convenable.

Cette lettre et les observations qu'elle contient sont dictées par le sentiment profond de l'intérêt de l'armée. Nous devons tous nous réunir dans ce moment pour la faire sortir victorieuse de la position où elle se trouve, menacée sur deux points opposés par deux armées différentes, mais dont l'une est bien plus dangereuse que l'autre.

Réponse du général MENOU.

Vous recevrez de mes nouvelles à Belbéis, citoyen Général; je ne vous laisserai rien ignorer, et tout sera prévu; vous devez veiller à la frontière de Syrie, partez promptement.

Je vous salue,   *Signé* ABD. J. MENOU.

un exemple dangereux pour la discipline, que de grands succès auraient pu seuls justifier, et rien n'était préparé pour les obtenir: on ne pouvait prévoir que les Anglais seraient sept jours sans débarquer; d'ailleurs on aurait pu dire, après la victoire, que le général Menou l'aurait également remportée.

CHAPITRE II.

DÉBARQUEMENT DES ANGLAIS. — COMBAT DU 22 VENTOSE.

Les vents passèrent le 16 au nord-ouest; la mer devint plus calme, et les ennemis purent s'occuper du débarquement. Ils envoyèrent des chaloupes armées vers la bouche du lac Maadiëh, pour s'emparer du bac et interrompre la communication directe d'Alexandrie avec Rosette ; mais une centaine d'hommes qui descendit pour cette opération, fut culbutée par quarante grenadiers de la 61e, et cette entreprise échoua.

Le général Friant, dès l'arrivée de la flotte anglaise, avait réparti ses troupes de la manière suivante :

	Inf.	caval.
A Rosette et au fort Julien, trois compagnies de la 61e.	150	»
A Edko et à la Maison-Carrée, un bataillon de la 75e, une compagnie de grenadiers de la 25 et un détachement du 3e régiment de dragons.	300	150

A Aboukir, deux bataillons et les grenadiers de la 61ᵉ, deux bataillons de la 75ᵉ, la moitié d'un bataillon de la 51ᵉ et un détachement de la 25ᵉ. . . . . Inf. 1550   Caval. »

Le 18ᵉ de dragons. . . . . » 100

En tout, à Aboukir, quinze cent cinquante hommes d'infanterie, cent quatre-vingts cavaliers et dix pièces de canon.

Il ne laissa pour la garde d'Alexandrie que les marins et les invalides.

Ce corps était trop faible pour résister au débarquement d'une armée qui avait à sa disposition une grande quantité de chaloupes et tous les moyens de la marine anglaise. On ne pouvait espérer de succès qu'en parvenant à culbuter dans la mer les premiers qui aborderaient, avant que les troupes eussent le temps de se former, et en mettant du désordre dans les chaloupes par un feu d'artillerie bien dirigé.

Les Anglais, qui ne fondaient quelque espérance de succès que sur la faiblesse du corps chargé de garder les côtes, désignèrent pour cette première opération l'élite de leur armée. Ils réunirent toutes leurs chaloupes, et y embarquèrent, le 17, avant le jour, les troupes suivantes, sous les ordres des majors-généraux Moore et Ludlow :

Gardes. . . . . 2000 hommes.
23ᵉ régiment. 600
28ᵉ régiment. 600
40ᵉ régiment. 250

Report.....	3450 hommes.
42ᵉ régiment............	900
58ᵉ régiment............	600
Légion corse............	400
Artillerie...............	200
Soldats de marine........	300
TOTAL......	5,850

Les chaloupes, formées sur une ligne séparée en cinq divisions, s'approchent lentement de la côte. Les troupes françaises, pour se garantir du feu des chaloupes canonnières ennemies, disposées en avant et sur les flancs de celles de transport, prennent position derrière les mamelons de sable, dans l'ordre suivant : la 61ᵉ demi-brigade, avec une pièce de 12, deux obusiers, et ses deux pièces de 4, sa droite vers le commencement de la digue du lac Maadiëh; le 18ᵉ de dragons à la gauche de cette demi-brigade, le 20ᵉ de dragons et la 75ᵉ sur le revers occidental de la hauteur des puits. Les détachemens de la 25ᵉ et de la 51ᵉ forment, avec deux pièces de 8 et un obusier, une réserve entre ce dernier corps et le fort d'Aboukir.

La hauteur des puits est un mamelon de sable mouvant, de pente rapide, surtout du côté de la mer. Ce point est le seul où des troupes qui débarquent puissent trouver une position militaire avantageuse (1). La ligne de chaloupes anglaises

---

(1) Après la bataille d'Aboukir du 7 thermidor an VII, Bo-

reste long-temps au milieu de la baie; elle paraît menacer tous les points de la côte; enfin elle se divise en deux lignes. Arrivées à portée de canon, elles se serrent davantage, et viennent aborder au pied de cette hauteur. Les matelots ramaient debout et avec vigueur, sans s'inquiéter de l'artillerie française, tandis que l'infanterie était couchée au fond des chaloupes. La droite, en mettant pied à terre, gravit promptement la hauteur, et s'y met en bataille; la gauche s'étend sur le revers, de manière à appuyer son flanc à la mer. La 61ᵉ demi-brigade charge aussitôt la gauche des ennemis, qui ne peuvent soutenir ce premier choc; une compagnie de grenadiers, qui s'établit sur douze chaloupes, les prend de revers; déjà beaucoup d'entre eux jettent leurs armes, mais la seconde ligne, qui venait de débarquer, leur porte du secours. La 61ᵉ, trop faible alors pour culbuter seule les Anglais et reprendre la hauteur, borne ses efforts à soutenir le combat.

Le 18ᵉ et le 20ᵉ de dragons chargent, à la gauche de la 61ᵉ, les premières troupes formées sur la hauteur; ces deux corps, repoussés à cette première attaque, essaient une seconde charge sur la

---

naparte avait ordonné la construction d'un fort sur cette hauteur; mais on négligea de s'en occuper pour des fortifications moins importantes, quoique le gouvernement l'eût recommandé au général Menou. Ce fort aurait rendu le débarquement très difficile.

gauche des ennemis, mais le feu de la seconde ligne les force de se retirer.

La 75e, avertie trop tard de l'instant du débarquement, trouve les Anglais formés sur la hauteur; en un moment la moitié de ses premiers pelotons est mise hors de combat par les feux de la ligne anglaise, son déploiement ne peut s'effectuer; elle est obligée de se retirer.

Les pièces d'artillerie qui étaient à gauche, ne faisant pas assez d'effet, on voulut les rapprocher de la hauteur, avec les détachemens de la 51e et de la 25e; mais les sables ayant apporté des lenteurs dans ce mouvement, les Anglais étaient déjà formés à leur arrivée: ils rejoignirent la 75e demi-brigade, qui s'était retirée à la distance de trois cents toises.

La 61e reçoit alors l'ordre de se retirer; les soldats, mêlés depuis deux heures avec les Anglais, et d'autant plus animés qu'ils obtenaient quelques succès, quittent avec peine le champ de bataille. Cette demi-brigade effectue sa retraite dans le meilleur ordre, emmène toute son artillerie et forme l'arrière-garde. On détache dans Aboukir une compagnie de la 51e, pour renforcer la garnison de ce fort, et les troupes se réunissent à l'Embarcadaire (1). Alexandrie avait été laissée presque sans garnison, et les Anglais pouvant tenter quelque

---

(1) On donnait ce nom à un endroit de la baie de Canope, où la langue de terre qui sépare la mer du lac Maadiéh est fort étroite et n'a pas plus de cent cinquante toises.

nouvelle attaque, qui aurait empêché les troupes de protéger cette place importante, on s'y retira pendant la nuit.

Le bataillon de la 75ᵉ, le détachement de la 25ᵉ et le 3ᵉ de dragons, qui étaient à Edko, reçurent, par des signaux, l'ordre de venir à Alexandrie; d'après une mauvaise interprétation de cet ordre, la Maison-Carrée, poste fortifié, important à conserver pour défendre le passage de la bouche du lac, fut évacuée et démantelée. Il resta à Rosette cinquante hommes de la 61ᵉ, et au fort Julien une compagnie de cette demi-brigade, et des invalides.

Lorsque les Anglais furent bien certains de la retraite des troupes françaises, ils envoyèrent un corps sur la hauteur qui domine le village d'Aboukir, pour bloquer le fort, et poussèrent leur avant-garde jusqu'au défilé de l'Embarcadaire.

On apprit au Caire, le 20, à cinq heures du soir, le débarquement des Anglais. Toute l'armée vit alors quelle faute on avait faite de ne pas marcher au premier avis. On lui avait fait perdre les momens les plus favorables, les sept jours écoulés depuis l'apparition des ennemis jusqu'à leur débarquement. La cavalerie aurait pu, à marches forcées, arriver le 17. Deux jours après, dix mille hommes et cinquante pièces de canon auraient pu être réunis vers Aboukir, et détruire entièrement cette armée, avant qu'elle eût achevé de s'organiser, débarqué son artillerie et retranché son camp : ce moment passé, le succès devenait plus douteux. On était instruit que le visir était campé à Yabnéh, qu'on l'attendait à El-A'rych, et qu'il se disposait à passer le désert. On ne pouvait savoir si on aurait encore le temps d'aller battre les Anglais, et de revenir sur la frontière de Syrie avant son arrivée, et on avait la nouvelle qu'une partie de la flotte anglaise de l'Inde était déjà dans la mer Rouge. On ignorait si les Anglais avaient poursuivi vivement les troupes qui s'étaient opposées à leur débarquement; s'ils leur avaient fait éprouver une perte considérable, s'ils avaient su profiter de ce premier succès pour attaquer aussitôt Alexandrie, et s'en emparer par un coup de main audacieux. Cette ville n'était pas en état de tenir huit jours contre une attaque régulière; on pouvait craindre de n'arriver qu'après sa chute; et lors même que les Anglais ne l'auraient pas attaquée, on leur avait laissé le temps de se retrancher dans quelques fortes positions. On pouvait craindre enfin qu'ils n'eussent obtenu quelques succès partiels sur les trois demi-brigades parties avec le général Lanusse. Tous ces motifs devaient faire sentir la nécessité de rassembler promptement un corps d'armée considérable, d'évacuer plusieurs postes, et de ne laisser dans ceux qu'on jugerait nécessaires que de faibles détachemens.

Le général Menou fit partir du Caire, le 21, la 88e demi-brigade, un bataillon de la 25e, huit cent cinquante hommes de la 21e, arrivés de Beneisouef, la cavalerie et le parc d'artillerie, qu'il borna seulement à trois pièces de 12. Il écrivit au général Rampon de partir pour Rahmaniëh avec la 32ᵉ, les carabiniers de la 2ᵉ et une partie du 20ᵉ de dragons, et de laisser à Damiette, à Lesbëh et autres forts, le reste de la 2ᵉ légère, cent dragons du 20ᵉ et une compagnie d'artillerie légère. Le général Reynier reçut l'ordre de faire partir la 13ᵉ pour Rahmaniëh, par la route du Delta, et d'envoyer au Caire la 9ᵉ demi-brigade, qui devait remplacer la 85ᵉ, destinée pour Rahmaniëh. Cet ordre, d'un style fort ambigu, laissait ce général à Belbéis, avec son artillerie et son ambulance, sans moyens à opposer au visir. Deux demi-brigades de sa division étaient disposées dans les places du Caire, de Belbéis et de Salêhiëh, et la marche de la 13ᵉ par le Delta, devant être fort longue dans cette saison, le général Reynier se détermina à passer avec elle par le Caire, à se mettre à la tête des deux demi-brigades de sa division qui allaient à l'ennemi, et à emmener son artillerie.

Ces dispositions laissaient trop de troupes à Damiette, au Caire, à Belbéis, à Salêhiëh et dans la Haute-Égypte. Le général Menou ne fit pas évacuer cette dernière; ce fut après son départ seulement que le général Belliard en donna l'ordre au général Donzelot.

Le 17, le général Lanusse arrive à Rahmaniëh, il entend le bruit du canon d'Aboukir, et part sur-le-champ pour aller au secours du général Friant. Le 19, il effectue sa jonction avec lui, sur les hauteurs de Nicopolis en avant d'Alexandrie. La cavalerie, qui, depuis le 18, était renforcée du 22ᵉ régiment de chasseurs, fournissait une grand'garde près d'une maison située à une demi-lieue de l'Embarcadaire.

Le corps de l'armée anglaise établi à terre le premier jour, fut long-temps livré à lui-même; le débarquement des autres corps, ainsi que celui de l'artillerie et des chevaux, ayant été retardé par la grosse mer, il ne fut terminé que le 20. Ce jour-là, les Anglais se portèrent vers l'Embarcadaire, déjà occupé par leur avant-garde, et là ils achevèrent de s'organiser.

Ils se mirent en marche le 21 à huit heures du matin, et repoussèrent la grand'garde de cavalerie, qui envoya prévenir de leur approche. Les généraux Friant et Lanusse, considérant que le lac Maréotis n'était pas praticable dans cette saison, et que si les Anglais s'établissaient sur les digues du canal d'Alexandrie et du lac Maadiëh, le reste de l'armée pourrait difficilement se réunir à eux, résolurent de s'opposer, avec leurs faibles moyens, à la marche des ennemis, afin de conserver cette communication importante. La garde d'Alexandrie fut laissée aux marins et aux dépôts, et ils s'avancèrent jusqu'à la pointe du lac Maadiëh, sur les hauteurs voisines du camp des Romains, avec les troupes suivantes :

Général de division, FRIANT ;

Général de brigade, DELAGORGUE.	Hommes.	Pièces de 12.	Pièces de 8.	Obus.	Pièces de 4.
25ᵉ demi-brigade, 2ᵉ et 3ᵉ bataillons.	500	»	»	»	1
61ᵉ	600	»	»	»	2
75ᵉ	750	»	»	»	1
Artillerie	»	1	3	1	»

Général de division, LANUSSE ;
Général de brigade, SYLLI.

4ᵉ légère	650	»	»	»	3
18ᵉ de ligne	650	»	»	»	2
69ᵉ *idem*	800	»	»	»	2
Artillerie légère	»	»	4	2	»
Total	3950	1	7	3	11

Général de brigade, BRON.

22ᵉ régiment de chasseurs	230
Détachement du 3ᵉ de dragons	150
18ᵉ *idem*	80
Détachement du 20ᵉ *idem*	60
	520

TOTAL GÉNÉRAL.

Infanterie	3950 hommes.
Cavalerie	520
Artillerie	22 pièces.

C'est avec ce petit nombre de troupes que les généraux Friant et Lanusse ont l'audace d'attendre toute l'armée anglaise, c'est-à-dire seize mille hommes d'infanterie, deux mille soldats de marine tirés de la flotte, deux cents cavaliers, et dix pièces de canon attelées.

Les Anglais marchaient lentement, leur infanterie avait de la peine à se traîner dans les sables mouvans qu'elle devait parcourir. Des chaloupes canonnières s'avançaient dans le lac Maadiëh, à la hauteur de sa gauche, ainsi qu'un grand nombre de barques chargées de munitions, de vivres et d'eau douce. Lorsqu'ils virent les troupes françaises postées sur les hauteurs qu'ils voulaient occuper, ils s'arrêtèrent, et on se canonna réciproquement. Ils n'osèrent pas attaquer, et campèrent, à trois heures après midi, à moins de deux lieues du point de leur départ.

Ils se remirent en marche le 22, à la pointe du jour : craignant l'impétuosité française, et surtout la cavalerie, ils se formèrent sur trois lignes ; au centre de leur armée était un carré, dont les côtés étaient composés d'infanterie en colonnes serrées.

L'aile gauche s'ébranla la première ; elle suivit le bord du lac Maadiëh, afin de s'appuyer au canal et de tourner la droite des Français ; le centre se mit en mouvement plus tard, et la droite après lui.

Le centre marchait lentement sur le revers d'une hauteur qui le masquait à la position des Français, et l'aile gauche paraissait isolée. Le général Lanusse espère la culbuter, au moyen d'une attaque très vive, avant qu'elle puisse être secourue par le reste de l'armée : il le propose au général Friant, ordonne à la 69ᵉ de s'avancer sur les hauteurs qui bordent la mer pour occuper la droite des ennemis, laisse un bataillon de la 18ᵉ en réserve sur la hauteur du camp des Romains, un bataillon de la 4ᵉ légère avec une pièce et un obusier d'artillerie légère, à droite de ces hauteurs, et se met aussitôt en marche avec le reste de ses troupes, et le 22ᵉ régiment de chasseurs.

Tandis que le brave Lanusse commence son mouvement, le centre des Anglais paraît sur la hauteur; la première ligne s'avance; on ne peut plus alors arriver sur le flanc de l'aile gauche avant de l'attaquer. Le 22ᵉ régiment de chasseurs la charge avec la plus grande bravoure, la traverse et fait poser les armes à deux bataillons; mais les feux exécutés avec beaucoup de vivacité et de précision, par la seconde ligne, le forcent à se retirer et à abandonner ses prisonniers. La 4ᵉ légère, dirigée par l'adjudant commandant Boyer, combat pendant ce temps, avec avantage, le reste de la première ligne et la fait ployer. La 18ᵉ se formait en bataille sur sa gauche; mais la colonne qui marchait toujours à la droite du centre des Anglais, se déploie rapidement sur son flanc, son feu y met du désordre: elle ne peut achever son mouvement pour lui faire face. La 4ᵉ légère et le 22ᵉ de chasseurs, trop inférieurs pour soutenir seuls le combat, commencèrent alors leur retraite.

Pendant ce temps, le général Friant s'était avancé avec les 25ᵉ et 75ᵉ, précédées de tirailleurs, qui inquiétaient l'aile gauche des Anglais. La 61ᵉ avait aussi marché jusqu'à la pointe du lac Maadiëh, et attaquait cette aile, qui s'était arrêtée et la recevait par des feux très nourris; mais étant trop inférieure, et le mouvement projeté par le général Lanusse n'ayant pu être exécuté, elle se retira sur la digue du canal. Le général Friant fit reprendre aux 25ᵉ et 75ᵉ leur position sur la hauteur.

Les généraux Friant et Lanusse sentirent qu'il serait imprudent de s'engager plus long-temps avec une armée aussi supérieure, et qu'on tenterait vainement de l'empêcher d'occuper cette position. Une belle charge, exécutée par le 3ᵉ de dragons, protége la retraite de la 4ᵉ légère, qui était fort engagée, et ralentit la marche des Anglais. La 69ᵉ forme l'arrière-garde de gauche, en suivant le bord de la mer; elle attend à portée de fusil la droite des Anglais, et exécute, dans le meilleur ordre, une retraite par échelon, qui lui mérite l'admiration des ennemis. La 61ᵉ fait une pareille retraite sur la droite, près du canal. Les troupes françaises prennent position sur les hauteurs de Nicopolis.

Les Anglais, après avoir dépassé les hauteurs du camp des Romains, déploient leurs colonnes du centre; long-temps ils paraissent incertains s'ils attaqueront les Français; ils avaient la supériorité du nombre; leurs soldats devaient être animés par le succès facile qu'ils venaient d'obtenir; cependant ils n'osent l'entreprendre. Ils se bornent à faire marcher leur aile gauche sur le grand mamelon, au-delà des étangs, et à détacher un bataillon sur le canal; mais le feu des pièces placées sur la hauteur de Nicopolis, et quelques tirailleurs jetés dans le canal, les forcent bientôt à la retraite. L'aile gauche n'ose pas rester sur le mamelon et se retire. L'armée anglaise campe, la droite à la mer vers le camp des Romains, la gauche au canal d'Alexandrie, vis-à-vis la pointe du lac Maadiëh, et travaille de suite, avec une grande activité, à fortifier cette position par une ligne de redoutes.

Les ennemis eurent, dans cette affaire, quinze cents hommes hors de combat. La perte, du côté des Français, fut de cinq cents. Cette différence provient du petit nombre des Français, de la supériorité de leur artillerie, et de la charge du 22°, qui mit beaucoup d'Anglais hors de combat. Le général Lanusse fut légèrement blessé.

Ce dernier, ainsi que le général Friant, sentait que la position des hauteurs de Nicopolis n'était pas susceptible d'être défendue, si l'armée anglaise l'attaquait, et qu'il était surtout important de s'occuper de la sûreté d'Alexandrie. Ils y laissent une forte avant-garde pour en imposer aux ennemis, et leur faire croire que leur intention était de la défendre; mais pour soutenir sa retraite, et préparer les moyens de résistance d'Alexandrie, ils firent réparer l'ancienne enceinte des Arabes, et y placèrent la 4° légère avec deux bataillons de la 18°; le 3° bataillon de cette demi-brigade fut établi à la redoute commencée sur la hauteur dite de Cléopâtre; le 3° bataillon de la 35° occupa les hauteurs près de la colonne de Pompée. On travailla en même temps à perfectionner les fortifications. Comme la cavalerie devenait inutile pour la défense de cette place, et qu'il y avait peu de fourrage dans les magasins, on ne garda que le 18ᵉ de dragons; le reste fut envoyé pendant la nuit à Rahmaniëh, au-devant de l'armée. Elle eut beaucoup de peine à traverser le lac Maréotis, et dut s'éloigner pour trouver un chemin, jusqu'auprès du Marabou.

Les généraux qui étaient à Alexandrie firent partir, le 25, un bâtiment pour instruire le gouvernement de ce qui s'était passé, et prévenir l'amiral Gantheaume, qu'on savait en route, de la position de la flotte anglaise.

CHAPITRE III.

ARRIVÉE DE L'ARMÉE A ALEXANDRIE. — AFFAIRE DU 30 VENTOSE.

On apprit ces détails en arrivant à Rahmaniëh. La situation de l'armée française devenait très difficile. Les Anglais, maîtres des digues, mettaient obstacle à la réunion des troupes sous Alexandrie, à moins qu'on ne parvînt à découvrir, dans le bassin du lac Maréotis, un chemin praticable pour l'artillerie; ils pouvaient même y faire entrer l'eau de la mer par une coupure à la digue qui le sépare du lac Maadiëh. Toutes les troupes disponibles n'avaient pas été réunies, et les affaires du 17 et du 22 ventose avaient affaibli les corps qui y avaient combattu.

Le général Rampon arriva le 26 à Rahmanieh. On reçut le 27, à Birket, le rapport d'une reconnaissance qui avait découvert une route praticable pour l'artillerie; on s'y dirigea en passant par *Agazy*, et on arriva vers le Marabou. L'armée fut enfin réunie le 29 à Alexandrie.

Pendant ce temps les Anglais avaient fait le siége d'Aboukir. Ce petit fort, bientôt écrasé par une artillerie supérieure et par les bombes, capitula le 28 ventose, pour éviter d'être pris d'assaut. Les Anglais avaient pressé avec activité la confection des retranchemens de leur position; ils y avaient transporté beaucoup d'artillerie pour armer leurs redoutes. Ils ne firent d'autres mouvemens que de pousser quelques patrouilles à *Bedah*. Le 27, le 12e de dragons légers rencontra, vers ce village, cinquante hussards du 7e régiment, détachés avec une compagnie de carabiniers de la 21e pour reconnaître leur position sur le canal. Les dragons chargèrent les hussards, qui se lancèrent en même temps sur eux, traversèrent leur escadron, puis retournant tout à coup leurs excellens chevaux arabes, prirent à dos les Anglais, qui, ne pouvant arrêter les leurs, furent ainsi poussés sur la compagnie de carabiniers, dont le feu acheva de les détruire.

Les troupes une fois réunies, il fallait attaquer aussitôt l'ennemi : une victoire assurait la possession de l'Égypte; elle donnait les moyens d'arrêter la marche du visir et celle du corps anglais venu de l'Inde. Un échec ne pouvait pas rendre la position beaucoup plus mauvaise que si, restant en présence des Anglais, on temporisait et consommait les faibles approvisionnemens d'Alexandrie, tandis que l'armée du visir, répandue dans l'intérieur du pays, aurait le temps de prendre Damiette, Salêhiëh et les autres petits forts, d'en égorger les faibles garnisons, de soulever les habitans, etc. Il ne fallait pas non plus laisser à l'armée anglaise le temps de recevoir des renforts et de se fortifier davantage.

Si le lac Maréotis avait été praticable dans cette saison, il aurait mieux valu retarder l'attaque, afin d'essayer, par un mouvement rétrograde, d'engager les Anglais à se diviser pour faire le siége d'Alexandrie, et les attirer ainsi sur un champ de bataille plus étendu, où l'armée française, profitant de sa supériorité en artillerie légère et en cavalerie, aurait pu s'assurer la victoire, mais le sol marécageux du lac s'y opposait alors.

Les ennemis étaient tellement supérieurs en nombre, et dans une position si bonne, qu'il y avait peu d'apparence de succès; on ne pouvait en attendre que d'un coup de vigueur sur une de leurs ailes. L'embarras était de faire ordonner de bonnes dispositions par un général en chef qui n'avait pas fait la guerre, et qui fermait l'oreille à tous les avis. Le général Lanusse, à qui le général Menou fit demander indirectement un plan d'attaque, lui envoya, aussi par un tiers, un projet fait de concert avec le général Reynier. Il fut rédigé en ordre du jour, et donné à dix heures du soir aux généraux.

La position des Anglais n'avait pas plus de 1300 toises de développement ; les deux ailes, appuyées, la droite à la mer et la gauche au lac Maadiëh, étaient flanquées par des chaloupes canonnières : la gauche était fortifiée par des redoutes construites sur la digue du canal d'Alexandrie, et couverte par des étangs. Les redoutes placées sur les hauteurs occupées par le centre de l'armée, prenaient des revers par toute cette gauche, et le centre était également flanqué, par la position de l'aile droite et par la redoute élevée à côté de l'ancien camp des Romains. Ces ouvrages contenaient beaucoup d'artillerie ; les troupes étaient campées derrière, sur deux lignes ; la réserve formait une troisième ligne en arrière de la gauche : l'attaque seule de la droite était praticable. On pouvait espérer de la culbuter par un grand effort, de la déborder par la marche supérieure de l'infanterie française ; de faire ensuite agir toutes les troupes sur le centre, tandis que l'aile gauche serait occupée par une fausse attaque, de profiter enfin du moment favorable pour décider le succès avec la cavalerie, et acculer les ennemis au lac Maadiëh.

L'armée française, dont la force est détaillée par corps dans le tableau n° 3, était de huit mille trois cent trente hommes d'infanterie, treize cent quatre-vingts de cavalerie, avec quarante-six pièces de canon. L'armée anglaise était de seize mille hommes d'infanterie, deux cents chevaux, douze pièces de canon attelées, et trente en position dans les redoutes, sans compter celles des chaloupes canonnières.

Les troupes françaises furent réunies une heure avant le jour (1) aux avant-postes; le général Lanusse pensait que les redoutes des Anglais seraient facilement emportées par des grenadiers soutenus par la tête des colonnes. Il forma ses deux brigades en colonnes serrées, pour les déployer au-delà de la grande route et du camp des Romains, afin d'attaquer la droite de l'armée anglaise. La brigade du général Silly devait marcher directement sur la redoute; celle du général Valentin suivre le bord de la mer, et passer entre elle et le camp des Romains. Le centre aurait dû, pour bien suivre la disposition générale, marcher près de la droite de la brigade du général Silly, la suivre en seconde ligne, et après un premier succès, attaquer vivement avec l'aile droite, la position et les redoutes du centre

---

(1) On agit au point du jour, afin que les troupes pussent parvenir à l'armée anglaise sans être beaucoup exposées au feu des redoutes et des chaloupes canonnières. Peut-être aurait-il été plus conforme au génie des troupes françaises de faire attaquer durant le jour; mais comme le succès dépendait du premier choc sur l'aile droite des Anglais, on espéra que les premiers mouvemens étant couverts par l'obscurité de la nuit, on les tromperait mieux sur le véritable point d'attaque. Il aurait été plus convenable aussi de confier l'action principale à des troupes fraîchement arrivées et qui n'avaient pas souffert dans les combats précédens; mais comment vaincre les jalousies du général Menou pour faire un changement dans l'ordre de bataille?

des Anglais : mais sa division en deux corps ayant chacun son commandant, et subdivisés encore par la séparation des grenadiers, lui ôta l'unité d'action nécessaire pour suivre entièrement le plan qui avait été arrêté. L'aile droite devait se déployer entre les étangs et le centre, pour attaquer celui des ennemis, aussitôt que la gauche aurait enfoncé leur droite; elle devait aussi détacher un corps entre les deux lacs, pour occuper la gauche des Anglais, et les empêcher d'envoyer sur Alexandrie des troupes, qui, vu la supériorité de l'armée anglaise, auraient embarrassé les Français. Ce corps devait être secondé par le général Bron, détaché avec deux régimens de cavalerie, dans le bassin du lac Maréotis, et par une fausse attaque des dromadaires sur le canal, du côté de *Bedah*. On pouvait d'autant mieux espérer que cette fausse attaque occuperait beaucoup les Anglais, et y retiendrait leurs troupes, qu'ils ignoraient la réunion de l'armée à Alexandrie, et pouvaient craindre d'être attaqués de ce côté, ce qui donnait l'avantage d'agir sur leur droite avec égalité de force. La cavalerie devait marcher en seconde ligne derrière l'infanterie, jusqu'à ce que la gauche eût enfoncé la droite des Anglais, et qu'elle pût saisir l'instant de ce désordre, pour décider la victoire par une charge.

Les dromadaires commencent leur fausse attaque au crépuscule; ils surprennent la première redoute, font vingt prisonniers, se servent d'une pièce de canon qu'ils y trouvent pour tirer sur les autres redoutes, et attirent fortement l'attention des ennemis. Le général Lanusse se met alors en mouvement, ainsi que les autres divisions. Une compagnie de carabiniers de la 4ᵉ légère, enlève bientôt un premier redan, et y prend une pièce. La brigade du général Silly marche sur la grande redoute. Le général Lanusse s'aperçoit alors que le général Valentin avait quitté le bord de la mer et dirigé sa brigade dans le rentrant de la redoute et du camp des Romains, où les feux croisés qu'elle reçoit la font hésiter; il y court, la rallie et la ramène à la charge. Il reçoit alors une blessure mortelle. L'impulsion qu'il avait donnée se ralentit; on n'ordonne pas le déploiement de cette brigade, et le feu des ennemis force les soldats à se disperser derrière les mamelons. La 4ᵉ légère, qui formait la tête de la brigade du général Silly, rencontre, vers l'angle de la redoute, la 32ᵉ, qui, dans l'obscurité, s'était dirigée trop à gauche; ces deux corps se mêlent; il en naît un peu de désordre; la 4ᵉ légère ne peut franchir les fossés de la redoute; elle glisse sur leur flanc gauche, et est repoussée par la première ligne ennemie. La 18ᵉ, qui en avait été séparée par la 32ᵉ, ne peut forcer la redoute.

La 32ᵉ, ayant à sa tête le général Rampon, attaque ensuite la première ligne des Anglais; elle est repoussée; ce général est démonté et ses habits percés de balles. L'adjudant-commandant Sornet, en marchant aussi sur la ligne ennemie, est blessé mortellement, et les grenadiers qu'il commande ne peuvent pénétrer. Le général Destin suit la route d'Aboukir, et passe dans l'intervalle de la droite et du centre de la première ligne des Anglais; il y reçoit un feu très vif de la seconde ligne et des redoutes, et se retire après une blessure légère; le chef de bataillon Hausser, qui commandait sous ses ordres la 21e légère, avait eu la cuisse emportée; cette demi-brigade reste sans chef au milieu de l'armée anglaise; un régiment en est détaché pour lui couper la retraite: le second bataillon parvient à se retirer; mais trois compagnies du 3e bataillon, composé en grande partie de Cophtes enrôlés dans la Haute-Égypte, et qui étaient dispersées en tirailleurs, sont forcées de se rendre. Trente hommes qui gardaient le drapeau se font tuer avant de le céder aux ennemis. Le chef de brigade Eppler, qui avait marché un peu plus à droite, est blessé, et ses grenadiers sont repoussés. Les petits corps séparés qui formaient le centre s'étaient trop avancés avant d'avoir leur gauche appuyée par la prise de la grande redoute. Presque toutes les troupes avaient attaqué à la fois, isolément et sans seconde ligne. L'obscurité avait mis un peu de désordre dans leur marche, et les principaux chefs étaient hors de combat. Les soldats restant exposés à un feu très vif, sans recevoir d'ordres, se dispersèrent derrière les mamelons.

L'aile droite, d'après les dispositions arrêtées, attendait à petite portée de canon du centre des Anglais, le succès de la gauche pour commencer son attaque. Aussitôt que le général Reynier apprend la blessure du brave Lanusse et le désordre de la gauche et du centre, il fait avancer son aile pour les soutenir. Il charge le général Damas de rester, avec la 13e, entre les deux étangs, pour occuper la gauche des Anglais et pousser des tirailleurs vers le canal.

Après le non-succès de cette première attaque, la dispersion des troupes et la perte du général Lanusse, des efforts ultérieurs devenaient inutiles, puisque avant l'action on n'avait d'espérance que dans un premier choc : les trois cinquièmes de l'armée, dispersés, ne pouvaient se réunir et s'organiser de nouveau sous le feu de l'ennemi, pour entreprendre une nouvelle attaque, lorsqu'une partie des chefs était hors de combat. L'aile droite était trop inférieure pour attaquer seule le centre des Anglais, protégés par les feux de revers de la grande redoute du camp des Romains et de l'aile droite. Si on s'était retiré alors, la perte aurait été peu considérable; les Anglais auraient considéré cette affaire comme une grande reconnaissance, et l'armée restait encore assez forte pour tenir la campagne et pour tenter une nouvelle attaque à la première occasion favorable.

Le général Reynier voyant que le général Menou ne donnait aucun ordre, résolut de faire une nouvelle tentative avec l'aile droite sur celle des ennemis : sa réussite aurait donné les moyens de réunir les troupes dispersées, et de les faire agir de nouveau. Tandis que la division Friant et la 85e marchaient pour remplir cet objet; que l'artillerie légère avançait par son ordre, pour éteindre le feu des redoutes, ce général se porta sur des mamelons voisins de la grande route, afin de bien connaître les dispositions des ennemis, et celles qu'il convenait de faire pour les attaquer avec quelque apparence de succès.

Aussitôt que les Anglais s'aperçurent que la principale attaque était dirigée contre leur droite, ils y firent marcher leur réserve. Le général Hutchinson, qui commandait leur gauche, y resta cependant toujours avec six mille hommes, quoiqu'il n'eût devant lui que huit cents hommes de la 13e, trois cents chevaux du 7e régiment de hussards et du 22e de chasseurs, et cent dromadaires.

Pendant que cela se passait, le général Menou se promenait derrière l'armée : le général Lanusse, lorsqu'il fut blessé, l'avait fait prier de le remplacer par le général Damas; il n'avait rien répondu, et n'avait pris aucune mesure pour réorganiser les troupes. Ensuite, rencontrant la cavalerie, il lui ordonna de charger. Vainement on lui fit observer que ce n'était pas le moment, et qu'il la ferait détruire sans en tirer aucun avantage. Ce ne fut qu'au troisième ordre que le général Roize se mit en mouvement (1). Cette cavalerie, en passant dans les

---

(1) Les observations sur de pareils ordres, qui dans les armées sont si répréhensibles et font perdre l'instant favorable, étaient excusables dans cette circonstance; chacun

intervalles des 61ᵉ et 73ᵉ, arrêta leur marche. Le général Reynier, après s'être convaincu qu'on ne pouvait réorganiser une attaque avec les troupes des divisions Lanusse et Rampon, revenait chercher la division Friant et la 85ᵉ pour en essayer une nouvelle, lorsqu'il rencontra cette cavalerie déjà sous le feu de l'infanterie des ennemis. Il était trop tard pour empêcher cette charge déplacée; la cavalerie aurait perdu presque autant de monde en restant en place qu'en achevant de l'exécuter. Le général Reynier fit accélérer le mouvement de ses troupes, afin qu'elles pussent la protéger; mais à peine la 61ᵉ arrivait-elle au pied de la redoute, que déjà la cavalerie était repoussée.

Le général Silly venait d'avoir la cuisse emportée; plusieurs chefs de corps étaient blessés; il ne restait auprès de la gauche et du centre aucun chef qui pût profiter de la proximité des ennemis, au moment du désordre que la cavalerie mit dans leur première ligne. Le général Baudot fut alors blessé mortellement devant la 85ᵉ.

Le général Roize et tous les chefs sous ses ordres sentaient la faute qu'on leur faisait commettre; mais tous se conduisirent en braves, animés par le désespoir d'être sacrifiés inutilement. La première ligne, commandée par le général Boussart, et composée des 3ᵉ et 14ᵉ de dragons, chargea la première

---

cherchait à aider l'inexpérience du chef et désirait l'empêcher de faire des fautes.

ligne ennemie derrière la grande redoute; le 14e, arrêté par les fossés creusés sur le front du camp, fut obligé de les tourner; l'infanterie ennemie fut culbutée; les soldats se jetaient ventre à terre et se réfugiaient dans les tentes, où les chevaux s'embarrassaient. Le feu de flanc des redoutes et celui des secondes lignes ayant tué, blessé ou démonté un grand nombre d'officiers et de dragons, on fut obligé de se retirer. Le général Boussart avait été atteint de deux balles. L'infanterie anglaise reprit alors ses armes et fut renforcée par la réserve. Le général Abercombrie, qui s'y trouvait avec son état-major, fut blessé mortellement; le général Roize fut tué; un grand nombre d'officiers et de dragons eurent le même sort; d'autres furent blessés et démontés. Les débris de cette cavalerie durent se retirer en désordre; et lorsqu'elle fut reformée derrière l'infanterie, il n'y avait pas le quart de ceux qui avaient chargé.

La destruction de la cavalerie ne laissant aucun espoir de succès, on aurait dû prendre le parti de se retirer, pour éviter des pertes plus considérables, et réorganiser l'armée, afin d'être encore en état de tenter quelque entreprise. Le général Reynier alla chercher plusieurs fois le général Menou, pour lui faire sentir qu'il était nécessaire de prendre promptement un parti; qu'il fallait ou se retirer, ou tenter, avec les troupes de l'aile droite, qui étaient encore fraîches, une nouvelle attaque dont on pourrait tirer quelque avantage, si on parvenait à s'emparer de la grande redoute, à culbuter l'aile droite anglaise ; qu'on pouvait essayer si la fortune ne favoriserait pas quelque entreprise audacieuse, quoiqu'il fût peut-être imprudent d'exposer les seules troupes qui pussent soutenir la retraite, etc. Il n'obtint aucune réponse précise. Les troupes restaient sous le feu des lignes et des batteries ennemies sans faire aucun mouvement, et perdaient à chaque instant une foule de braves. Les munitions de l'artillerie étaient épuisées. Les Anglais ayant fait avancer quelques corps qui prirent en flanc la 4ᵉ légère, la forcèrent d'abandonner les mamelons qu'elle occupait. Les tirailleurs qui étaient sous la grande redoute durent aussi se retirer. Enfin, après deux heures d'indécision, le général Menou ordonna la retraite : elle se fit dans le plus grand ordre. Les Anglais n'osèrent pas sortir de leurs retranchemens, et l'armée française reprit, à onze heures du matin, sa position sur les hauteurs de Nicopolis.

CHAPITRE IV.

DISPOSITION APRÈS L'AFFAIRE DU 30 VENTOSE. — PRISE DE ROSETTE ET DE RAHMANIEH. — PASSAGE DU DÉSERT PAR LE VISIR.

Le lendemain de l'affaire du 30, le général Reynier, voyant que le général Menou ne donnait aucun ordre pour faire occuper aux troupes une position plus avantageuse que celle de Nicopolis, et pour prendre, relativement aux divers corps disséminés en Égypte, les dispositions qu'exigeaient les circonstances, alla chez lui : il lui dit que la position sur les hauteurs de Nicopolis était trop étendue pour qu'il fût prudent d'y attendre les Anglais; que ces derniers, avec quinze mille hommes, pouvaient, par une attaque vigoureuse, y culbuter les troupes et entrer avec elles dans Alexandrie; qu'on pouvait prendre une meilleure position en plaçant la droite sur les hauteurs de la colonne de Pompée, le centre à l'enceinte des Arabes, et la gauche au Pharillon; mais que, néanmoins, des considérations majeures devaient faire préférer un plus grand parti. La réunion de toutes les troupes à Alexandrie épuisait les magasins, qui étaient peu considérables; l'armée du visir, ainsi que le corps venu de l'Inde, devaient être en marche; les Anglais pouvaient occuper Rosette, faire entrer une flottille dans le Nil et attaquer Rahmaniëh; il était nécessaire de s'y opposer. Enfin, le reste de l'armée étant dispersé dans plusieurs mauvais postes qui devenaient inutiles et qu'on ne pouvait plus secourir, ces détachemens isolés pouvaient être battus en détail, si on ne se déterminait pas à faire sauter ces forts, afin de réunir leurs garnisons à un corps d'armée. Pour parer à ces divers dangers, le général Reynier proposait de laisser à Alexandrie, à la citadelle du Caire, au fort Julien et à Lesbëh, des garnisons suffisantes, et de réunir l'armée à Rahmaniëh, afin de profiter des occasions favorables pour battre les Anglais, lorsqu'ils quitteraient leur position pour attaquer Alexandrie et Rosette; et, suivant les circonstances, marcher contre le visir aussitôt qu'il passerait le désert.

Le général Menou avait tant parlé de parti anticoloniste, qu'il avait fini par se persuader que toute proposition d'abandonner des forts, pour réunir l'armée, avait pour but un projet d'évacuation de l'Égypte. Il ne prit que des demi-mesures, ne rappela que les postes de Mit-Khramr et de Menouf, n'envoya à Rahmaniëh et Rosette que la 85e, avec cent dragons du 3e régiment; donna ordre au général Belliard de faire partir pour Rahmaniëh douze cents hommes (1); de réduire au strict nécessaire les garnisons de Belbéis et de Salêhiëh, et de presser le retour des troupes qui étaient encore dans la Haute-Égypte. Il envoya au général Morand l'ordre de laisser cent hommes à Lesbëh, autant dans les tours du Boghaz, de Dibëh et d'Omm-Faredje, et de venir à Rahmaniëh avec ce qui restait de la 2e légère, du 20e régiment de dragons, et l'artillerie. Ce dernier ordre fut porté par un Arabe qui n'arriva pas.

Le général Menou, pendant qu'il était au Caire, ne voulut pas croire que les Anglais pussent dé-

---

(1) Quelques jours après, il écrivit à ce général de n'en envoyer que six cents.

barquer. Lorsqu'il fut à Alexandrie, il chercha à se persuader que le visir ne marcherait pas, que les Anglais ne pouvaient rien entreprendre; que, tant qu'il serait en face de leur armée, ils n'oseraient pas quitter leur position, ni faire de détachemens sur Rosette, et qu'ils se rembarqueraient bientôt.

Autant les troupes estiment le général instruit, homme intrépide, qui, ferme et constant au milieu des dangers qu'il brava souvent à leur tête, sait, dans une circonstance difficile, tirer de son expérience et de sa valeur les ressources qu'un vulgaire timide croit anéanties; autant elles méprisent le présomptueux qui, la main sur les yeux et l'oreille fermée, cherche à s'étourdir sur des périls dont il n'ose envisager l'étendue : fanfaron ignorant, qui, loin de l'ennemi, prédit avec emphase des succès qu'il n'a pas su préparer, qu'il ne saura point obtenir à son approche. C'est peu qu'un pareil chef aime à se tromper lui-même; on le voit encore en imposer à ses troupes sur la force de ceux qu'elles ont à combattre; méthode vicieuse, bonne tout au plus avec des soldats neufs, sans coup d'œil, sans habitude de la guerre; mais avec de vieux guerriers!... c'est douter de leur courage, c'est outrager leur gloire, que de leur déguiser le nombre des ennemis. Celui qui adopte cette méthode, qui, par orgueil, ne veut point avouer ses fautes et cherche perfidement à les faire retomber sur les autres, se croit sûr de parer à tous les événemens s'il parvient à capter la bienveillance des troupes; et il ne s'occupe qu'à travailler leur esprit, au lieu de s'assurer des succès par de bonnes dispositions.

Toujours livré à ses inquiétudes personnelles, le général Menou n'avait d'espions que dans son armée, et aucun dans le camp ennemi. On n'apprit la mort du général Abercombrie que le 18 germinal, et encore ce fut par un déserteur. On répandit une foule de bruits, trop absurdes pour que ceux qui en étaient l'objet eussent besoin de les démentir ; mais ceux qui les propageaient étaient protégés : on employa toute espèce de moyens pour intimider ceux qui refusaient d'y croire ; plusieurs même furent arrêtés. La terreur s'empara des esprits... Les chefs, désunis par toutes sortes de manœuvres, ne pouvaient se concerter pour diriger le général en chef ; aucun ne voyait assez d'apparence de succès pour se charger de la responsabilité... On ne pouvait prévoir les nouvelles fautes et la timidité des Anglais.

Un convoi de cinquante-sept bâtimens turcs, dont cinq vaisseaux de ligne et six frégates, sous les ordres du capitan-pacha, arriva, le 5 germinal, dans la rade d'Aboukir ; il portait six mille hommes de troupes turques, qui débarquèrent le 10 à la Maison Carrée. Ce poste, qui aurait pu devenir important, avait été évacué et désarmé après le débarquement. On apprit le 14, à Alexandrie, que les Turcs s'y étaient établis ; mais le général Menou ne voulut point croire cette nouvelle ; les officiers qui les avaient reconnus et qui voulurent lui faire des rapports exacts, furent menacés. Il accueillit ceux qui eurent la faiblesse de lui dire qu'il n'y avait que sept à huit cents hommes, et ne prit aucune mesure pour les empêcher de faire des progrès ultérieurs. A cette époque, un corps d'armée réuni en campagne aurait facilement battu les Anglais et les Turcs au moment où ils auraient quitté la Maison Carrée pour se porter sur Rosette. Les Anglais, découragés par la mort d'un général en chef qui avait toute leur confiance, affaiblis par leurs pertes, dégoûtés du pays par les chaleurs de ce climat brûlant et par la disette d'eau douce, voyant que le visir n'avait pas encore passé le désert, et paraissait peu disposé à les seconder, auraient perdu tout espoir dès le premier échec; les étrangers qui composaient plusieurs de leurs corps auraient alors déserté et grossi l'armée française.

Le général Hutchinson croyant toujours que l'armée française se réunirait à Rosette, craignait d'y marcher; cependant, d'après les rapports des Arabes, il y envoya une reconnaissance de cinq cents hommes; et instruit du petit nombre des Français qui s'y trouvaient, il se détermina à occuper cette ville, qui lui était indispensable pour se procurer des approvisionnemens, de l'eau douce, et pour continuer ses opérations. Le 16, trois mille hommes de l'armée anglaise passèrent à la Maison Carrée; ils campèrent le 17 à Edko, et le 18, marchèrent à Rosette avec le corps des Turcs. Le 3e bataillon de la 85e, qui était dans cette ville avec trois compagnies de la 61e, ne pouvant résister à des forces si considérables, passa le Nil dès que les ennemis approchèrent, et se retira à Fouah. Le fort Julien resta livré à lui-même, avec une garnison de vingt-cinq hommes de la 61°, une compagnie d'invalides et quelques canonniers; trois barques armées, stationnées au Boghaz, devaient remonter vers ce fort dès qu'elles y seraient forcées.

Les Anglais et les Turcs campèrent sur la hauteur d'Aboumandour, et s'y retranchèrent; leur avant-garde se porta vers Hamat, dans un endroit resserré entre le Nil et le lac d'Edko. Ils entreprirent ensuite le siége du fort Julien, et attaquèrent le Boghaz; quelques jours après, ils firent entrer une flottille dans le Nil. Le fort Julien fut forcé de capituler le 29, après une résistance beaucoup plus opiniâtre qu'on ne pouvait l'espérer d'un aussi mauvais ouvrage, dont un front avait été détruit par la dernière inondation, et qui était écrasé par une artillerie supérieure : lorsque les Anglais virent sortir quelques invalides qui l'avaient défendu, ils demandèrent où était la garnison.

La prise de Rosette fut connue le 20 à Alexandrie; on reçut en même temps des nouvelles du Caire, qui annonçaient la marche du visir comme très certaine. Le général Belliard, d'après cette certitude, avait fait rentrer au Caire les six cents hommes qui avaient été demandés pour Rahmaniëh. Ces nouvelles étaient sues de toute l'armée, et le général Menou soutenait toujours qu'il n'en était rien. Il annonçait, tantôt que le grand-visir était mort, tantôt qu'il était rappelé à Constantinople; enfin, que les Anglais n'étaient pas à Rosette. Il ne put cependant se dispenser d'envoyer quelques troupes de ce côté-là; mais il crut qu'il suffisait, pour les battre, d'y envoyer le général Valentin, qui partit, dans la nuit du 20 au 21, avec la 69e, forte de sept cents hommes, et le 7e régiment de hussards, de cent cinquante chevaux.

Le général Reynier fut, le 23, chez le général Menou, afin d'essayer encore de lui démontrer les inconvéniens de la position prise en avant d'Alexandrie, de lui indiquer les travaux essentiels pour la défense de cette place, et de l'engager à assembler l'armée pour s'opposer aux progrès du corps ennemi qui occupait Rosette. N'ayant obtenu de bouche aucune réponse raisonnable, il lui réitéra ses observations par écrit. (1)

---

(1) Lettre du général de division Reynier, au général en chef Menou :

Au camp d'Alexandrie, le 23 germinal an IX.

Je crois nécessaire, citoyen Général, de vous rappeler la conversation que nous avons eue ce matin, afin que vous donniez des instructions précises sur les dispositions à faire si l'ennemi nous attaque.

Je vous ai observé que depuis que notre gauche s'est un peu retirée pour prendre une position plus resserrée, mieux appuyée et moins exposée au feu des chaloupes canonnières, l'effort de l'ennemi aurait lieu sur la droite, qui est fort en l'air, et la 13e demi-brigade serait forcée de se retirer, ainsi que la cavalerie, si l'ennemi marchait, comme il le peut, avec des

Les dromadaires, qui avaient été en reconnaissance du côté de Rosette, furent de retour le 24, et

forces supérieures, le long du canal et par le lac Maréotis, les prenait de revers et menaçait de s'emparer des hauteurs voisines de la colonne de Pompée, qu'il faudrait bien aller défendre. Alors le flanc droit de la division Friant serait découvert; l'ennemi, avec trois fois plus d'infanterie qu'on ne peut lui en opposer, forcerait nos retranchemens; on pourrait même craindre que si nos troupes s'opiniâtraient à les défendre pied à pied, et si les Anglais étaient audacieux, ils ne prissent de suite une partie des ouvrages d'Alexandrie, parce que ceux qui doivent recevoir les troupes dans leur retraite ne sont ni achevés ni armés.

Je ne pense pas que les Anglais nous attaquent de quelques jours dans cette position, parce que, d'après le plan qu'ils paraissent avoir adopté, il leur convient mieux d'attendre qu'ils aient achevé leur établissement à Rosette, pris Rahmanieh, que le visir ait agi en Égypte, et que nos communications soient interceptées ; mais à la guerre on doit tout prévoir.

Pour appuyer l'aile droite, il faudrait pouvoir s'étendre jusqu'à la droite du canal, et y faire de bonnes redoutes; mais nous n'avons pas assez de troupes pour garnir tout ce terrain et le défendre. La seule bonne position qu'il y ait autour d'Alexandrie pour un corps faible, est, la droite au canal vers les hauteurs de la colonne de Pompée, le centre à l'enceinte des Arabes, et la gauche au Pharillon. Je vous en ai déjà parlé depuis l'affaire du 30. Elle est protégée par le fort Crétin et d'autres ouvrages de la place. Les travaux des troupes, pour la défense de cette place, auraient amélioré la place d'Alexandrie. La redoute de Cléopâtre, qui est de la plus grande importance, serait actuellement achevée et armée, et on en aurait pu construire une bonne près de la colonne de Pompée. Cette position est telle que l'ennemi ne pourrait l'at-

annoncèrent que cette ville était occupée par trois ou quatre mille Anglais et cinq à six mille Turcs,

taquer sans faire de grandes pertes et sans être probablement repoussé.

Ce qui me détermine à insister pour avoir des instructions, c'est que je prévois ce qui arrivera, si on nous attaque. Je serai forcé de faire replier la droite; l'armée sera battue, et on cherchera peut-être à m'en attribuer calomnieusement la faute; ce qu'aucun militaire ne croira.

Dix années d'une guerre très active, où j'ai presque toujours été employé à diriger les mouvemens de grandes armées, m'ont donné assez l'habitude de juger les positions, les desseins des ennemis et les moyens de s'y opposer. Je croirais manquer au grade que j'occupe dans cette armée, et à l'intérêt que je prends à sa gloire, ainsi qu'à la conservation de l'Égypte, si je ne vous faisais pas part de mes idées. Je l'ai déjà fait, à la nouvelle de l'arrivée de la flotte anglaise, pour vous engager à marcher promptement à Alexandrie. Après la malheureuse affaire du 30, je vous ai proposé de réunir tous les corps isolés, de laisser à Alexandrie et à la citadelle du Caire des garnisons suffisantes, et de former un corps d'armée pour tenir la campagne. L'inaction des Anglais et la lenteur des Turcs auraient bien favorisé ce mouvement. Il aurait probablement été possible de battre le corps qui a marché sur Rosette; le visir marche, et il est peut-être trop tard pour faire ces mouvemens et en espérer des succès.

Les mouvemens, à la guerre, doivent être d'autant plus promptement décidés et exécutés, qu'on est plus inférieur à l'ennemi. Lorsqu'on ne parvient pas à l'exécution de ses desseins, et qu'on divise ses forces, on est toujours battu.

Partout où l'armée sera réunie, elle imposera toujours à l'ennemi; il ne nous reste plus que de faibles ressources; mais nous avons affaire à un ennemi peu entreprenant, et il est peut-

avec vingt pièces de canon ; mais le général Menou ne voulut pas croire ce rapport ; il dit au chef de brigade Cavalier, et au commissaire ordonnateur Sartelon, présent à cette reconnaissance, qu'il ferait fusiller quiconque dirait qu'il y avait plus de huit cents hommes. Cependant, comme le chef de brigade Cavalier affirmait que le général Valentin était hors d'état de reprendre cette ville, il fit partir cinq cents hommes de la 4ᵉ légère et cent soixante chasseurs du 22ᵉ. régiment.

A cette époque, le général Menou nomma trois généraux de division, trois généraux de brigade, et fit plusieurs autres avancemens ; quelques officiers voulurent refuser ces grades, mais ils furent contraints d'accepter.

Le 25, il fit partir encore pour Rahmaniëh, la 13ᵉ et le 20ᵉ de dragons, sous les ordres du général Lagrange. Cette demi-brigade était la seule de la division du général Reynier qui restât sous ses ordres directs ; ce général reçut alors l'ordre de demeurer à Alexandrie sans troupes. Il voulut encore éclairer le général Menou, et lui faire sentir que ce n'était pas avec de petits détachemens successifs qu'on s'opposerait aux progrès des ennemis, mais en rassemblant l'armée. S'il avait pu le déterminer

---

être encore possible de gagner assez de temps pour recevoir des secours ou des ordres du gouvernement, et attendre l'issue des négociations entamées, s'il est vrai que Pitt soit renvoyé. *Signé* REYNIER.

à faire de meilleures dispositions, il aurait insisté pour conserver ses troupes; ses représentations étant inutiles, il prit le parti d'aller demeurer à Alexandrie, et d'y rester simple spectateur des événemens malheureux qu'il prévoyait.

Les Anglais avaient coupé, le 24, la digue du lac Maadiëh, afin de faire entrer les eaux dans le lac Maréotis : ils espéraient empêcher les communications avec Rahmaniëh et le Caire; mais leur but ne fut pas entièrement rempli, les eaux s'étendirent lentement dans ce bassin : ils auraient agi bien plus militairement, s'ils avaient attaqué les convois, qui marchaient tous sous une faible escorte, et s'ils avaient avancé plus tôt à Rahmaniëh. On apprit alors à Alexandrie que l'armée du visir avait passé le désert; une colonne était arrivée le 19 germinal à *Kantara-el-Khasnëh*, et une autre à *Saffabiar*. Les faibles garnisons laissées à Belbéis et à Salêhiëh avaient ordre de faire sauter ces forts, de détruire les magasins et de se retirer sur le Caire, aux premiers avis de l'approche des ennemis. Du moment où on ne faisait aucune disposition pour secourir ces mauvais postes, aussitôt qu'ils seraient attaqués, il convenait beaucoup mieux de réunir à l'armée leurs garnisons, qui ne pouvaient opposer aucun obstacle à la marche des ennemis. D'ailleurs le principal objet de ces forts était de contenir des magasins pour l'armée, et sa répartition ne lui permettait pas d'en profiter.

Salêhiëh fut évacué le 19 après midi; la garnison

se retira à Belbéis, dont elle fit sauter les ouvrages le 21, avant de se mettre en marche pour le Caire. Trente dragons du 14ᵉ, qui formaient l'arrière-garde, furent chargés le 22, près d'El-Menayer, par deux cents mameloucks et Osmanlis; cinquante dromadaires, qui retournèrent à leur secours, forcèrent les ennemis à se retirer avec perte. L'avant-garde de l'armée du visir se réunit à Belbéis le 22; il n'arriva qu'à la fin du mois à Saléhiëh avec une partie de son artillerie et des canonniers anglais.

Nous avons vu qu'on avait successivement envoyé des troupes à Rahmaniëh, mais trop tard pour empêcher les Anglais de s'établir à Rosette, et en trop petit nombre pour les en chasser. Les ennemis suivirent ce mouvement et augmentèrent leur corps de Rosette, à mesure qu'ils virent partir des troupes d'Alexandrie. Une partie de ces renforts occupa les hauteurs d'Aboumandour; l'autre joignit l'avant-garde établie à Hamat, et qui s'y retranchait.

Le général Valentin était parti de Rahmaniëh avec les 79ᵉ et 85ᵉ demi-brigades. Le 7ᵉ régiment de hussards et le 3ᵉ de dragons; quelques barques armées le suivaient sur le Nil. Il s'était arrêté à El-Aft, sans aller reconnaître de plus près l'avant-garde ennemie, non plus qu'une position resserrée entre ce fleuve et le lac d'Edko. Le général Lagrange arriva à Rahmaniëh le 28; il y trouva le général Morand, à qui le duplicata des ordres expédiés, dès le 1ᵉʳ germinal, était enfin parvenu. Ces généraux joignirent, le 29, le général Valentin à El-Aft: ils s'y établirent et commencèrent des retranchemens. Ce corps, composé d'environ trois mille neuf cents hommes, était trop faible pour attaquer les Anglais dans la position d'Hamat, où on ne pouvait arriver que par un chemin étroit, bordé et coupé de canaux, et par conséquent très difficile pour l'artillerie et la cavalerie.

L'armée se trouvait alors divisée en trois corps, tous inférieurs de beaucoup à ceux des ennemis. Il restait à Alexandrie quatre mille cinq cents hommes disponibles, qui ne pouvaient rien entreprendre contre le camp des Anglais, gardé par sept à huit mille hommes, et dont les retranchemens avaient été renforcés. A El-Aft, trois mille neuf cents hommes étaient opposés aux corps ennemis qui occupaient Rosette, et dont la force avait été graduellement portée à sept mille Anglais et six mille Turcs. Au Caire, après que le reste de la 21ᵉ légère, arrivé le 16 germinal, avec le général Donzelot, fut réuni aux garnisons de Belbéis et de Salêhiëh, et à celle de Souez, qui se retira par la vallée de l'Égarement, lorsque la flotte venue de l'Inde fut prête à débarquer, il y avait deux mille cinq cents hommes d'infanterie. Ce corps avait à défendre cette ville contre le visir, qui s'avançait avec une armée de vingt-cinq mille hommes. Le 10 floréal, il vint camper à Belbéis et s'y retrancha; son armée s'accrut avec assez de rapidité par des bandes qui partirent de la Syrie et des autres provinces de la Turquie asiatique aussitôt qu'elles surent qu'on pouvait franchir le désert sans danger, et se répandre dans l'Égypte pour la piller. Le corps anglais venu de l'Inde devait se joindre au visir. Le général Belliard recevait du général Menou des ordres très précis de garder le Caire ; et n'avait pas assez de troupes pour marcher contre le visir sans l'abandonner. Il plaça ses troupes de manière à défendre les avenues de cette ville, afin d'empêcher les Osmanlis d'y pénétrer et d'en faire soulever les habitans. Il établit son corps principal entre le fort *Camin* et la tour du Nil, à Boulac; couvrit cet espace par quelques redoutes, et fit camper une colonne mobile entre la citadelle et la porte Kléber.

Cette séparation de l'armée en trois corps, tous trop faibles, ne pouvait produire que des revers. Puisque le général Menou s'obstinait à rester à Alexandrie avec une partie des troupes, au lieu de réunir l'armée, et qu'on n'avait pas assez de forces pour reprendre Rosette, on aurait dû abandonner un moment Rahmaniëh, dérober quelques marches aux Anglais, et se joindre aux troupes du Caire pour battre le visir avant qu'il eût eu le temps de s'organiser; et lorsqu'après l'avoir rejeté dans le désert, on n'aurait plus eu d'inquiétude pour le Caire, redescendre, à marches forcées, avec toutes les troupes, vers Rahmaniëh. Si, dans ces entrefaites, les Anglais s'étaient avancés jusque-là, l'armée française, plus faible en infanterie, mais supérieure en cavalerie, aurait eu beaucoup d'avantage à leur livrer bataille dans un pays ouvert; si, au contraire, ils avaient gardé leur position vers Rosette, on aurait eu de plus grands moyens pour s'opposer à leurs progrès. Il aurait été fort avantageux dans ce cas de remettre la garde du Caire à Mourâd-Bey, en conservant seulement garnison dans les forts, si on l'avait engagé plus tôt à se rapprocher; mais ces deux corps étaient divisés de commandement, et on ne pouvait exécuter un pareil mouvement que par les ordres du général Menou.

Les choses restèrent dans cet état jusqu'au 16 floréal, les deux armées se bornant à retrancher leur position. Dans cet intervalle de temps, des convois de quatre à cinq cents chameaux faisaient continuellement des transports de Rahmaniëh à Alexandrie; mais le grand nombre de chevaux qu'on y gardait très inutilement, obligeait à y porter des fourrages pour les nourrir, tandis qu'une grande quantité de vivres de diverse nature, et de munitions, qui avaient été expédiées du Caire par ordre du général Menou, restaient à Rahmaniëh, faute de moyens de transport suffisans.

Les eaux s'étendirent lentement dans le lac Maréotis; elles atteignirent Mariout le 5 floréal, et le 16, la tour des Arabes: alors, on établit à Mariout, où le lac est resserré et se divise en deux bras, des bateaux pour le passage, et on plaça dans l'île quelques pièces de canon pour les protéger: on y fit aussi porter des barques qui furent armées, pour former une petite flottille et observer celle que les Anglais y firent pareillement entrer du lac Maadiëh. Les convois devinrent alors plus difficiles.

La flottille que les Anglais avaient fait entrer dans le Nil fut portée successivement à quarante bâtimens armés. Le 19 floréal, ils reçurent, à Aboukir, un renfort de deux mille neuf cents hommes, qui remplaça leurs pertes.

La position prise par les troupes françaises à El-Aft était mauvaise; son front était fortifié, mais l'ennemi pouvait marcher entre sa gauche et le lac, et la tourner; il pouvait aussi faire passer entre les lacs d'Edko et Maadiëh un corps qui, se portant sur Rahmaniëh, aurait forcé à s'y replier pour défendre les magasins. La droite de cette position, appuyée au Nil, était, il est vrai, flanquée par quelques chaloupes canonnières; mais les Anglais pouvaient placer sur la rive droite du fleuve des batteries pour protéger leur flottille, déjà beaucoup supérieure. Il aurait peut-être mieux valu laisser seulement une petite avant-garde vers El-Aft, pour observer les mouvemens des Anglais, et au lieu de s'enfermer dans de faibles retranchemens, tenir la campagne autour de Rahmaniëh, afin de saisir le moment où les Anglais seraient dans un pays plus ouvert, pour attaquer une de leurs ailes avec cette supériorité que donnait à l'infanterie française la rapidité de sa marche.

Les Anglais se décidèrent enfin à commencer de nouvelles opérations. Ils avaient divisé leur armée, afin de pouvoir garder leur position dans la presqu'île d'Aboukir, et agir en même temps dans l'intérieur de l'Égypte. Malgré l'avantage du nombre, ils craignaient encore qu'on ne profitât de ce moment pour réunir un corps d'armée et les combattre divisés : aussi tous leurs mouvemens annoncèrent de la timidité. Le 16 floréal, sept mille Anglais et six mille Turcs vinrent camper près de Dérout, et poussèrent une reconnaissance sur le camp d'El-Aft; leur flottille remonta le Nil jusqu'à la même hauteur.

Le 18, un corps d'Anglais et de Turcs passa sur la rive droite du Nil, à Fouah, avec de l'artillerie, qui de suite fut mise en batterie au-dessus d'El-Aft, tandis que l'armée anglo-turque s'avançait contre les Français.

Les défauts de cette position d'El-Aft ont été indiqués ci-dessus; ils furent alors bien sentis; on n'engagea pas le combat, et on se retira sur Rahmaniëh.

Les batteries établies sur la rive droite du Nil gênèrent la retraite de la flottille française; une chaloupe canonnière fut brûlée, d'autres coulées, mais quatre barques armées parvinrent à Rahmaniëh.

Le 19, les Anglo-Turcs marchèrent sur ce poste. La gauche, qui suivait le bord du Nil, était composée de Turcs; les Anglais marchaient en colonne à leur droite; un corps venant de Damanhour devait les joindre.

Si on avait voulu se déterminer sérieusement à

combattre les Anglais à Rahmaniëh, il aurait fallu s'éloigner un peu du Nil, pour ôter aux ennemis l'avantage que leur donnait leur flottille, et se procurer celui des armes qui leur manquaient, la cavalerie et l'artillerie légère : il aurait fallu attaquer leur aile droite lorsqu'ils auraient passé le canal d'Alexandrie, et laisser insulter par les Turcs la redoute de Rahmaniëh, qui était à l'abri d'un coup de main ; il aurait fallu, pour prévoir à tous les événemens, faire remonter le Nil à plus de deux cents barques chargées de vivres et de munitions, qui devaient être perdues aussitôt que les Anglais auraient établi des batteries sur la rive droite.

Les troupes françaises aux ordres du général Lagrange étaient placées autour de la redoute de Rahmaniëh et derrière les digues du canal d'Alexandrie; la cavalerie était au bord du Nil. Aussitôt qu'on aperçut l'ennemi, elle fut détachée à leur rencontre, et passa le canal sans l'appui de l'infanterie ; elle ne pouvait rien contre les Anglais, qui marchaient en colonnes serrées : aussi dut-elle leur céder le terrain, et repasser le canal, où elle mit ses pièces en batterie ; mais le corps qui avait passé par Damanhour, et de l'infanterie qu'ils détachèrent par le canal, la forcèrent bientôt à s'en éloigner. Les Anglais se déployèrent devant elle sur les bords du canal ; ils se bornèrent jusqu'au soir à pousser des tirailleurs en avant. Le corps turc avançait éparpillé vers un canal d'irrigation dérivé du Nil ; un petit nombre de tirailleurs français l'arrêta long-temps : les

Turcs parvinrent cependant à s'y établir; mais deux cents hommes de la 2ᵉ légère et de la 13ᵉ les y attaquèrent vers trois heures du soir, et les forcèrent à s'éloigner avec une grande perte. Les Anglais n'avaient placé aucun corps pour les soutenir; le général Hutchinson arrêta même un mouvement que faisait le général Doyle, lorsqu'il s'aperçut du désordre des Turcs.

Un corps d'Anglo-Turcs avait marché sur la rive droite du Nil, et avait établi des batteries en face de Rahmaniëh et du bras du fleuve servant de port, où se trouvait toute la flottille française. Ces batteries servirent à protéger celle des Anglais, qui remontait le Nil. On vit alors que le lendemain on ne pourrait essayer, sans se compromettre, de résister aux nouvelles attaques d'ennemis trop supérieurs; que la flottille anglaise, protégée par les batteries établies sur la rive droite du Nil, prendrait en flanc et de revers les troupes françaises; et dès que la nuit fut venue, on exécuta la retraite sur le Caire. La flottille ne pouvait plus sortir du port de Rahmaniëh, parce que les batteries de la rive droite du Nil s'y opposaient; on dut l'abandonner, ainsi que les munitions d'artillerie et de vivres dont elle était chargée. Un convoi considérable d'artillerie et de vivres, parti du Caire, et qui passait par le canal de Menouf, n'étant pas prévenu de cette retraite, tomba aussi entre les mains des ennemis.

La redoute de Rahmaniëh n'était pas en état de

résister long-temps ; on y laissa une garde pour les malades qu'on ne pouvait évacuer : elle capitula le 20, à la première sommation des Anglais.

Les lettres qu'on avait écrites d'El-Aft au général Menou, l'avaient engagé à envoyer le général Délegorgue à Birket, avec un bataillon de la 18e, un de la 25e et cent dragons, pour s'opposer aux corps que l'ennemi pourrait diriger entre le lac Maadiëh et celui d'Edko, et par Damanhour, sur Rahmaniëh. Ce général partit d'Alexandrie le 19, et arriva le 21 à Birket ; mais, sur la nouvelle qu'il y reçut de la perte de ce fort, il revint à Alexandrie. On ne pouvait plus alors recevoir aucun approvisionnement : on voulut essayer un fourrage dans les villages du Bahirëh, vers Amran. Tous les chevaux qui se trouvaient à Alexandrie furent réunis, et on les fit partir le 24, sous l'escorte des dromadaires, d'un bataillon de la 23e et de cent dragons ; le tout commandé par le chef de brigade Cavalier.

La prise de Rahmaniëh, qui isolait Alexandrie du reste de l'Égypte, fit murmurer l'armée contre le général Menou, qui, refusant de croire à cet événement, n'avait pris aucune mesure pour en prévenir les suites. Ces murmures lui parvinrent, ainsi que les témoignages d'estime et de confiance que les troupes accordaient au général Reynier. Le bruit qui circulait alors, et qui fut accrédité par les Anglais, que ce général avait été nommé commandant de l'armée, et le général Menou restreint à l'administration de l'Égypte, augmentait encore sa jalousie contre lui : elle s'accrut d'autant plus violemment, qu'il ne pouvait se dissimuler que ce général lui avait annoncé tous les revers de l'armée, en lui indiquant les moyens de les prévenir. Il voulut alors écarter ce témoin de ses fautes, et la seule expédition militaire qui dans toute la campagne ait été bien combinée, eut lieu dans la nuit du 23 au 24 floréal. Trois cents hommes d'infanterie, cinquante de cavalerie, une pièce de canon et des sapeurs avaient été rassemblés et ignoraient leur destination, lorsqu'on leur fit investir la maison du général Reynier, afin de le conduire à bord d'un bâtiment prêt à partir, ainsi que le général Damas, l'ordonnateur en chef Daure, l'adjudant-commandant Boyer et plusieurs autres officiers. Le général Reynier craignait moins une pareille violence que d'autres événemens qui pourraient le conduire à prendre le commandement lorsqu'il n'y aurait plus que de faibles ressources, et que les chances les plus avantageuses seraient de retarder la capitulation : s'il avait dû la faire, il aurait donné une espèce de probabilité au bruit que le général Menou avait cherché à répandre sur un parti anti-coloniste. Il lui était avantageux, dans sa position, de retourner en France, mais sans avoir l'air d'abandonner l'armée, sans éviter de partager ses souffrances, et d'une manière qui annonçât ouvertement qu'il n'avait eu aucune part aux fautes du général Menou.

Le général Reynier, après s'être assuré qu'on n'avait d'autre projet que de le faire partir, laissa entrer les troupes, se rendit à bord du brick *le Lodi* avec les officiers désignés, et écrivit au général Menou, en lui donnant encore des conseils sur la défense d'Alexandrie. Le général Damas s'embarqua sur le *Good-Union* avec l'ordonnateur Daure. Les soldats témoignèrent les regrets qu'ils éprouvaient d'être chargés de l'exécution de pareils ordres. Ces bâtimens ne purent partir que le 29. Le *Lodi* arriva en France, après avoir été vivement poursuivi par beaucoup de bâtimens ennemis; le *Good-Union* fut pris par les Anglais, qui pillèrent la modique succession de Kléber, dont le général Damas était dépositaire.

Le général Menou avait négligé jusqu'alors d'expédier des bâtimens pour instruire le gouvernement de la situation de l'armée; sa jalousie seule contre le général Reynier le détermina à en faire partir, sans envoyer aucun rapport sur les événemens. Cependant on aurait pu y employer plusieurs bâtimens qui se trouvaient dans le port d'Alexandrie, notamment les frégates envoyées pour porter des secours, que le général Menou avait retenues, quoiqu'elles eussent reçu l'ordre de retourner dès que leur mission serait remplie.

CHAPITRE V.

MARCHE POUR RECONNAÎTRE L'ARMÉE DU VISIR. — PRISE D'UN CONVOI PARTI D'ALEXANDRIE. — ÉVACUATION DE LESBEH, DAMIETTE ET BOURLOS. — ESPRIT ET CONDUITE DES HABITANS DE L'ÉGYPTE ET DES MAMELOUCKS. — MORT DE MOURAD-BEY. — INVESTISSEMENT DU CAIRE ET TRAITÉ POUR L'ÉVACUATION DE CETTE VILLE.

Le général Lagrange arriva le 23 floréal au Caire, avec le corps qui s'était retiré de Rahmaniëh. Cette jonction donnait au général Belliard les moyens de marcher contre le visir, avant l'approche des Anglais. Si alors on était parvenu à le rejeter dans le désert, une faible garnison devenait suffisante pour contenir les habitans du Caire, et le corps de troupes qu'on aurait réuni, pouvait être opposé avec succès à l'armée anglo-turque qui marchait sur cette ville.

Les généraux anglais craignaient ce mouvement et avaient recommandé au visir, ainsi qu'aux officiers de leur nation qui dirigeaient son artillerie, d'éviter tout engagement, de céder le terrain; et, dans le cas où ils seraient pressés trop vivement, de faire leur retraite par le Delta pour se réunir à eux. Il est douteux que le visir eût adopté ce plan; il n'aurait pas trouvé convenable à sa dignité de fuir dans les villages du Delta avec une escorte dispersec; craignant aussi de se mettre au pouvoir du capitan-pacha en allant les joindre, il aurait préféré de repasser le désert, et les hommes rassemblés des diverses parties de l'Asie qui composaient son armée, auraient suivi le groupe de ses gardes aussitôt qu'ils lui auraient vu prendre la route de Syrie.

La lenteur que les Anglais avaient mise dans toutes leurs opérations, faisait présumer qu'on aurait le temps d'exécuter ce mouvement avant leur arrivée près du Caire. Peut-être aurait-il convenu d'abandonner entièrement cette ville et de garder seulement la citadelle de Gisëh; on aurait ainsi réuni un plus grand nombre de troupes; mais ce parti, bon lorsque les ennemis étaient éloignés, n'était pas à cette époque sans inconvéniens; l'affaire contre le visir pouvait ne pas être décisive; des partis de son armée pouvaient se jeter dans la ville, alors il ne serait plus resté que de faibles ressources; la communication avec Gisëh et la citadelle où étaient les magasins, serait devenue difficile; on aurait enfin perdu l'influence d'opinion attachée à la possession de la capitale; d'ailleurs, le général Belliard avait des ordres très précis du général Menou pour la conserver.

On organisa, le 24, le corps qui devait sortir du Caire, pour aller reconnaître s'il était encore possible d'attaquer le visir avec avantage. Le général Belliard y laissa le général Almeiras pour garder les forts et contenir les habitans; il avait sous ses ordres mille hommes d'infanterie et trois cents

Cophtes et Grecs, les invalides, cavaliers non montés, canonniers, ouvriers, etc., qui formaient la garnison des forts, au nombre de treize cents hommes, non compris neuf cents malades aux hôpitaux, et les employés.

Le général Belliard se mit en marche le 25 avec quatre mille cinq cents hommes d'infanterie, neuf cents de cavalerie, et vingt-quatre pièces de canon. Après avoir chassé devant lui quelques partis de cavalerie ennemie, il fit halte pendant la nuit à El-Menayer.

Le 26, à la pointe du jour, il se mettait en mouvement, lorsqu'on aperçut, près du village d'El-Zouamëh, un corps ennemi d'à peu près neuf mille fantassins et cavaliers turcs, appuyés par environ cinq cents Anglais qui dirigeaient l'artillerie. Les troupes françaises s'avancèrent sur les hauteurs qui terminent le désert, à l'est d'El-Menayer. L'infanterie en carrés forma les deux ailes; le centre était occupé par la cavalerie. Le feu de l'artillerie française eut bientôt éteint celui de l'artillerie ennemie. La cavalerie chargea sur les pièces, en prit deux, et mit en fuite l'infanterie turque et les canonniers anglais; mais elle ne put les poursuivre, parce qu'en s'éloignant trop de la protection de l'infanterie, elle pouvait être écrasée par leur cavalerie, infiniment supérieure en nombre, et qui entourait déjà les troupes françaises. Les Osmanlis tentèrent quelques charges contre les carrés, mais sachant par l'expérience des campagnes précédentes, qu'il était impossible de les rompre, ils n'osèrent s'abandonner, et le feu de l'artillerie suffit pour les éloigner.

Les groupes des ennemis cédaient le terrain à mesure que les troupes françaises avançaient; depuis plusieurs heures que ces escarmouches se prolongeaient inutilement, les soldats, qui souffraient dans le désert d'une chaleur excessive, et surtout de la privation d'eau, commençaient à être fatigués, on les fit arrêter à des puits près d'El-Zouaméh. Pendant cette halte, l'armée du visir, qui arrivait de Belbéis, se répandit autour d'eux; ils se mirent en mouvement contre les groupes les plus serrés, sans pouvoir engager le combat décisif; quelques corps de cavalerie paraissaient dans l'éloignement prendre la route du Caire. On devait craindre à la fois qu'ils ne parvinssent à y pénétrer, et que les démarches du visir, qui évitait de s'engager, n'eussent pour but de laisser aux Anglais le temps d'y arriver et de s'en rendre maîtres, ainsi que de Giséh. On jugea qu'il était nécessaire de se rapprocher de cette ville; les troupes y rentrèrent le 27, et furent réparties de manière à en défendre toutes les avenues.

Le chef de brigade Cavalier, envoyé pour faire un fourrage dans les villages du Bahirëh, était parti, le 24 floréal, d'Alexandrie, avec deux cent vingt hommes de la 25ᵉ demi-brigade, cent vingt-cinq dragons des 14ᵉ et 18ᵉ régimens, quatre-vingt-cinq dromadaires et une pièce de canon; il escortait six cents chameaux. Arrivé le 26 à El-Och, il trouva ce village abandonné et dépourvu de grains, la récolte n'étant pas encore achevée : il se rendit à Amran; même impossibilité de charger ses chameaux. Il forma la résolution de pousser jusqu'au Caire pour y chercher des vivres, qu'il conduirait ensuite à Alexandrie par le désert. Trompé par les rapports des habitans, il croyait que l'armée anglo-turque était encore à Rahmaniëh. N'ayant reçu, lors de son départ, des vivres que pour deux jours, il ne pouvait s'éloigner des villages, où ses troupes se procuraient toujours quelques subsistances, pour prendre la route des lacs de Natron; il suivit la lisière du désert et des terres cultivées. Arrivé près de Terranëh, il aperçut une flottille sur le Nil; à peine avait-il reconnu les pavillons anglais et turcs, qu'il vit des colonnes ennemies se diriger sur lui. Depuis son départ d'El-Och, il avait toujours été entouré de sept à huit cents cavaliers arabes, qui, sans l'inquiéter beaucoup, l'avaient cependant empêché d'éclairer sa marche par la cavalerie. Les chameaux, épuisés de fatigue, ne pouvaient s'éloigner assez rapidement; il essaya cependant de s'enfoncer dans le désert; mais il fut bientôt atteint par la cavalerie ennemie, et forcé de ralentir sa marche pour leur faire face et leur résister sans se rompre. Ce premier corps fut bientôt joint par plusieurs pièces d'artillerie légère et de l'infanterie. Ces quatre cent cinquante Français, attaqués par trois mille Anglais et embarrassés par un convoi, ne pouvaient se défendre ; ils rejetèrent néanmoins avec beaucoup de fermeté les premières sommations qui leur furent faites de se rendre prisonniers. Leur contenance fière engagea les Anglais à signer avec le chef de brigade Cavalier, une convention par laquelle ce corps serait embarqué pour la France avec armes et bagages.

Dans le même temps, six mille Turcs occupèrent Damiette, tandis que mille autres débarquèrent à Dibëh; quatorze bâtimens anglais et turcs bloquaient le Boghaz : tout se disposait pour l'attaque de Lesbëh. Ce fort était bien garni d'artillerie, mais il y avait seulement douze canonniers pour servir toutes les pièces; son développement était aussi trop considérable pour la garnison chargée de le défendre. On prit le parti de l'évacuer, d'enlever les pièces, de jeter les munitions et les vivres dans le Nil et de couler les chaloupes canonnières. La garnison passa le fleuve le 20 floréal, et se retira avec les marins sur Bourlos, pour de là essayer de se réunir au corps de Rahmaniëh. Elle apprit que ce corps s'était replié sur le Caire, et ne pouvant rester à Bourlos faute de vivres, elle s'embarqua sur quatre bâtimens qui s'y trouvaient, dans l'intention de se jeter, si cela était possible, dans Alexandrie. Deux furent pris; les autres parvinrent à s'échapper, et gagnèrent les ports d'Italie.

Avant la bataille d'Héliopolis, les mouvemens des ennemis sur la frontière avaient toujours occasionné des soulèvemens en Égypte, et surtout dans les cantons qui n'étaient pas contenus par la présence des troupes; cette victoire, la prise du Caire, la clémence du vainqueur, qui borna le châtiment des révoltés à de fortes amendes, eurent une telle influence sur les habitans, que le débarquement d'une armée anglaise, ses premiers avantages, la présence du capitan-pacha et les préparatifs du grand-visir, ne détruisirent pas leur confiance et leur attachement aux Français. Tous faisaient des vœux pour le succès de leurs armes. Les musulmans même les plus fanatiques, qui, pour me servir de leurs expressions, étaient contens de voir des infidèles se détruire entre eux, préféraient le joug des Français à celui d'étrangers qu'ils ne connaissaient pas. Les firmans répandus par le visir et par le capitan-pacha n'avaient pu exciter aucun mouvement. A mesure que le visir pénétra en Égypte, les cheiks des villages, toujours fidèles à leur système d'obéir à l'ennemi présent, s'empressèrent d'aller lui faire leurs soumissions; mais ils se bornèrent à des protestations d'attachement, et ne fournirent de l'argent et des vivres qu'autant qu'ils y furent contraints. Les Arabes vinrent aussi, avec une partie de leurs cavaliers, joindre son armée, bien moins dans l'intention de lui servir d'auxiliaires que pour éviter ses poursuites, et surtout pour vivre, pendant la crise, aux dépens du pays, et piller les vaincus, s'il y avait une affaire.

Le Caire avait trop souffert pendant le siége qu'il avait eu à soutenir pour s'y exposer de nouveau. La plus grande tranquillité y régnait, malgré la proximité des armées ennemies; mais en même temps qu'ils promettaient de ne faire aucun mouvement, les habitans annonçaient avec franchise qu'ils seraient forcés de se joindre aux Osmanlis, s'ils parvenaient à s'introduire dans la ville, et que les premiers soins des Français devaient être d'en garder toutes les avenues. Le général Belliard, pour mieux les contenir, s'assura de la personne des principaux cheiks, et les garda en otages dans la citadelle.

Nous avons parlé précédemment des vexations que Mourâd-Bey et son envoyé Osman-Bey Bardisi, avaient éprouvées du général Menou, et de la manière dont ses secours avaient été refusés. Cette conduite devait l'indisposer contre le chef des Français, et lui ôter l'espérance d'être protégé par eux. Lorsque les circonstances forcèrent le général Belliard à rappeler les troupes qui occupaient la Haute-Égypte, il invita Mourâd-Bey à descendre avec ses mameloucks; ce bey effectua ce mouvement avec lenteur. Une peste horrible dévastait alors ces provinces; les mameloucks en étaient attaqués, et chaque bey s'isolait dans le désert avec les siens. N'ayant pas été entraîné par des démarches ostensibles à se prononcer ouvertement avant de connaître les résultats de la campagne qui s'ouvrait, il voulait en profiter pour garder une espèce de neutralité, afin de s'arranger avec le vainqueur. Déjà il avait appris le premier succès des Anglais; des agens envoyés par eux, le pressaient d'unir ses intérêts aux leurs.

Ennemi juré des Turcs, dont il connaissait toute la perfidie, il savait qu'il ne devait en attendre qu'une vengeance, préparée d'abord par de bons traitemens; mais il pouvait espérer quelque avantage de la protection de leurs alliés; et on peut soupçonner qu'en cas d'événemens malheureux pour les Français, il s'y ménageait un appui. Ses projets éventuels n'ont cependant jamais influé sur sa conduite; il témoigna aux Français jusqu'à sa mort un attachement toujours égal, et même, à cette époque, il préparait pour eux des envois de grains dont il savait qu'ils manquaient. Leurs revers et l'inquiétude qu'il concevait pour son sort futur l'affectèrent vivement. Les chagrins ébranlèrent sa santé; il fut attaqué de la peste, et y succomba le 2 floréal, après trois jours de maladie.

Les beys et mameloucks sentirent vivement cette perte; les circonstances ne permettant pas de porter son corps au tombeau des mameloucks, où ils avaient désigné sa place près d'Aly-Bey, ils l'inhumèrent à Saouagui, près Tahta. Le plus bel hommage fut rendu à sa bravoure; ses compagnons d'armes brisèrent ses armes sur sa tombe, déclarant qu'aucun d'eux n'était digne de les porter.

Mourâd-Bey n'était pas un homme ordinaire; il possédait éminemment les défauts et les vertus qui tiennent au degré de civilisation où les mameloucks sont parvenus. Livré à toute l'impétuosité de ses passions, son premier moment était terrible, le second l'entraînait souvent dans un excès contraire.

Doué par la nature de cet ascendant qui appelle certains hommes à dominer les autres, il avait l'instinct du gouvernement sans en connaître les ressorts. Egalement prodigue et rapace, il donnait tout à ses amis, et pressurait ensuite le peuple pour subvenir à ses propres besoins. Joignez à ces traits généraux une force extraordinaire, une bravoure à toute épreuve, et une constance dans le malheur qui, au milieu des crises fréquentes de sa vie agitée, ne l'a jamais abandonné.

Les beys, après sa mort, reconnurent pour chef Osman-Bey Tambourgi, qu'il leur avait désigné. Il fit faire au général Belliard des protestations d'attachement aux Français, et fit annoncer des envois de grains; mais il mit beaucoup de lenteur dans tous ses mouvemens, afin de mieux régler sa conduite sur les circonstances.

Après la retraite du corps de Rahmaniëh, et la rentrée de celui qui avait été reconnaître l'armée du visir, les beys voyant plusieurs armées s'avancer de concert contre le Caire, en même temps que le corps de l'Inde, arrivé à Kenëh, descendait le Nil, jugèrent les affaires des Français désespérées, et qu'il convenait à leurs intérêts d'abandonner ostensiblement leur cause. Ils allèrent camper auprès du capitan-pacha et des Anglais; mais ils chargèrent en même temps Hussein-Bey, leur envoyé chez les Français, de les prévenir de cette démarche, et de les excuser, en leur annonçant qu'ils ne commettraient aucune hostilité contre eux. En effet, ils tinrent parole.

L'armée d'Orient, lors de son arrivée en Égypte, était, huit jours après le débarquement, à Rahmaniëh, dix jours plus tard, elle livrait la bataille des Pyramides. Les soldats, encore fatigués de la traversée, avaient fait toute cette route sans moyens de transport, ni par terre ni par eau, avant qu'aucun service fût organisé pour leur fournir des subsistances, harcelés continuellement par les mameloucks, les Arabes et tous les fellâhs armés; ils avaient vécu de féves, de lentilles, de maïs, de blé et de quelques bestiaux abandonnés, qu'ils trouvaient dans les villages. L'armée anglaise ne fut à Rahmaniëh que soixante-trois jours après son débarquement, quoique secondée de tous les moyens qu'elle tirait de sa flotte, par un service de subsistances très bien organisé, par une flottille nombreuse sur le Nil et beaucoup de chameaux pour les transports, aidée encore de l'influence du capitan-pacha sur les habitans, qui les présentait comme les satellites de l'islamisme. Elle mit ensuite quarante jours à faire la route de Rahmaniëh à Embabëh, que les troupes françaises parcouraient ordinairement en moins de quatre.

Cette lenteur du général Hutchinson ne peut être motivée que sur la crainte qu'il avait d'être battu par la réunion momentanée de toutes les forces françaises, avant que l'armée du visir ne divisât leur attention sur plusieurs points, et par le désir de mettre assez d'ensemble dans ses mouvemens et ceux des Turcs, pour que les Français ne pussent pas sortir du Caire, afin de combattre l'un, sans abandonner cette ville aux autres. Peut-être aussi voulait-il attendre la jonction des troupes de l'Inde. Elles étaient arrivées à Souez à la fin de germinal; une partie y avait débarqué en attendant les moyens nécessaires pour passer le désert. Ces troupes, descendues à terre, eurent des malades; la peste en fit périr un certain nombre. Le général Baird ne recevant pas assez de chameaux pour ses transports, et craignant peut-être que le visir ne fût défait par les Français, pendant qu'il passerait le désert, prit le parti de rappeler ses troupes et d'aller faire son débarquement à Cosséir. Des agens du visir furent envoyés dans la Haute-Égypte, afin d'engager les Arabes à lui fournir les chameaux nécessaires. Ce corps arriva à Cosséir le 3 prairial, à Kenëh le 19 prairial, et descendit fort lentement le Nil. Le général Baird était vers Siout, lorsque la convention pour l'évacuation du Caire fut signée.

Le général Hutchinson arriva le 28 floréal à Terranëh, avec son corps d'armée et le capitan-pacha; il y séjourna quelque temps. A Ouardan, il prit un nouveau séjour; ce fut là que les mameloucks vinrent le joindre. Il n'arriva que le 1er messidor près d'Embabëh, pour faire l'investissement de Gisëh, sur la rive gauche du fleuve. Les Anglais établirent aussitôt un pont de bateaux à Chobra, pour communiquer avec les Turcs, et placèrent sur chaque rive un corps de troupes pour le garder.

La position des troupes françaises au Caire devenait fort difficile : les ennemis, il est vrai, montraient toujours la même timidité ; ils employaient des forces très considérables pour faire replier de faibles avant-postes ; mais ils les resserraient successivement sans les réunir davantage, puisque nos troupes n'en étaient pas moins dispersées dans tous les forts et sur tous les points de l'enceinte immense de cette ville, de la citadelle, de Boulac, du Vieux-Caire et de Gisëh. Cette ligne de défense avait douze mille six cents toises de développement. Il fallait à la fois résister aux attaques extérieures de quarante-cinq mille hommes qui l'attaquaient, et contenir à l'intérieur une populace nombreuse, naturellement disposée aux émeutes, et qui, pouvant dès-lors prévoir que les Français évacueraient cette ville, devait chercher les moyens de se concilier le visir, pour éviter ses vengeances, et l'aider par un soulèvement à y pénétrer.

L'armée française ne pouvait faire une grande sortie avec des forces suffisantes, pour livrer bataille à l'une des armées ennemies sans dégarnir toute l'enceinte. Si elle avait agi contre l'armée anglaise, elle n'aurait pu empêcher les Turcs d'entrer dans le Caire ; et si elle avait attaqué l'armée du visir, les Anglais se seraient emparés de Gisëh, où était une partie des magasins. Un pareil mouvement pouvait réussir, si les ennemis, trompés sur la faiblesse des postes restés devant eux, laissaient échapper cet avantage; mais aussi on perdait tout par un échec.

On ne pouvait donc plus espérer de battre les ennemis sous les murs du Caire; la retraite sur Damiette, où il aurait été possible de trouver des ressources et de prendre une position défensive, était aussi peu praticable, depuis que cette ville et Lesbëh étaient occupées par les Turcs. Celle sur Alexandrie ne l'était pas davantage : les troupes auraient eu beaucoup de peine à y parvenir, en perdant au Caire tous leurs équipages, et encore elles auraient accéléré la chute de cette place, par l'épuisement des magasins. Il ne restait d'autre parti, si on abandonnait le Caire, que celui de se retirer dans la Haute-Égypte; mais il aurait fallu pouvoir y transporter des munitions, et presque toutes les barques avaient été perdues à Rahmaniëh : d'ailleurs, quelles ressources espérer dans un lieu où la peste la plus affreuse dévorait les habitans?...

Si on ne trouvait pas qu'il y eût de l'avantage à abandonner le Caire, pour en sortir avec toutes les troupes disponibles, en laissant une garnison dans la citadelle, où elle se serait défendue aussi long-temps qu'il lui aurait été possible, on ne pouvait pas fonder plus d'espérance sur la ville du Caire, où il n'y avait que six mille hommes de troupes françaises en état de combattre, dispersées sur un développement immense, et trop faibles partout pour résister à une attaque sérieuse. La plupart des tours qui défendaient l'approche de l'enceinte, pouvaient être renversées par quelques décharges d'artillerie. Tous ces postes, toutes ces fortifications, qui semblaient si redoutables aux ennemis, n'étaient réellement susceptibles que d'une défense très courte. Les troupes avaient élevé avec la plus grande activité quelques redoutes plus solides entre le Caire et Boulac. Quelques flèches ou plutôt des fossés peu profonds, creusés en avant du mur d'enceinte de Gisëh arrêtaient les Anglais : ils ouvraient la tranchée pour les attaquer. Presque aucun point n'était à l'abri d'une attaque de vive force. Un seul étant forcé, tout tombait, la réunion des corps isolés devenait impossible, chacun deux restait à la merci des ennemis; et la révolte des habitans, qui se seraient alors déclarés, aurait doublé les embarras et les pertes des Français.

Les approvisionnemens avaient été négligés et même contrariés avant la campagne. Depuis, les rentrées avaient été peu considérables, parce qu'on ne pouvait pas envoyer dans les provinces des détachemens suffisans pour en protéger la perception.

Le directeur des revenus en nature, quoique l'ennemi fût aux portes du Caire, alla dans la Haute-Égypte avec une barque armée; mais les villages, ravagés par la peste étaient déserts; il n'avait pas de troupes pour pénétrer dans l'intérieur des terres, où Mulley-Mahammed était en force, et il dut rentrer au Caire.

Quelques fourrages, qu'on fit dans la province de

Gisëh, où la récolte était à peine finie, ne suffisaient pas pour fournir à la consommation des troupes et aux envois qu'on expédiait à Rahmaniëh; on dut acheter des grains, et au moment du blocus, on n'avait des vivres que jusqu'à la fin de messidor.

Les caisses étaient vides au moment de l'entrée en campagne; depuis ce temps, on n'avait reçu que le produit de quelques droits levés au Caire : les officiers et diverses personnes attachées à l'armée, versèrent leurs épargnes pour subvenir aux dépenses journalières. Les magasins de l'artillerie avaient été épuisés, pour répondre aux demandes réitérées du général Menou, et tout avait été encombré à Rahmaniëh. Il ne restait pas au Caire 150 coups par pièce, et on y manquait d'affûts de rechange.

La peste s'était déjà déclarée au Caire, quelque temps avant la campagne; mais depuis elle y avait fait des progrès effrayans : les vieillards ne citaient que peu de grandes épidémies dont les ravages pussent lui être comparés. On estime à quarante mille le nombre des habitans qui en furent attaqués au Caire, dans l'espace de quatre mois. Le nombre des Français qui entraient au lazaret s'était élevé jusqu'à cent cinquante par jour. Mais les médecins, qui devaient leur expérience sur cette maladie à leur courageux dévoûment, guérissaient à peu près les deux tiers des malades. La peste commençait à diminuer en messidor; les hôpitaux étaient cependant encore remplis, un grand nombre de soldats s'y trouvaient retenus par la longue convalescence qui succède à cette maladie.

Le général Belliard n'avait reçu du général Menou que des lettres vagues. Le seul point sur lequel il insistât était la défense du Caire; mais il n'avait envoyé aucune instruction générale. Depuis la retraite de Rahmaniëh, la communication avait été difficile; néanmoins deux détachemens de dromadaires étaient arrivés par le désert. Comme ils n'apportaient aucune instruction, le général Belliard écrivit pour en demander. Ce défaut de communication avec Alexandrie conservait en partie, aux troupes du Caire, la tranquillité morale : la terreur, l'espionnage, les divisions n'y existaient pas comme à Alexandrie. Cependant le général Menou avait établi précédemment des correspondances avec des subalternes, et était parvenu à en fanatiser quelques uns. Au lieu d'entourer de la confiance des troupes les officiers qui les commandaient, on excitait les soupçons contre plusieurs d'entre eux; on s'attachait surtout à poursuivre ceux qui étaient trop francs pour déguiser l'estime et l'attachement qu'ils avaient pour le général Reynier. Quoique toutes ces manœuvres fussent de nature à décourager les troupes, elles ne purent effacer en elles ce zèle et ce dévoûment qu'elles avaient montré dans les circonstances les plus pénibles, et qui les disposait à tout souffrir, à tout entreprendre pour conserver l'Égypte, ou du moins différer sa perte; mais il aurait fallu des moyens, et nous avons vu qu'ils manquaient. On ne pouvait sortir, pour combattre les ennemis, sans s'exposer à de grands revers. La retraite dans la Haute-Egypte n'offrait aucune ressource. Si les ennemis tentaient une attaque contre l'une des parties de l'enceinte, ils devaient réussir à la forcer, et contraindre les troupes à se rendre à discrétion. Il ne restait donc d'autre parti, que d'imposer à des ennemis aussi pusillanimes, par une contenance fière et assurée, et de leur dicter les conditions de la retraite avant que des succès leur eussent appris à connaître leurs forces.

On proposa, le 3 messidor, une suspension d'armes. Les conférences durèrent jusqu'au 8. On avait réussi à intimider les ennemis; de faibles fortifications leur présentaient un aspect redoutable. On signa le 9 une convention par laquelle les troupes françaises devaient évacuer le Caire, avec des conditions pareilles à celles du traité d'El-A'rych. Elles emportaient leurs armes, leur artillerie, leurs équipages; emmenaient un certain nombre de chevaux et tout ce qu'elles jugeaient convenable, et devaient être conduites en France sur des bâtimens anglais. Comme on ignorait si les approvisionnemens d'Alexandrie permettraient d'en prolonger la défense, on inséra dans cette convention une clause, par laquelle cette place serait libre d'accepter, dans un délai limité, les mêmes conditions.

La garnison du Caire eut douze jours pour préparer cette évacuation ; elle se rendit ensuite à

Aboukir, où elle s'embarqua; dans sa marche du Caire à Rosette, elle était accompagnée par l'armée anglaise, le corps du capitan-pacha et les mamelucks. La plus parfaite union régnait entre toutes ces troupes, soumises, peu de jours avant, à l'obligation de s'entr'égorger.

L'armée ne pouvait laisser en Égypte les restes de Kléber, d'un général dont la perte était chaque jour plus vivement sentie. La cérémonie de leur translation du fort d'Ibrahim-Bey, où ils étaient déposés, jusqu'à la djerme qui devait les transporter, fut annoncée par des salves de tous les forts. Les Anglais et les Turcs, qui avaient été prévenus, pour que ce bruit d'artillerie, dans les circonstances où l'on était ne leur donnât pas d'inquiétude, voulurent concourir à ces honneurs funèbres, et répondirent, par des salves réitérées, à celles des Français.

CHAPITRE VI.

BLOCUS D'ALEXANDRIE JUSQU'A L'ENTIÈRE CONSOMMATION DES VIVRES; SON ÉVACUATION.

Pendant que la moitié de l'armée anglaise et les deux armées turques agissaient dans l'intérieur de l'Égypte, et jusqu'après l'évacuation du Caire, il ne se passa aucun événement remarquable à Alexandrie. Les troupes étaient toujours campées sur les hauteurs de Nicopolis, et y remuaient beaucoup de terre. On enlevait des ouvrages de la place des pièces de gros calibre, pour armer ces retranchemens. Cette position trop étendue pour le nombre des troupes, avait encore le défaut de nuire au rassemblement de forces suffisantes pour s'opposer à l'établissement des Anglais au Marabou, qui devait être leur première opération offensive : au lieu que si on s'était borné à la seule défense des ouvrages et de l'enceinte de la place, on aurait pu les dégarnir momentanément pour opposer toutes les forces à l'ennemi, sur les points où il se serait présenté. La plus grande partie des ouvriers étant employée à ce retranchement, on ne pouvait travailler que lentement à perfectionner les fortifications d'Alexandrie. On acheva cependant de revêtir sa nouvelle enceinte, et le général Menou fit construire un nouveau front, sur le bord de la mer, pour fermer, du côté du port, la place, où il était campé avec son quartier-général. La nécessité de clore d'abord la ville, et de défendre son enceinte, avait fait retarder précédemment la construction de deux forts, l'un sur la hauteur dite de *Cléopâtre*, et l'autre sur celle de la colonne de Pompée : ils étaient nécessaires pour défendre les approches, parce que l'ennemi, une fois établi sur ces points, aurait de là commandé toute la ville d'Alexandrie, le port Neuf et la communication des postes, et qu'il aurait pu s'en rendre maître en moins de six jours. On avait plusieurs fois parlé au général

Menou de l'importance de ces ouvrages; le général Reynier les lui avait recommandés en partant. Après le départ de cet officier, on y employa un plus grand nombre d'ouvriers, et ils furent rendus susceptibles de défense. L'inondation du lac Maréotis, qui venait baigner le pied des hauteurs de la colonne de Pompée et resserrait la position des Français, rendait l'occupation de ces hauteurs encore plus importante, parce qu'elle obligeait les ennemis à n'attaquer qu'un seul front d'Alexandrie, ou à diviser leur armée pour investir entièrement cette place. Les généraux Samson et Bertrand, commandant le génie, et le général Songis, commandant l'artillerie, dirigeaient, autant qu'il dépendait d'eux, ces ouvrages, d'après un bon système de défense : mais faisant d'inutiles efforts pour éclairer le général Menou, ils durent souvent se borner à exécuter les travaux et les dispositions ridicules qu'il leur prescrivait.

Le général Menou s'était fait illusion sur l'approvisionnement d'Alexandrie et sur l'état des magasins, jusqu'au moment où toute communication avec l'intérieur de l'Égypte lui fut interdite. Ce ne fut qu'en prairial qu'on s'occupa sérieusement de mettre de l'économie dans les consommations; on vit que les blés qui restaient en magasin seraient bientôt épuisés, et on y mêla du riz pour la fabrication du pain, d'abord dans la proportion de deux tiers de blé et d'un tiers de riz, ensuite d'une moitié de blé et d'une moitié de riz. Les Arabes, attirés par l'appât du gain, apportèrent des blés à Alexandrie. On acheta, à très haut prix, pour les magasins de l'armée, tout ce qu'ils apportèrent. Ces convois, dont quelques uns étaient assez considérables, fournirent pendant deux mois une partie du blé nécessaire à la consommation. Les caisses étant vides, les officiers, les administrateurs, les négocians, etc., versèrent l'argent qu'ils avaient; on s'en servit pour payer les grains apportés par les Arabes, et pour quelques autres dépenses.

Quoique le spectacle de tant d'opérations désastreuses, les jalousies, les délations, et la terreur qui en était la suite, dussent porter le découragement dans toutes les âmes, chacun était cependant résolu à souffrir pour l'honneur de l'armée; et on sentait généralement que pour donner le temps de terminer les négociations de la paix, il était nécessaire de prolonger la défense d'Alexandrie.

Le général Menou, en faisant partir le général Reynier, n'avait pas écrit directement contre lui; ensuite dans des dépêches subséquentes il annonça que ce départ avait éteint tous les partis qui paralysaient ses opérations; il renouvela l'engagement de conserver l'Égypte, et continua de tromper le gouvernement par de faux rapports sur la situation de l'armée et sur les événemens de la campagne; croyant détruire, par des espérances flatteuses, l'effet que devait produire l'annonce de toutes ses fautes. Quoique la conduite du général Menou envers le général Reynier ne pût être justifiée, des succès lui auraient cependant donné une excuse apparente ; mais il fallait savoir se les procurer ; il fallait pouvoir sentir que le moyen de les obtenir était la réunion de l'armée, et des manœuvres actives et audacieuses dans l'intérieur de l'Égypte ; il fallait sentir qu'au lieu de rester campé dans Alexandrie, la place du général en chef était près du corps le plus considérable, qui se trouvait au Caire.

Les membres de l'Institut et de la Commission des Arts, qui, après les premiers événemens de la campagne, étaient venus à Alexandrie, comme à l'endroit le plus sûr pour des non-combattans, avaient obtenu, à la fin de floréal, l'autorisation de partir pour la France : ils s'étaient embarqués sur un petit bâtiment. Au moment où ils sortirent du port, les Anglais leur refusèrent le passage : ils voulurent y rentrer, on les menaça de les couler : enfin, après quelques jours d'anxiété, le général Menou leva sa défense, et ils revinrent à Alexandrie, où, incorporés dans une garde nationale composée d'employés et autres Français non militaires, ils firent le service intérieur de la place.

L'article du traité d'évacuation du Caire qui donnait au général Menou la faculté d'en profiter pour la garnison d'Alexandrie, lui fut notifié le 18 messidor. Etant prévenu des négociations de paix, il était nécessaire d'en prolonger la défense aussi long-temps que les approvisionnemens et la timidité des ennemis le permettraient. On savait aussi que la flotte de l'amiral Gantheaume était en route pour apporter des secours : la corvette *l'Héliopolis*, qui entra à la fin de prairial dans le port, avait été détachée de cette flotte, lorsqu'elle dut s'éloigner, ayant été aperçue par les Anglais à trente lieues d'Alexandrie; elle ne pouvait cependant encore y arriver et donner de nouveaux moyens de défense. On sentit généralement la force de ces motifs, et la proposition fut rejetée.

Il aurait peut-être convenu de se rendre alors un compte exact des approvisionnemens d'Alexandrie, et du temps qu'on pourrait encore y tenir; de prévoir que la première opération des Anglais serait de s'emparer du Marabou, et d'intercepter ainsi les vivres que les Arabes apportaient; de retarder le plus possible l'acceptation du traité par des négociations incidentes, et de se ménager ainsi les moyens de sauver les bâtimens qui se trouvaient encore dans le port d'Alexandrie.

Le général Menou se hâta d'expédier en France un bâtiment, pour dénoncer l'évacuation du Caire; il ne sentit pas que c'était se dénoncer lui-même, puisque cette évacuation était un résultat de ses mauvaises dispositions; puisque le principal corps de l'armée était là, lui, général en chef, aurait dû s'y trouver pour employer des moyens capables de prévenir cette évacuation. Il joignait à cette dénonciation l'annonce qu'il avait des vivres pour plusieurs mois, l'assurance de ne jamais capituler à Alexandrie, et la promesse de s'enterrer sous les ruines de cette ville. Lorsqu'on prend, à la face de l'Europe, de pareils engagemens, il faut savoir les tenir.

Les armées anglaise et turque avaient suivi la garnison du Caire jusqu'à Aboukir : dès que la plus grande partie en fut embarquée, leurs généraux, apprenant que les propositions relatives à l'évacuation d'Alexandrie avaient été rejetées, et que les Arabes y portaient des vivres; ignorant aussi combien de temps la garnison pourrait y subsister, se déterminèrent à entreprendre des opérations pour en accélérer la reddition.

Le 28 thermidor, ils augmentèrent la flottille qu'ils avaient dans le lac Maréotis, et y firent entrer un grand nombre de chaloupes et de petites barques pour le transport des troupes. Ils projetèrent de détourner l'attention des Français par une fausse attaque sur le camp des hauteurs de Nicopolis, tandis qu'ils débarqueraient près du Marabou, et s'établiraient sur la langue de terre qui sépare le lac de la mer. Nous avons vu plus haut qu'outre le défaut qu'avait la position de Nicopolis, d'être trop étendue pour un aussi petit nombre de troupes françaises, elle avait encore celui d'occuper toutes les forces disponibles, et qu'il n'en restait plus suffisamment pour opposer aux autres attaques.

Le 29 thermidor, avant le jour, une troupe de deux mille Albanais attaqua un mamelon qui domine le bord de la mer, en avant de la gauche du camp des Français, et travailla aussitôt à s'y retrancher. L'avant-poste qui l'occupait se retira dans les retranchemens, dont l'artillerie tira avec succès sur les ennemis ; deux compagnies de grenadiers sortirent alors, coururent sur eux et les forcèrent à fuir en abandonnant plusieurs morts et blessés. Ils se réunirent près du camp des Anglais, et se bornèrent à tirailler, pendant le reste de la journée, avec les avant-postes. L'armée anglaise avait marché pendant ce temps; six mille hommes se déployèrent derrière la hauteur située entre les étangs et le premier pont du canal d'Alexandrie ; l'avant-poste qui y était se retira vers ce point. Cette hauteur étant à portée de canon du camp des Français, les Anglais restèrent masqués derrière elle et ne firent paraître qu'un petit corps de troupes. Le général Menou envoya deux compagnies de grenadiers de la 25e, deux autres de la 75e, ainsi qu'un bataillon de cette demi-brigade, en tout quatre cents hommes, pour chasser ce corps de six mille hommes. Les soldats exécutèrent cet ordre avec toute la valeur qu'on pouvait attendre d'eux. Ils montèrent sur la hauteur au pas de charge, et chassèrent les premiers tirailleurs anglais ; mais, arrivés vers la crête, ils reçurent la décharge de la ligne anglaise ; et se voyant trop faibles, ils regagnèrent le camp sans que les ennemis fissent aucun mouvement pour les poursuivre ; ils avaient de la cavalerie et n'en profitèrent pas pour couper la retraite à cette petite troupe.

On apercevait alors le lac Maréotis couvert de barques et de chaloupes remplies de troupes, protégées par cinquante chaloupes et barques canonnières. Toute cette flottille était déjà, au lever du soleil, en face de la colonne de Pompée; le vent contraire avait retardé sa marche et l'avait empêché d'arriver, au point du jour, au lieu du débarquement. On la voyait se diriger vers l'embouchure d'un canal comblé, par lequel le lac Maréotis communiquait autrefois avec la mer. C'était là que les dix-huit chaloupes qui composaient la flottille française étaient placées, sous la protection de trois pièces de 18, depuis qu'on avait évacué l'île de Mariout, quelques jours auparavant. Il était évident que cette flottille se dirigeait sur ce point, et qu'elle irait débarquer les troupes un peu plus loin, afin de s'établir sur la langue de terre du Marabou, et d'attaquer ce poste; mais on ne put jamais le faire comprendre au général Menou. Le général Songis, qui pénétra le premier le dessein des ennemis, lui dit vainement de ne pas s'inquiéter de leur fausse attaque sur le camp de Nicopolis, et de faire marcher des troupes pour s'opposer à l'exécution de leur attaque réelle. Il resta toujours, avec le principal corps, au camp de Nicopolis, et ne fit suivre la marche de la flottille que par un bataillon de la 21ᵉ légère, cent guides à pied et cent vingt dragons. Ce corps, de cinq cents hommes seulement, marcha à la hauteur de la flottille jusque vers le Marabou, où les barques se divisèrent sur deux points différens. Il était trop faible pour empêcher les six mille hommes que portait cette flottille de s'établir sur une plage unie, commandée par le feu de toutes les chaloupes canonnières, et se retira vers les ravins de l'ancien canal. La flottille française était trop inférieure à celle des ennemis pour se maintenir sur le lac; il n'existait aucune anse où elle pût se mettre à l'abri, et devenait inutile. On voulut essayer de la convertir en brûlots lorsque la flottille anglaise passa, afin d'y mettre du désordre; mais le vent ne favorisait pas ce projet; elle brûla trop loin pour leur faire du mal.

Les Anglais, après s'être établis à terre, attaquèrent le poste du Marabou, et le canonnèrent vivement par terre et par mer. Ce poste, qui n'était qu'une ancienne mosquée bâtie sur un rocher détaché du continent, fut bientôt détruit; il capitula le 3 fructidor. De trois avisos qui étaient mouillés près de ce fort, deux furent coulés, et le troisième rentra, dès le 1er fructidor, à Alexandrie, fort endommagé.

Après la prise du Marabou, les Anglais firent entrer, le 4 fructidor, dans la partie est du port Vieux, une frégate, six corvettes et plusieurs bâtimens légers, et canonnèrent vivement le corps de troupes qui s'était posté, le 29 thermidor, sur les bords de l'ancien canal. Ils prenaient de revers sa droite, tandis que le feu de la flottille du lac Maréotis écrasait sa gauche. L'armée anglaise vint en même temps occuper cette position : elle était forte alors de plus de huit mille hommes, parce qu'elle avait reçu des renforts, entre autres, un régiment de dragons et cinq cents mameloucks. Malgré cette supériorité, elle ne poussa pas vivement le petit corps de six cents Français qui, parfaitement dirigés par le général Eppler, les arrêta un moment et se retira ensuite en bon ordre.

Les troupes françaises prirent alors position; la droite au fort Leturcq, et la gauche sur les hauteurs de la colonne de Pompée. On tira quelques troupes du corps de Nicopolis pour occuper ces dernières; il restait seulement deux mille deux cents hommes pour défendre ce front et les retranchemens du camp de Nicopolis contre l'armée anglaise. Le reste des troupes gardait les ouvrages d'Alexandrie, avec les marins, les invalides, les convalescens et la garde nationale.

Il était surtout nécessaire d'empêcher les ennemis de s'emparer du fort Leturcq, parce que, s'ils y avaient établi des batteries, ils pouvaient de là couler tous les bâtimens qui étaient dans le port Vieux.

Les Anglais restèrent quelques jours sans rien entreprendre; mais le 8, vers onze heures du soir, environ huit cents cavaliers anglais et mameloucks tournèrent les premiers avant-postes, et en enlevèrent quelques uns, tandis qu'une colonne d'infanterie suivait le bord de la mer. Les troisièmes bataillons des 18e et 21e l'arrêtèrent assez long-temps; mais se voyant pris en flanc par la cavalerie, ils se retirèrent sur le fort Leturcq. Les Anglais n'ayant pu réussir à enlever ce fort dans cette surprise, s'établirent auprès, et commencèrent des tranchées pour l'attaquer dans les règles.

Les troupes étaient disséminées autour d'Alexandrie, et partout trop faibles pour résister aux attaques des ennemis, qui, sur tous les points, pouvaient se présenter avec des forces infiniment plus nombreuses. Le seul parti à prendre pour en prolonger la défense, était de la considérer comme un grand camp retranché, de se renfermer dans les ouvrages, et de conserver toujours au centre un gros corps disponible, qu'on aurait opposé à l'ennemi sur les points où il aurait attaqué l'enceinte. Pour cet effet, il aurait fallu évacuer le camp de Nicopolis, et ne conserver en dehors de la place que le fort Leturcq, les hauteurs de la colonne de Pompée, une partie de l'enceinte des Arabes et la redoute de Cléopâtre. Par ce moyen, on aurait pu disputer encore quelque temps la prise d'Alexandrie contre des ennemis peu entreprenans; mais, lors même que le général Menou aurait su prendre ce parti, il n'était plus temps de l'adopter, parce que les vivres et l'eau allaient manquer : il n'en restait que jusqu'aux premiers jours de vendémiaire. Les soldats, qui ne recevaient depuis long-temps que du pain composé de moitié blé et moitié riz et un peu de viande de cheval, étaient épuisés par cette mauvaise nourriture; et l'eau, devenue saumâtre, donnait naissance à beaucoup de maladies, particulièrement au scorbut; les hôpitaux étaient encombrés de plus de deux mille malades : d'autres, convalescens ou éclopés, n'étaient en état de faire que le service des forts; il ne restait pas trois mille hommes en état de se battre, et ils étaient accablés par les privations et la fatigue des journées précédentes.

D'après ces réflexions, on fut convaincu que lors même qu'on pourrait encore défendre quelque temps Alexandrie, la famine forcerait bientôt à capituler, et qu'il valait mieux s'y résoudre avant que les Anglais eussent resserré davantage la place et obtenu quelque succès, parce qu'on pouvait encore leur dicter les conditions de l'évacuation; mais personne n'osait en parler au général Menou, qui ne savait ni comment combattre, ni comment capituler. Cependant quelques généraux et chefs de corps lui firent part de leur opinion le 9 fructidor. Le général Menou envoya aussitôt aux Anglais un parlementaire, pour demander une suspension d'armes de trois jours, pendant lesquels on traiterait de l'évacuation : elle lui fut accordée. Les généraux furent assemblés le lendemain en conseil de guerre : on y arrêta qu'il était inutile de prolonger la défense, et on fixa les conditions qu'on pourrait proposer. Le général Menou, toujours fidèle à son système de rejeter ses fautes sur les autres, dit que c'était l'évacuation du Caire qui entraînait celle d'Alexandrie, et ne parla plus de s'ensevelir sous les murs de cette place. Il fut dressé procès-verbal de ce conseil de guerre et des motifs qui déterminaient à traiter; la capitulation fut signée le 12, et ratifiée le 13 par les généraux en chef.

On remit, le 15 fructidor, les forts Leturcq et Duvivier et le camp de Nicopolis aux Anglais, qui s'engagèrent à fournir les bâtimens nécessaires au transport de la garnison en France : elle s'embarqua avec armes et bagages. Les trois frégates et les autres bâtimens qui se trouvaient dans le port d'Alexandrie furent remis aux ennemis. Le capitaine Villeneuve commandait ces frégates : il avait voulu, lorsqu'on se disposait à capituler, essayer de sortir pendant la nuit, afin de sauver ces bâtimens, s'il était possible, ou de ne les perdre au moins qu'après un combat; mais il n'avait pu en obtenir l'agrément du général Menou.

On avait maladroitement inséré dans la capitulation un article relatif aux collections faites par les membres de l'Institut et de la Commission des Arts : les Anglais n'avaient pas voulu l'accorder, mais les naturalistes, par leur fermeté dans le refus d'abandonner leurs collections, et la menace de les brûler, surmontèrent ces difficultés : on ne laissa que quelques statues grossièrement sculptées et un sarcophage de granit.

Les troupes s'embarquèrent dans la première décade de vendémiaire. Quelques bâtimens quittaient les côtes d'Égypte lorsqu'on signait à Londres les préliminaires de la paix et l'article par lequel cette province devait être restituée aux Turcs.

Ainsi s'est terminée l'expédition d'Égypte. Tant il est vrai qu'un chef inhabile détruit par sa seule influence tous les ressorts qui lui sont confiés; mais peu d'armées sans doute ont plus de droits à l'admiration que celle d'Orient. Transportée sur un sol étranger, l'événement funeste du combat naval d'Aboukir pose une barrière entre elle et sa patrie; elle n'en est point abattue; une marche rapide la porte au centre du pays, tous ses pas y sont marqués par des victoires; chaque jour lui offrait des fatigues sans nombre, des dangers toujours renaissans, des privations de tous les genres, aucune de ces jouissances qui, avec les combats, partagent les momens du militaire et lui font oublier les fatigues de la guerre. Tous, officiers, soldats, supportaient volontiers cette existence pénible, appréciant, par l'opiniâtreté que les ennemis mettaient dans leurs attaques réitérées, combien la possession de l'Égypte serait utile à leur patrie; et cette idée compensait à leurs yeux tout ce qu'ils avaient à souffrir.

Les revers qu'elle a éprouvés dans la dernière campagne, n'atteignent point sa gloire. Disséminée par les dispositions de son chef, elle a long-temps imposé sur tous les points à des ennemis toujours supérieurs en nombre; et son attitude fière, dans les momens les plus difficiles, a constamment ralenti leur marche.

La seule opération qui fasse honneur aux Anglais, est leur débarquement, et ils en doivent la réussite à leur marine; car six mille hommes qu'elle parvint à jeter à la fois sur la côte, furent ébranlés par dix-sept cents hommes, obligés de veiller en même temps sur toute l'étendue de la baie d'Aboukir, et qui, par conséquent, ne purent agir ensemble sur le point d'attaque.

L'armée anglaise, après son débarquement, ne tenta que le 22 ventose de s'approcher d'Alexandrie. Elle aurait dû y rencontrer l'armée française réunie ; il n'y avait que quatre mille hommes qui lui disputèrent le terrain et l'intimidèrent au point qu'elle n'osa attaquer cette place ; et loin de profiter de cet avantage, elle prend la défensive et se retranche.

Le 30 ventose, les Français vont l'attaquer, dans une position resserrée qu'elle avait eu le temps de fortifier ; des chaloupes canonnières sur la mer et sur le lac Maadiëh couvraient ses flancs ; le nombre de ses troupes était double. L'obscurité de la nuit, la mort de plusieurs chefs jette du désordre dans l'armée française, et celui qui la commande se tenant à l'écart ne peut la réorganiser lui-même, et n'en veut confier le soin à personne ; il fait écraser la cavalerie ; l'armée est obligée de se retirer, et les Anglais manquent encore cette occasion de profiter de leurs succès.

Renfermés dans leurs retranchemens, ils n'essaient d'en sortir que vingt jours après, pour aller à Rosette, poste important pour eux, et que l'armée ne protégeait pas.

Ils y restent un mois avant de s'étendre du côté de Rahmaniëh, qu'il leur était également utile d'occuper pour intercepter toute communication entre Alexandrie et le Caire. Le corps de troupes françaises qu'ils y trouvent, trop faible pour leur résister, se retire sur le Caire : il était de leur intérêt d'en suivre rapidement la marche, et ils emploient quarante jours à parcourir un espace que les Français parcouraient ordinairement en quatre.

Ils arrivent enfin au Caire avec le capitan-pacha; là ils se joignent au visir, et ces armées réunies, six fois plus nombreuses que les Français, craignent encore les chances des combats, et reçoivent la loi plutôt qu'elles ne la dictent, dans le traité d'évacuation.

Ils redescendent ensuite vers Alexandrie; la même lenteur y préside à toutes leurs opérations, et c'est le défaut de vivres, bien plus que leur audace, qui en accélère la chute.

L'expédition des Anglais a réussi, mais ils n'y ont recueilli que la gloire du succès, parce que jamais ils ne surent commander la victoire, ni par leurs dispositions, ni par leur bravoure, ni par leur audace. Leur marche timide malgré leur énorme supériorité, dénote aisément quelle aurait été leur destinée, si le chef de l'armée d'Orient avait été digne d'elle.

EXTRAIT DU JOURNAL

DU

CHEF DE BRIGADE DU GÉNIE D'HAUTPOUL.

PRISE DE ROSETTE PAR LES ANGLAIS. — MARCHE CONTRE LE VISIR. — CAPITULATION DU CAIRE.

L'ennemi s'empara de Rosette vers le 15 germinal. Le bataillon de la 85ᵉ qui y était effectua sa retraite par le Delta, et se rendit à Rahmaniëh. On laissa dans le fort Julien une compagnie d'invalides pour le défendre.

Le général en chef, décidé à reprendre Rosette, fit partir d'abord le général Valentin, puis le général Lagrange, son chef d'état-major, qui vint camper à El-Aft, village qui se trouve à trois lieues au-dessous de Rahmaniëh, et à huit lieues de Rosette.

Le général Morand, d'après les ordres qu'il avait reçus du général en chef, avait laissé à Lesbëh deux cents hommes, et était arrivé à Rahmaniëh avec la 2ᵉ légère, et une compagnie d'artillerie légère.

Le camp était assis derrière des monticules formés par le curage successif du canal, sa droite appuyée sur le Nil; de l'autre côté du fleuve était la ville de Fouah, qui lui fournissait les vivres; sa gauche se prolongeait vers une plaine rase que l'ennemi pouvait facilement tourner : il pouvait en outre, venir à Birket par une très belle route qui partait d'Édraux; et en nous dérobant une marche de nuit, il pouvait être avant nous à Rahmanieh. Malgré tous ces désavantages, le général Lagrange voulut conserver son camp.

Il avait avec lui la 2ᵉ et la 4ᵉ légère, la 13ᵉ, 69ᵉ et 85ᵉ de ligne, le 7ᵉ de hussards, le 20ᵉ de dragons, et des détachemens du 22ᵉ de chasseurs, et du 14ᵉ régiment de dragons.

Le général Bron vint le joindre quelques heures après avec le 15ᵉ de dragons, et le reste du 22ᵉ de chasseurs; ce qui lui faisait en tout sept à huit cents hommes de cavalerie, et près de trois mille hommes d'infanterie.

Dès le premier jour de son arrivée, il jugea par une reconnaissance qu'il fit lui-même, que l'ennemi était fort difficile à attaquer, et qu'en supposant qu'il le forçât à abandonner la position qu'il occupait à trois lieues en avant de Rosette, et à se replier sur cette ville, il lui serait impossible de déloger les Turcs une fois qu'ils se seraient placés dans les maisons de la ville. Il résolut donc d'attendre l'ennemi dans sa position, toute mauvaise qu'elle était.

On fit plusieurs batteries sur le Nil pour en défendre le passage aux chaloupes canonnières. On coula plusieurs barques, dans une seconde branche du côté du Delta, pour en rendre le passage également impossible. On forma, au moyen des monticules en avant du camp, et d'un village sur la droite, un camp retranché ; mais la gauche était une plaine rase qu'on n'espérait défendre qu'au moyen de la cavalerie et de l'artillerie légère.

15 *floréal*. — ÉVACUATION DU CAMP D'EL-AFT.

L'ennemi parut le 15 floréal, et se campa deux lieues en avant de nous; le Nil était couvert de chaloupes canonnières, de barques, et d'avisos qui pénétrèrent dans le Nil après la prise du fort Julien, qui se défendit vigoureusement, mais qui, n'ayant point été secouru, fut obligé de se rendre. Son avant-garde était placée au village de Peirouth, à trois quarts de lieue de notre camp : il fila un corps considérable d'Osmanlis qui pénétra en même temps par le Delta avec plusieurs pièces de canon, et vint s'emparer de Fouah.

Les barques qui nous apportaient journellement le pain de Rahmaniëh ne purent plus passer vis-à-vis Fouah. La fusillade et le canon des Osmanlis les en empêchèrent ; nous n'avions aucun chameau à Rahmaniëh, en sorte que l'ennemi nous ôtant nos moyens de transport par eau, nous obligeait par une opération bien simple à nous retirer sur Rahmaniëh, ce que nous fîmes la nuit même.

Le général Lagrange n'avait pas voulu occuper Fouah, afin de ne point s'affaiblir.

Nous avions à El-Aft trois djermes armées, dont deux se sauvèrent, la troisième fut brûlée. Nous perdîmes aussi quelques barques chargées de grains qui ne purent passer sous le feu des batteries de Fouah.

Nous travaillâmes à terminer une batterie de gros calibre, placée dans l'île vis-à-vis Rahmaniëh, et qui devait défendre le passage du Nil. Nous fîmes plusieurs batteries pour défendre le village de Rahmaniëh, dans lequel nous avions près de quatre cents malades ou blessés, et notre munitionnaire. Nous appuyâmes notre droite à des hauteurs qui bordent le canal d'Alexandrie, sur lesquelles nous fîmes quelques batteries, la gauche était appuyée au village de Rahmaniëh; nous fîmes trois batteries sur le front.

Le camp était assis dans un bas-fond, ayant en avant de lui un rideau qui se défilait de la plaine; la redoute de Rahmaniëh était placée au centre, et flanquait les ouvrages que l'on avait faits sur le front.

Nous avions près de cent cinquante barques chargées de provisions, de blé, et de munitions de guerre, le tout destiné pour Alexandrie; mais le général en chef, qui avait gardé jusqu'au dernier moment toute sa cavalerie dans cette place, avait épuisé tous les magasins de fourrage, en sorte que les nombreuses caravanes qui arrivaient d'Alexandrie à Rahmaniëh n'étaient occupées qu'à transporter de l'orge et des fèves. Les cent cinquante barques étaient placées derrière la redoute de Rahmaniëh, dans une petite branche du Nil.

L'ennemi parut le 19 floréal au matin ; il fit passer du côté du Delta un corps d'environ deux mille Osmanlis et un bataillon anglais; nous avions de l'autre côté du fleuve trois compagnies de grenadiers, qui, après s'être battues toute la matinée, furent obligées de céder au nombre et de repasser le Nil. Cependant l'ennemi marchait toujours sur Rahmaniëh, suivi d'une vingtaine d'avisos, de plusieurs djermes armées, de beaucoup de barques et de chaloupes canonnières, qui, malgré le feu de nos pièces de huit, se placèrent sur les derrières de notre camp, et nous inquiétèrent beaucoup. Vers midi, l'ennemi se déploya; les Anglais occupaient la droite, les Turcs la gauche, qui s'appuyait au Nil; la cavalerie était au centre. Les Anglais avaient environ six mille hommes, et trois escadrons de cavalerie. Les Turcs pouvaient également être six mille hommes, et huit cents chevaux : il est à remarquer que sur ces six mille Turcs, il y en avait près de trois mille qui faisaient l'exercice à l'européenne.

L'attaque commença par les Turcs, qui longeaient le fleuve et suivaient les chaloupes canonnières. Notre cavalerie, qui s'était portée en avant, se replia derrière le canal d'Alexandrie. Les Turcs et les Anglais envoyèrent beaucoup de tirailleurs; deux cents hussards et chasseurs leur tinrent tête.

Sur les trois heures, les Anglais firent un mouvement subit sur leur droite, pour s'emparer de deux ou trois villages fort éloignés de notre front; ils dégarnirent beaucoup leur centre par ce mouvement; mais obligés de garder Rahmaniëh, et craignant d'ailleurs que ce ne fût une feinte de leur part, nous nous bornâmes à repousser les Turcs sans les poursuivre. Le général Lagrange plaça sa cavalerie à la hauteur des villages qu'occupaient les Anglais pour éclairer leurs mouvemens. Trois fois les Turcs attaquèrent notre droite, et trois fois ils furent repoussés par le général Morand. Enfin, à huit heures du soir, la 2ᵉ légère les repoussa si vivement, que les Anglais furent obligés d'envoyer quelques compagnies à leur secours.

Toutes ces attaques nous faisaient perdre du monde inutilement; les chaloupes canonnières continuaient leur feu, et leurs boulets sillonnaient tout le camp. Nous avions déjà près de cent hommes hors de combat, et les Anglais n'avaient pas encore donné. Leur projet bien marqué était de nous tourner et de nous couper la retraite sur le Caire. Le général Lagrange, jugeant la position trop mauvaise pour la défendre contre des forces quadruples des siennes, effectua pendant la nuit sa retraite sur le Caire.

Le 18 floréal, l'ennemi avait paru du côté du Delta; prévoyant son attaque prochaine, on avait conseillé au général Lagrange de faire partir les barques chargées de provisions et de munitions, et de les envoyer sous la protection des djermes armées, trois ou quatre lieues au-dessus de Rahmaniëh: il s'y refusa, sous prétexte que cela produirait un mauvais effet sur le moral des troupes. Cette faible raison nous fit perdre un convoi qui valait plus de 800,000 livres, et des munitions de guerre de toute espèce, au moment où nous manquions de tout au Caire.

Le général en chef avait écrit au général Lagrange, dès le 11 floréal, qu'il allait partir d'Alexandrie pour le joindre avec deux mille hommes d'infanterie, et le reste de la cavalerie. Le général Rampon, qui venait d'être nommé, avec le général Friant, lieutenant-général, avait l'ordre à Alexandrie, depuis plus de douze jours, de se tenir prêt à partir. Si ce renfort nous était arrivé, la victoire aurait pu couronner nos efforts à Rahmaniëh.

Nous partîmes à deux heures du matin, le 20 floréal, de Rahmaniëh, et nous arrivâmes le 24, à dix heures du matin, au Caire. Nous eûmes pendant toute la route un kamsin affreux.

Le général Belliard ne sut notre arrivée qu'au moment où nous parûmes à Embabëh. Le soir du 24, le chef de bataillon Henry, premier aide-de-camp du général en chef, partit avec un détachement de dromadaires, pour se rendre à Alexandrie, par les lacs Natron, et prévenir le général en chef de l'évacuation de Rahmaniëh. On ne conçoit pas pourquoi le général Lagrange n'avait pas fait partir ce détachement de Rahmaniëh même. A la faveur de la nuit, il eût passé très facilement; et en faisant un léger crochet, il eût gagné la route ordinaire d'Alexandrie, et aurait prévenu la caravane que conduisait le chef de brigade des dromadaires-cavaliers.

Cette caravane, composée de plus de six cents Français et quatre cents chameaux, ignorant la prise de Rahmaniëh, vint tomber elle-même au milieu des ennemis, et fut obligée de mettre bas les armes.

25 floréal. — PREMIER CONSEIL DE GUERRE.

Le 25 floréal, le général Belliard, commandant la place du Caire, assembla un conseil de guerre composé des généraux de division Lagrange et Robin; des généraux de brigade Donzelot, Morand, Alméras, Valentin, Duranteau, et du général Bron, commandant la cavalerie; du chef de brigade d'Hautpoul, commandant le génie; du chef de bataillon Ruty, commandant l'artillerie; du citoyen Estève; du chef de bataillon Dermot, directeur du parc d'artillerie, et du commissaire-ordonnateur Duprat.

Le général Belliard, en ouvrant la séance, dit que, comme plus ancien général de division, il avait pris le commandement; mais que ne se sentant pas les forces suffisantes pour supporter ce fardeau, il demandait que les généraux de division Lagrange et Robin se réunissent à lui, pour n'agir que de concert. Cette proposition ne fut point appuyée; les généraux de division ne parlèrent pas, en sorte qu'elle fut regardée comme non avenue.

Trois questions furent discutées dans le conseil:
1°. Se retirera-t-on dans la Haute-Égypte?
2°. Se retirera-t-on à Damiette?
3°. Ou se défendra-t-on dans l'enceinte du Caire?

La retraite dans la Haute-Égypte ne fut pas longtemps discutée. Le général Donzelot, qui comptait beaucoup trop sur les mameloucks, en était le seul partisan.

La retraite sur Damiette, proposée et fortement appuyée par le commandant du génie, aurait peut-être été acceptée par le conseil, si, dès l'ouverture de la séance, le général Belliard n'avait dit que les chaloupes canonnières de l'ennemi étaient déjà à Terranëh, et qu'elles seraient au ventre de la Vache avant que tous nos moyens de transport pussent être rassemblés. Ce fait, qu'il avait avancé sur le rapport des espions, était inexact, puisque l'ennemi ne se trouva au ventre de la Vache que quinze jours après. Voici une partie des raisons alléguées en faveur de la retraite sur Damiette.

1°. On regardait comme une folie le projet de résister dans le Caire; il fallait, avec six ou sept mille hommes, défendre une enceinte de six lieues de tour, peu ou point fortifiée dans les trois quarts de son circuit; il fallait, en outre, contenir une population qui n'avait que trop prouvé son penchant à la révolte. Il eût été ridicule de vouloir enfermer près de douze mille Français, en y comprenant les malades et les blessés, dans la citadelle du Caire. On ne pouvait donc se retirer que sur Gisëh; mais les mameloucks, devenant nos ennemis, nous coupaient les vivres qui venaient journellement de la Haute-Égypte; on n'avait plus alors aucun moyen d'exister.

En outre, qu'était Gisëh? un espace renfermé

par des murs de jardins, que trois ou quatre coups de canon auraient mis en brèche.

On proposait de se retirer dans la Haute-Égypte; mais à quoi servait une pareille retraite? Les Anglais et les Turcs, contens d'occuper le Caire et toute la Basse-Égypte, nous auraient lancé les mameloucks, les Arabes, et peut-être toute la cavalerie turque, qui se serait bornée à nous harceler et à nous couper les vivres. Ces troupes eussent été en cela bien secondées par les paysans des villages, qui étaient toujours prêts à se révolter. D'ailleurs, quel doit être le projet d'un faible corps d'armée qui veut se défendre contre des forces beaucoup plus considérables? c'est sans contredit de chercher une position militaire où il puisse avec avantage se défendre et arrêter son ennemi. Damiette offrait cette position, et il suffit de jeter les yeux sur une carte pour s'en convaincre.

Farescour est à environ cinq lieues de Damiette, et le chemin qui y conduit n'est, sur une étendue de deux lieues, qu'une simple digue de six pieds de large, bordée d'un côté par les eaux salées du lac Menzalëh, et de l'autre, par le Nil, des rivières et des marais impraticables. Il suffisait donc d'occuper cette digue, de former une forte batterie sur le Nil, peu large en cet endroit, et de faire retirer l'armée dans la presqu'île de Damiette.

Une forte avant-garde, placée à Farescour, aurait continuellement menacé la Charkié et aurait pu faire de fréquentes incursions pour fourrager et ramasser des impositions. Tout le monde sent que huit à neuf mille fantassins étaient inattaquables dans une pareille position.

On avait l'avantage de conserver Damiette, qui, après Alexandrie, est le seul point de contact que l'Égypte ait avec l'Europe.

La seule objection qu'on pouvait faire était celle des vivres; mais l'on répondait que la ville de Damiette était peut-être celle de toute l'Égypte où il y avait le plus de ressources. Les magasins étaient encombrés de riz, la récolte en blé venait de se faire, et le voisinage du lac Menzalëh produit une quantité de poissons étonnante, sans compter les buffles et les moutons, qui sont fort nombreux dans la campagne. Les bœufs employés aux manufactures de riz auraient seuls fourni de la viande pour plus de six mois à toute l'armée.

D'ailleurs, en proposant la retraite sur Damiette, on ne voulait point évacuer la citadelle du Caire; on y aurait laissé tous les malades et une garnison suffisante. L'armée serait venue prendre une position à Manzourah, et derrière le canal d'Achemoun; elle eût, chemin faisant, imposé les villages et les villes, et fait filer sur Damiette tous les grains et les fourrages, et cela, avec d'autant plus de sécurité, que les Turcs, naturellement avides, se seraient précipités dans le Caire, et nous auraient laissé fort long-temps tranquilles dans tout la Charkié. Les Anglais, craignant pour Rahmaniëh et Rosette, se seraient incontestablement rejetés sur ces deux points. On conçoit quel parti un général habile aurait pu tirer du Delta et de Menzalëh. On ose assurer, et l'on répondait sur sa tête, que l'on aurait ramassé assez d'argent pour payer l'armée pendant six mois, et assez de vivres pour la nourrir pendant un an.

On est fortement autorisé à croire que le général Belliard appréciait les avantages de ce projet, et qu'il penchait à se retirer sur Damiette. Mais il n'osa pas prendre sur lui d'ordonner l'évacuation du Caire; et il fut résolu, tout en disant et en convenant que c'était une folie, que l'on défendrait l'enceinte de cette place.

Le visir était à Belbéis. On convint de partir le lendemain pour aller le combattre. L'armée, commandée par le général Belliard, partit du Caire le 26 au matin, et alla coucher à El-Mênager le 27. Elle rencontra l'ennemi à deux lieues au-dessus d'El-Mênager. Le général Belliard avait formé trois carrés; l'un commandé par le général Robin, et les deux autres par le général Lagrange. La cavalerie était au centre en seconde ligne. Ces carrés pouvaient former en tout cinq mille hommes, et la cavalerie huit cents chevaux.

Nous marchions en côtoyant le désert. Arrivés à la hauteur d'un village (dont on ignore le nom), on aperçut un nombreux corps de cavalerie, qui déboucha de droite et de gauche, et se porta sur nos derrières; on vit également dans le lointain une nombreuse troupe qui paraissait marcher en ligne : nous continuâmes notre route; mais, arrivés à demi-portée de canon du village, nous fûmes assaillis par une batterie de six pièces qui donna en plein dans nos carrés. En même temps la cavalerie ennemie parut s'ébranler et vouloir exécuter une charge. Le général Belliard fit retirer ses carrés sur des hauteurs hors de la portée du canon; il canonna lui-même vigoureusement la cavalerie ennemie, et parvint à l'éloigner. Il se rapprocha un peu du village, et avec une pièce de 12 et quelques pièces de 8 de notre artillerie légère, il combattit les pièces ennemies, et fit bientôt cesser leur feu.

Peu de temps après l'on aperçut deux pièces ennemies qui filaient le long d'un canal, on ordonna au 6ᵉ régiment de hussards et au 20ᵉ de dragons de charger; ils prirent une des deux pièces; comme les chevaux qui la traînaient étaient blessés et fatigués, on fut obligé de la laisser, après l'avoir enclouée.

Il était environ dix heures du matin; les troupes, qui étaient sur pied depuis trois, étaient fatiguées et surtout mouraient de soif. Le général Belliard voulant les faire reposer, ordonna de se porter sur un village qui se trouvait à notre gauche. Ce mouvement de côté, très simple par lui-même, parut à l'ennemi un mouvement de retraite, et lui donna une audace inconcevable; il lui arriva du canon et des obusiers; bientôt il nous attaqua de toutes parts, et nous obligea à regagner promptement les hauteurs.

Si, au lieu de se porter sur le village vers la gauche, nous avions été au village en avant, notre marche, plus simple, n'aurait pu être mal interprétée par l'ennemi, et ne nous aurait pas obligés de quitter la ligne du désert et les monticules que nous occupions. Souvent, dans la guerre, le mouvement le plus simple est de la plus grande conséquence. L'ennemi pouvait avoir sept à huit mille hommes de cavalerie, douze à quinze cents hommes d'infanterie, et sept à huit pièces de canon, dont deux obusiers.

Le général Belliard était loin, sans doute, de craindre de pareilles forces; mais il lui était impossible de les joindre, et par conséquent de les battre; il ne pouvait atteindre de telles troupes qu'avec du canon : aussitôt qu'il faisait un mouvement en avant, toute cette cavalerie passait sur les derrières et sur les flancs. Faisait-il un mouvement rétrograde, elle voltigeait autour de lui, et menaçait de le tourner de toutes parts. Enfin, après avoir usé les deux tiers de ses munitions, le général Belliard craignant avec raison que l'ennemi ne se portât sur le Caire, où il aurait infailliblement pénétré, n'y ayant pas assez de troupes pour garder une aussi grande enceinte, se retira, vint coucher à Birket-el-Adji, et rentra le lendemain de bon matin au Caire.

L'ennemi nous suivit avec vigueur jusqu'à El-Anka : il nous abandonna à cette hauteur, et se retira du côté de Belbéis.

Il est impossible d'évaluer la perte de l'ennemi; les espions la portèrent à trois cents morts;

de notre côté, nous eûmes une vingtaine d'hommes de tués ou blessés.

Il faut convenir que cette attaque fut résolue bien légèrement. On avait appris l'année dernière, lors de la bataille d'Héliopolis, la manière dont les Turcs combattaient : on devait savoir que leur cavalerie cernait nos carrés, toujours prête à profiter d'un faux mouvement, tandis que nous ne pouvions rien sur elle; leur infanterie, même en plaine, ne pouvait être atteinte par la nôtre, dont tous les mouvemens étaient subordonnés à ceux d'un énorme carré : on ne pouvait donc avoir pour but, en sortant du Caire, que d'aller attaquer Belbéis, où le visir avait son camp et toutes ses provisions : il fallait donc être conséquent, et ne point sortir du Caire dans la crainte que l'ennemi ne s'y jetât, ou bien une fois sorti, il fallait attaquer Belbéis, qui était le seul but raisonnable que l'on avait pu se proposer.

Notre retraite précipitée fit un assez mauvais effet dans la ville : cependant, comme on avait eu la précaution d'arrêter tous les chefs, et que le saccage de Boûlac, et d'une partie du Caire était encore présent à tous les yeux, la ville ne bougea pas.

Aussitôt le départ du général en chef pour Alexandrie, on avait commencé la ligne retranchée qui devait fermer l'espace qui s'étend depuis le fort Camin au Nil, vis-à-vis Embabëh : on y travailla de nouveau avec la plus grande activité, ainsi qu'à toutes les fortifications qui se trouvaient à l'entour du Caire. On fit en avant de Gisëh cinq fossés ou lunettes, armées de trois pièces de canon chacune; mais ce fut principalement à la citadelle que l'on travailla le plus activement.

Le général Belliard avait envoyé le citoyen Petrucy, payeur, dans la Haute-Égypte, auprès des mameloucks, qui étaient descendus jusqu'à Miniet; il devait leur demander des blés dont nous commencions à manquer, et pressentir leurs dispositions à notre égard : ils promirent quarante barques chargées de grains, firent les plus belles protestations d'amitié : cependant quinze jours s'écoulèrent, et les grains n'arrivèrent pas ; bien plus, on répandit le bruit que les mameloucks venaient de se joindre aux Anglais, et deux ou trois jours après on en eut la certitude.

L'orgueil et l'apathie de l'ignorance, le fanatisme le plus féroce, la dissimulation la plus profonde, le tout couvert sous les dehors de simplicité et de bonhomie, tel est le Turc, que trois ans de la fréquentation la plus intime ne nous avaient pas fait connaître. A peine pouvions-nous nous flatter d'avoir quelques vrais amis dans le Caire, ville que nous avions toujours ménagée, et nous osions compter sur l'amitié des mameloucks que nous avions chassés de chez eux, et auxquels nous avions fait une guerre cruelle : la confiance sera toujours la base du caractère français. Nous pensions que Mourâd-Bey nous était dévoué : cependant l'on est certain qu'en même temps qu'il nous faisait les plus belles protestations d'amitié, il recevait des présens des Anglais, et traitait avec eux. Il mourut de la peste en floréal, et désigna pour son successeur Osman-Bey; mais les autres beys ne le reconnurent point.

Les Anglais et les Turcs parurent à la vue de Gisëh, dans les derniers jours de prairial; ils firent successivement trois campemens à une lieue de distance l'un de l'autre, et vinrent enfin se poster dans un rentrant que forme le Nil, la gauche appuyée au fleuve, et la droite, formée par le capitan-pacha, à un village du côté du désert. L'armée du visir était sur la rive droite, la droite appuyée au Nil et la gauche à un village du côté de la Koubé : les Anglais firent un pont de bateaux pour communiquer avec l'armée du visir; le 2 messidor ils vinrent avec le capitan-pacha cerner Gisëh; l'arrière-garde du visir se joignit à son corps d'armée.

On portait généralement la force de l'armée du visir à environ huit mille hommes de cavalerie, et huit à dix mille hommes d'infanterie, tous Arnautes ou Albanais : le reste, difficile à estimer, se composait d'Arabes, ou gens du pays, ou domestiques, ou says; le corps des Anglais était de six mille hommes et six cents cavaliers; le capitan-pacha pouvait avoir huit mille hommes d'infanterie, dont trois mille exercés à l'européenne, et deux mille cavaliers; les mamelouks de leur suite pouvaient former deux mille cavaliers.

Les Anglais attendaient, en outre, six mille Cipayes de l'Inde; une partie avait déjà paru à Souez, mais la peste les en avait chassés; ils s'étaient dirigés sur Cosséir, et les espions rapportaient qu'ils étaient en marche pour descendre de la Haute-Égypte.

D'après le relevé de l'état de situation des troupes qui étaient au Caire, nous avions cinq mille six cent trente-quatre hommes pour défendre Gisëh, l'île de Roda, l'Aqueduc jusqu'à la citadelle, le front, depuis la ligne de Boulac et la partie comprise depuis Boulac jusqu'à Ibrahim-Bey. La cavalerie, au nombre de mille trente-huit hommes, était campée en réserve derrière la ligne de Boulac; un bataillon d'infanterie, les invalides, les dépôts et les auxiliaires, le tout au nombre de seize cent dix-sept hommes, formait la garnison de la citadelle, celle des forts environnant la place du Caire et du quartier cophte.

Les troupes attachées à l'artillerie et au génie faisaient le service particulier à ces deux armes; les canonniers peu nombreux étaient suppléés par les marins.

Le 3 messidor les Anglais cernèrent de plus près Gisëh et commencèrent des batteries; il y avait près de quinze jours qu'Osman-Bey Bardisy, qui avait été, l'année dernière, député par Mourâd-Bey, au Caire, avait, sous un léger prétexte, écrit à Pétrucy, qu'il avait connu dans la Haute-Égypte; celui-ci répondit à Osman-Bey, qui était campé près d'Embabëh; il témoigna le désir de voir Pétrucy; le général Belliard lui permit d'aller le trouver, et le fit accompagner par son premier aide-de-camp Majou; il les chargea de s'informer adroitement de la force de l'ennemi et de ses projets.

Bardisy leur fit beaucoup d'amitiés, témoigna sa surprise de ce que les Français osaient se défendre contre tant d'ennemis; il ajouta qu'il avait vu le général anglais, et qu'il lui avait dit : « Pourquoi fais-tu la guerre aux Français, qui sont chrétiens comme toi? — Parce que mon gouvernement me l'ordonne. — Et pourquoi ton gouvernement te l'ordonne-t-il? — Parce qu'il ne veut pas que les Français occupent l'Égypte. — Et si tu prends les Français, qu'est-ce que tu leur feras? — Si les Français m'avaient pris, ils m'auraient bien traité; de même si je les prends, je les traiterai en amis; je leur laisserai leurs armes et leurs canons et je les enverrai en France. »

Il était impossible de faire des ouvertures plus adroites. Majou n'eut pas l'air de les comprendre, et assura Bardisy que les Français avaient la plus grande envie de se battre; il le questionna sur la force des Anglais; le bey répondit qu'il ne la connaissait pas, mais qu'il avait compté deux cent quarante tambours, et demanda combien les Européens mettaient d'hommes par tambour.

La correspondance entre Bardisy et Pétrucy continua, mais par lettres seulement, et sur des choses indifférentes.

Le 3 messidor, le général Belliard conclut un

armistice de trois jours avec l'ennemi ; le soir même il assembla un conseil de guerre composé des généraux, de tous les chefs des corps, des citoyens Estève, Champy, directeur des poudres, et Comté, chef de brigade des aréostiers. Il dit qu'il avait conclu avec l'ennemi un armistice, pour pouvoir rassembler avec plus de sécurité les généraux et les chefs de chaque corps qui devaient composer le conseil.

Il fit un tableau rapide de notre position; il lut une lettre insignifiante du général en chef, qui lui avait été apportée douze jours auparavant, par le chef de brigade Latour-Maubourg, arrivé d'Alexandrie par le désert, sous l'escorte d'un détachement de dromadaires; il avait sur-le-champ réexpédié les dromadaires avec un de ses aides-de-camp, en priant instamment le général en chef de lui envoyer une instruction détaillée sur la conduite qu'il avait à tenir; il ajouta que dix jours suffisaient pour le retour des dromadaires, et que si à cette époque ils n'étaient pas revenus, il traiterait avec l'ennemi, parce qu'il regardait comme impossible de défendre le Caire avec le peu de troupes qu'il avait à ses ordres.

Le général Belliard invita les membres du conseil à discuter avec modération; mais il ne posa aucune question, en sorte que la discussion s'engagea vaguement et sans suite.

Le chef de brigade Tarreyre essaya de poser des

questions, qui furent trouvées insignifiantes par le général Lagrange; le chef de brigade Guanget lut un discours assez bien écrit, mais qui parut un peu trop se ressentir de l'opinion exagérée de son auteur, et qui n'eut point de suite. Le conseil, dans ce moment, ressemblait assez à ces assemblées de la révolution, prêtes à décider une question importante, et où la grande majorité était tenue en échec par une faible minorité. Le général Lagrange trouvait que les négociations avaient été prématurées; le général Belliard eut beau lui observer qu'une trève n'engageait à rien; qu'en se prévenant réciproquement deux ou trois heures d'avance, l'ennemi pouvait, comme nous, la rompre sans inconvénient; qu'il avait cru ne pouvoir sans danger ôter de leurs postes respectifs les généraux et les chefs des corps, et que c'était la seule raison qui l'avait engagé à demander un armistice. Le général Lagrange persistait toujours, et semblait vouloir éloigner le véritable point de la discussion.

Enfin, le commandant du génie lui demanda s'il croyait, avec les troupes qui étaient au Caire, pouvoir défendre l'enceinte immense que nous occupions; s'il croyait qu'en combinant une attaque de vive force sur tous les points, il serait impossible à l'ennemi d'en forcer quelques uns et de pénétrer dans le Caire, et alors quel serait le point de jonction et de retraite de nos troupes dispersées sur une aussi grande étendue. Le général Lagrange refusa de s'expliquer; il semblait que les généraux, surtout ceux qui témoignaient la plus grande confiance, auraient dû prendre la parole, et répondre aux questions importantes que l'on venait de faire; cependant tout le monde se tut.

Le général Belliard interpella alors le commandant du génie de donner son avis.

L'ingénieur le donna en ces termes :

« Je vais prendre notre ligne de défense à partir
« de la batterie de l'île de la Quarantaine, vis-à-vis
« Embabëh, suivant Boulac-Babelmas, le front
« Dupuy, la citadelle, le front de l'Aquéduc, l'île
« Roda, Gisëh, et le front depuis Gisëh à l'île de la
« Quarantaine.

« Cette ligne, mesurée par les ingénieurs géogra-
« phes, a douze mille six cents toises de développe-
« ment.

« La batterie de l'île de la Quarantaine, composée
« de quatre pièces de gros calibre, est destinée à
« défendre le passage du fleuve aux nombreuses
« chaloupes canonnières de l'ennemi.

« Cette batterie est faite avec beaucoup de soin,
« mais sa position, qu'il a été impossible de changer,
« est extraordinairement vicieuse; dominée par le
« village d'Embabëh, elle sera parfaitement con-
« tre-battue et détruite en peu de temps.

« La ligne de Boulac, malgré toute l'activité que
« l'on a pu mettre dans le travail, est encore im-
« parfaite sur plusieurs de ses points. Les fossés de
« la gauche, creusés dans le sable, se sont comblés,
« et il ne reste plus qu'une simple palissade qui lie

« chaque batterie entre elles, et qui ne peut point
« être regardée comme un obstacle.

« On a pratiqué, il est vrai, au moyen des mai-
« sons qui bordent la place du côté du rivage, une
« seconde ligne, mais elle est composée en grande
« partie de faibles murs qui n'ont pas plus de six
« pieds de hauteur; elle ne peut être regardée que
« comme devant protéger la retraite de la droite.

« Le front de Rubelnass est généralement re-
« gardé comme la partie la plus forte de l'en-
« ceinte; cependant, si j'avais à attaquer le Caire,
« ce serait sans contredit par là que je le ferais; les
« maisons des faubourgs qui étaient en démolition
« ne sont encore, en plusieurs endroits, qu'à huit à
« dix toises du pied du rempart, les Turcs les occu-
« pent; et nous savons tous que supérieurs dans la
« guerre de maisons, il nous est presque impos-
« sible de les en chasser. Qui les empêche donc, en
« moins de cinq ou six jours, d'établir à couvert plu-
« sieurs puits, et de pousser des rameaux de mine
« sous nos remparts? Une fois qu'ils seront dans le
« Caire, il ne faut songer qu'à la retraite.

« Le front Dupuy n'est défendu que par cinq
« petits fortins portant chacun une pièce de canon
« et vingt-cinq hommes de garnison, placés sur les
« mamelons les plus élevés; ils ne défendent que
« très imparfaitement le pied des monticules; on
« a construit pour y suppléer des retranchemens,
« mais le peu de troupes dont nous disposons ne
« nous permettant pas de mettre sur ce point une co-

« lonne mobile de plus de cinq ou six cents hom-
« mes, je demande au chef de brigade Tarreyre,
« chargé de cette défense, si, avec un peu de monde
« disséminé sur un aussi grand front, il lui sera pos-
« sible de résister à une attaque de vive force: je ne
« parle pas du mur contigu aux maisons; il est plus
« faible et plus mal construit qu'un mur de jardin.

« La citadelle ne peut être considérée que comme
« un point de retraite. Cette masse informe, que
« nous n'avons jamais envisagée que comme un
« lieu de dépôt, fait pour épouvanter une populace
« ignorante, peut-elle résister à une attaque tentée
« avec un peu d'art? Les maisons de la ville touchent
« le pied des remparts, rien de plus facile que d'y
« attacher le mineur en beaucoup d'endroits; le mont
« Kattam la domine à une petite portée de fusil, et
« les chemins pour conduire du canon sur le sommet
« de la hauteur sont très bons. Qu'est-ce d'ailleurs
« que les remparts de la citadelle? des tours unies
« entre elles par des murs de trente pieds d'élévation;
« quelques unes de ces tours sont fort bonnes, et
« contiennent des magasins à l'abri de la bombe;
« mais les murailles des courtines, qui paraissent
« avoir sept à huit pieds d'épaisseur, sont construites
« de manière que l'on a ménagé dans leur épais-
« seur une galerie de quatre pieds de largeur et
« huit à dix pieds de hauteur, en sorte que le boulet
« n'aurait à abattre qu'un faible mur de deux pieds
« d'épaisseur pour faire autant de brèches qu'il y a
« de courtines.

« Je demande, d'après l'exposé que je viens de
« faire, si l'on peut raisonnablement regarder la
« citadelle comme notre point de retraite? Bornons-
« nous à la considérer, ce qu'elle a été jusqu'ici,
« comme un lieu d'entrepôt et un épouvantail pour
« la ville du Caire. Je me dispenserai d'entrer dans
« de plus grands détails; tout le monde doit sentir
« que l'ennemi, plaçant quelques mortiers sur le
« mont Kattam, pourrait en peu de temps dé-
« truire nos puits et nos moulins, et nous forcer de
« nous rendre à discrétion.

« Le front de l'Aquéduc, qui occupe une immense
« étendue, ne peut être regardé comme défendu;
« il a été fait pour empêcher les Arabes de pénétrer
« sur les derrières du Caire, dans la plaine située
« entre cette ville et Boulac, où souvent ils viennent
« égorger les Français. Le vieux Caire est entière-
« ment ouvert, et l'île de Roda, qui en est sé-
« parée par une faible branche du Nil, guéable en
« plusieurs endroits, n'a pour toute défense que
« le Mékyas. Cette île se prolonge jusqu'à la batterie
« de la Quarantaine, et communique dans beaucoup
« d'endroits, à raison des basses eaux, avec la plaine
« d'Ibrahim-Bey et de Boulac. Cette île et le front
« de l'Aquéduc demanderaient seuls, pour être dé-
« fendus avec succès, toutes les troupes qui sont au
« Caire et à Gisëh. Le visir peut y porter des troupes
« et du canon par le point de Thora; et les Anglais,
« maîtres du haut du Nil, peuvent, au moyen des

« barques, y jeter toute espèce de moyens d'at-
« taque.

« La place de Gisëh serait regardée en Europe
« comme un faible camp retranché. Les batteries
« que l'ennemi a déjà commencées suffiront pour
« couper en peu de temps le pont de bateaux et
« pour abattre la muraille de jardin qui unit les
« lunettes en terre que l'on a faites dernièrement.
« Ainsi, dès les premiers jours d'attaque, le corps
« de place sera ouvert partout où l'ennemi voudra
« diriger son canon. Je demande le cas qu'on ferait
« en Europe d'une pareille place ; il faudrait en outre
« garder soigneusement toute la partie située sur
« le Nil, qui est accessible de tous côtés.

« Gisëh ne peut point servir de retraite pour l'ar-
« mée, parce qu'il n'y a que très peu de blé et sur-
« tout pas assez de moulins pour faire de la farine.
« Ces deux inconvéniens auraient, il est vrai, pu
« être prévus; mais on n'aurait jamais eu le temps
« de former les magasins nécessaires : il faudrait tout
« mettre en plein air ou dans de mauvaises maisons;
« l'armée et tous ceux qui sont à sa suite encombre-
« raient l'enceinte de Gisëh, et l'on peut juger des
« ravages que produirait un bombardement dans
« une place aussi étroite, et où rien n'est à l'abri
« de la bombe.

« Cependant, comme point militaire, je préfére-
« rais Gisëh à la citadelle pour la retraite de l'ar-
« mée ; d'abord parce que nous pourrions y retirer

« toute notre cavalerie, retarder les progrès de
« l'ennemi par des sorties nombreuses et fréquentes,
« que nous ne serions plongés de nulle part, et
« qu'en formant des retranchemens en terre der-
« rière les murailles détruites, la bravoure de nos
« soldats en rendrait la prise difficile à l'ennemi;
« mais que peut le courage le plus grand quand on
« manque de vivres? D'ailleurs, une fois renfermés
« dans Gisëh, l'ennemi, satisfait de posséder le
« Caire, nous cernerait; et quinze jours plus tôt ou
« quinze jours plus tard il faudrait bien se rendre.

« Je ne parle point de notre position, considérée
« sous ses rapports avec l'Europe; on ne peut éta-
« blir que des conjectures. Recevra-t-on des secours,
« ou n'en recevra-t-on pas? La marche excessive-
« ment lente des Anglais prouve assez que nous
« n'avons pas de grands moyens dans la Méditer-
« ranée.

« J'observerai que toutes les fortifications qui
« sont à l'entour du Caire, n'étaient faites que pour
« empêcher un parti ennemi de se jeter dans la
« place.

« L'exemple de l'année dernière nous a trop
« appris combien les Turcs sont redoutables dans
« les maisons: pour s'opposer à ce parti, il suffisait
« de murailles, de retranchemens et de fortins, si-
« tués de distance en distance pour les flanquer; il
« ne faut donc point s'étonner de l'insuffisance de
« ces fortifications contre deux armées combinées,
« et qui, par le secours d'une flottille nombreuse,

« ont tous les moyens d'attaque que l'on pourrait
« rassembler en Europe contre une place forte. »

Le général Belliard voyant que personne ne répondait, posa ainsi la question, et la mit aux voix, en invitant chaque membre de motiver son opinion.

Se défendra-t-on dans la ville du Caire, ou traitera-t-on avec l'ennemi?

La grande majorité fut pour traiter; quelques membres donnèrent un avis mitigé; quatre seulement furent d'avis qu'on devait se battre. Il fut donc décidé que l'on conclurait avec l'ennemi un traité honorable : l'on s'en rapporta là-dessus au général Belliard.

Le général Lagrange, le général Duranteau, le général Valentin, et le chef de brigade Dupas, qui furent d'avis qu'on devait se battre, auraient dû beaucoup plus parler qu'ils ne l'ont fait.

Quelques phrases emportées, et quelques lieux communs à part, ils ne dirent rien de rassurant et d'encourageant pour les membres du conseil. Le général Lagrange s'obstinait à appeler négociations l'armistice qui avait été conclu, et disait qu'elles avaient été préméditées. Pressé de donner un avis plus clair et plus positif, il s'éleva entre lui et le général Alméras une légère discussion. Le général Lagrange dit qu'il convenait que notre position n'était pas bonne; qu'il était entièrement convaincu que nous ne recevrions pas de secours. « Mais, ajouta-t-il, je crois que nous pouvons encore tenir une quinzaine de jours; et combien de reproches n'aurions-nous pas à nous faire, si dans cet intervalle il nous arrivait du renfort ! » On lui dit qu'on ferait en sorte de traîner les négociations pendant un pareil nombre de jours, et que si au bout de ce temps on recevait des nouvelles du général en chef ou d'autre part, on serait toujours maître de rompre avec l'ennemi. Il ne répondit autre chose, sinon que les négociations avaient été prématurées, et que nous aurions dû nous battre pour notre honneur.

Le commandant d'artillerie exposa, dans son avis motivé, l'état de nos munitions de guerre : il dit que les pièces de position étaient très faiblement approvisionnées, et que nos pièces de campagne n'avaient pas le nombre de coups suffisans pour résister à des tentatives un peu sérieuses de l'ennemi.

Le citoyen Champy, administrateur de la poudrerie, déclara qu'il avait fourni jusqu'à mille livres de poudre par jour ; mais que les matières premières lui manquant, il était obligé de cesser la fabrication.

Le commissaire des guerres Duprat, secrétaire du conseil, déclara qu'il avait pour deux mois de vivres à la citadelle.

Le citoyen Estève, directeur des finances, dit qu'il ne lui restait plus que 30,000 francs en caisse, et que la troupe n'était pas soldée depuis le mois de pluviose.

Le lendemain, 4 messidor, le général Belliard nomma pour traiter avec l'ennemi les généraux de brigade Donzelot et Morand, et le chef de brigade Tarreyre. Le 9 messidor, ils conclurent la convention dont copie est ci-jointe.

CONVENTION POUR L'ÉVACUATION DE L'ÉGYPTE PAR LE CORPS DE TROUPES DE L'ARMÉE FRANÇAISE ET AUXILIAIRES AUX ORDRES DU GÉNÉRAL DE DIVISION BELLIARD.

Conclue entre les citoyens Donzelot général de brigade, Morand général de brigade; Tarreyre, chef de brigade, de la part du général de division Belliard;

Et M. le général de brigade Hope, de la part de son excellence le général en chef de l'armée anglaise; Osman-Bey, de la part de son altesse le suprême visir; Isaac-Bey, de la part de son altesse le capitan-pacha.

Les commissaires ci-dessus s'étant réunis dans un lieu de conférence entre les deux armées, après l'échange de leurs pouvoirs respectifs, sont convenus des articles suivans :

ARTICLE Ier.

Les corps de l'armée française de terre et de mer, les troupes auxiliaires aux ordres du général de division Belliard, évacueront la ville du Caire, la citadelle, les forts Boulac et Gisëh, et toute la partie de l'Égypte qu'ils occupent dans ce moment.

ARTICLE 2.

Les corps de l'armée française et les troupes

auxiliaires se retireront par terre à Rosette, en suivant la rive gauche du Nil, avec armes, bagages, artillerie de campagne, caissons et munitions, pour y être embarqués, et de là transportés dans les ports français de la Méditerranée, avec leurs armes, artillerie, caissons, munitions, bagages, effets, aux frais des puissances alliées. L'embarquement desdits corps de troupes françaises et auxiliaires devra se faire aussitôt qu'il sera possible de l'effectuer; mais au plus tard dans cinquante jours, à dater de la ratification de la présente convention. Il est d'ailleurs convenu que lesdits corps seront transportés dans lesdits ports du continent français par la voie la plus prompte et la plus directe.

ARTICLE 3.

A dater de la signature et ratification de la présente convention, les hostilités cesseront de part et d'autre; il sera remis aux armées alliées le fort Sulkousky et la porte des Pyramides de la ville de Gisëh. La ligne d'avant-postes des armées respectives sera déterminée par les commissaires nommés à cet effet, et il sera donné les ordres les plus précis pour qu'elle ne soit dépassée, afin d'éviter les rixes particulières, et s'il en survenait, elles seraient terminées à l'amiable.

ARTICLE 4.

Douze jours après la ratification de la présente convention, la ville du Caire, la citadelle, les forts et la ville de Boulac seront évacués par les troupes françaises et auxiliaires, qui se retireront à Ibrahim-Bey, île de Raouddah et dépendances, le fort Leturq et Gisëh, d'où elles partiront le plus tôt possible, et au plus tard dans cinq jours, pour se rendre au point de l'embarquement. Les généraux des armées anglaise et ottomane s'engagent en conséquence à faire fournir à leurs frais, aux troupes françaises et auxiliaires, les moyens de transport par eau, pour porter les bagages, vivres et effets au point de l'embarquement. Tous ces moyens de transport par eau seront mis, le plus tôt possible, à la disposition des troupes françaises.

ARTICLE 5.

Les journées de marche et les campemens du corps de l'armée française et des auxiliaires seront réglés par les généraux des armées respectives, ou par des officiers d'état-major nommés de part et d'autre; mais il est clairement entendu que suivant cet article, les journées de marche et de campement seront fixées par les généraux des armées combinées. En conséquence, lesdits corps de troupes françaises et auxiliaires seront accompagnés dans leur marche par des commissaires anglais et ottomans, chargés de faire fournir les vivres nécessaires pendant la route et les séjours.

ARTICLE 6.

Les bagages, munitions et autres objets voyageant par eau, seront escortés par des détachemens français et par des chaloupes armées des puissances alliées.

ARTICLE 7.

Il sera fourni aux troupes françaises et auxiliaires et aux employés à leur suite, les subsistances militaires, à compter de leur départ de Gisëh jusqu'au moment de l'embarquement, conformément aux réglemens de l'armée française, et du jour de l'embarquement jusqu'au débarquement en France, conformément aux réglemens maritimes de l'Angleterre.

ARTICLE 8.

Il sera fourni par les commandans des troupes britanniques et ottomanes, tant de terre que de mer, les bâtimens nécessaires, bons et commodes, pour transporter dans les ports de France de la Méditerranée, les troupes françaises et auxiliaires, et tous les Français et autres employés à la suite de l'armée. Tout à cet égard, ainsi que pour les vivres, sera réglé par des commissaires nommés à cet effet par le général de division Belliard, et par les commandans en chef des armées alliées, tant de terre que de mer. Aussitôt la ratification de la présente, ces commissaires se rendront à Rosette ou à Aboukir, pour y faire préparer tout ce qui est nécessaire à l'embarquement.

ARTICLE 9.

Les puissances alliées fourniront quatre bâtimens et plus, s'il est possible, préparés pour transporter des chevaux, les futailles pour l'eau et les fourrages nécessaires jusqu'à leur débarquement.

ARTICLE 10.

Il sera fourni aux corps de l'armée française et auxiliaires, par les puissances alliées, une escorte de bâtimens de guerre suffisante pour garantir leur sûreté et assurer leur retour en France. Lorsque les troupes françaises seront embarquées, les puissances alliées promettent et s'engagent à ce que, jusqu'à leur arrivée sur le continent de la République française, elles ne seront nullement inquiétées; comme, de son côté, le général Belliard et les corps de troupes sous ses ordres promettent de ne commettre aucune hostilité pendant ledit temps, ni contre la flotte, ni contre les pays de Sa Majesté britannique et de la Sublime Porte, ni de leurs alliés. Les bâtimens qui transporteront et escorteront lesdits corps de troupes ou autres Français, ne s'arrêteront à aucune autre côte que celle de la France, à moins d'une nécessité absolue : les commandans des troupes françaises, anglaises et ottomanes prennent réciproquement les mêmes engagemens que ci-dessus pour le temps que les troupes françaises resteront sur le territoire de l'Égypte, depuis la ratification de la présente convention jusqu'au moment de leur embarquement. Le général de division Belliard, commandant les troupes françaises et auxiliaires de la part de son gouvernement, promet que les bâtimens d'escorte et de transport ne seront pas retenus dans les ports de France, après l'entier débarquement des troupes, et que les capitaines pourront s'y procurer à leurs frais, de gré à gré, les vivres dont ils auront besoin pour leur retour. Le général Belliard s'engage en outre, de la part de son gouvernement, que lesdits bâtimens ne seront point inquiétés jusqu'à leur retour dans les ports des puissances alliées, pourvu qu'ils n'entreprennent et ne servent à aucune opération militaire.

ARTICLE 11.

Toutes les administrations, les membres de la Commission des Sciences et Arts, et enfin tous les individus attachés au corps de l'armée française, jouiront des mêmes avantages que les militaires. Tous les membres desdites administrations et de la Commission des Sciences et Arts emporteront en outre avec eux, non seulement tous les papiers qui regardent leur gestion, mais encore leurs papiers particuliers, ainsi que les autres objets qui les concernent.

ARTICLE 12.

Tout habitant de l'Égypte, de quelque nation qu'il soit, qui voudra suivre l'armée française, sera libre, sans qu'après son départ sa famille soit inquiétée ni ses biens séquestrés.

ARTICLE 13.

Aucun habitant de l'Égypte, de quelque religion qu'il soit, ne pourra être inquiété, ni dans sa personne ni dans ses biens, pour les liaisons qu'il aurait eues avec les Français pendant leur occupation de l'Égypte, pourvu qu'il se conforme aux lois du pays.

ARTICLE 14.

Les malades qui ne pourront pas supporter le transport seront admis dans un hôpital, où ils seront soignés par des officiers de santé et employés français jusqu'à leur parfaite guérison; alors ils seront envoyés en France les uns et les autres, aux mêmes conditions que les corps de troupes. Les commandans des troupes des armées alliées s'engagent à faire fournir, sur des demandes en règle, tous les objets qui seront nécessaires à cet hôpital, sauf les avances à être remboursées par le gouvernement français.

ARTICLE 15.

Au moment de la remise des villes et forts désignés dans la présente convention, il sera nommé des commissaires pour recevoir l'artillerie, les munitions, magasins, papiers, archives, plans et autres effets publics que les Français laisseraient aux puissances alliées.

ARTICLE 16.

Il sera fourni, autant que possible, par le commandant des troupes de mer des puissances alliées, un aviso pour conduire à Toulon un officier et un commissaire des guerres, chargés de porter au gouvernement français la présente convention.

ARTICLE 17.

Toutes les difficultés ou contestations qui pourraient s'élever sur l'exécution de la présente convention, seront terminées à l'amiable par des commissaires nommés de part et d'autre.

ARTICLE 18.

Aussitôt la ratification de la présente convention, tous les prisonniers anglais ou ottomans qui se trouvent au Caire seront mis en liberté, de même que les commandans et chefs des puissances alliées mettront en liberté les prisonniers français qui se trouvent dans leurs camps respectifs.

ARTICLE 19.

Un officier supérieur de l'armée anglaise, un officier supérieur de son altesse le suprême visir et de son altesse le capitan-pacha, seront échangés contre des otages de pareil nombre et grade de troupes françaises, pour servir de garantie à l'exécution du présent traité. Aussitôt que le débarquement des troupes françaises sera effectué dans les ports de France, les otages seront réciproquement rendus.

ARTICLE 20.

La présente convention sera, par un officier français, portée et communiquée au général Menou, à Alexandrie, et il sera libre de l'accepter pour les troupes françaises et auxiliaires de terre et de mer qui se trouvent avec lui dans cette place, pourvu que son acceptation soit notifiée au général commandant les troupes anglaises devant Alexandrie, dans dix jours, à compter de celui où la communication lui en aura été faite.

ARTICLE 21.

La présente convention sera ratifiée par les commandans en chef des troupes et armées respectives, vingt-quatre heures après la signature.

Fait quadruple, au camp des Conférences, entre les deux armées, le 8 messidor an IX, à midi, ou le 27 juin 1801, ou le 16 du mois saffar 1216.

Signé, DONZELOT, *général de brigade;* MORAND, *général de brigade;* TARETRE, *chef de brigade;* JOHN HOPE, *brigadier général;* OSMAN-BEY, ISAAC-BEY.

Approuvé.

J. HELY HUTCHINSON, *général en chef.*

Approuvé de la part de lord Keith.

JACQUES STIVENSON, *capitaine de la marine royale.*

Nous avons approuvé les articles de la présente convention pour l'évacuation de l'Égypte, et la remise à la Porte ottomane.

HHADJY-YOUSOUEFF, *visir.*

Nous avons approuvé les articles de la présente convention pour l'évacuation de l'Égypte, et la remise à la Porte ottomane.

HUSSEYN-PACHA, CAPOUTAUDERYA.

Approuvé et ratifié la présente convention le 9 messidor an IX de la République française.

Le général de division, BELLIARD.

Au Caire, le 11 messidor an ix (30 juin 1801).

LE GÉNÉRAL DE DIVISION BELLIARD, AU PREMIER CONSUL BONAPARTE.

Mon Général,

Après le départ du général en chef Menou et de l'armée pour Aboukir, le 21 ventose, je demeurai au centre de l'Égypte avec un corps de troupes de deux mille cinq cent cinquante-trois hommes, pour défendre l'Égypte, la ville du Caire et son arrondissement, contre l'armée du visir, qui s'avançait par les déserts de la Syrie, et contre les troupes anglaises apportées de l'Inde à Cosséir et Suez. (On avait eu avis que plusieurs vaisseaux étaient dans la mer Rouge, à la hauteur de Gedda.)

Une partie des troupes sous mes ordres formait la garnison de la citadelle, des tours de l'enceinte du Caire, des places de Gisöh, le vieux Caire et Boulac. Il me restait une réserve mobile de quatre cent quatre-vingt-cinq hommes, avec laquelle je devais faire le service de la place, réunir des grains et des subsistances, et faire l'escorte des convois militaires de vivres et de munitions pour l'armée, arrêter l'armée du visir, et manœuvrer devant elle lorsqu'elle se présenterait, pour donner le temps au général en chef de se porter sur lui avec toutes ses forces, après avoir battu l'armée anglaise.

Le 24, j'écrivis au général Donzelot, qu'on avait laissé à Siout, d'évacuer la Haute-Égypte, et de se rendre à grandes journées au Caire avec ses troupes. J'invitai pareillement Mouråd-Bey, qui se montrait toujours fidèle à ses traités, de descendre, de venir occuper Sioul et Miniet, de maintenir la tranquillité dans le pays, et de nous envoyer des grains. J'écrivis aussi aux commandans de Miniet et de Benisouef de réunir des barques et d'expédier sur le Caire tous les grains qu'ils pourraient ramasser; nos magasins étaient presque vides.

Le 4 germinal, je reçus la nouvelle de la malheureuse journée du 30 ventose. Alors l'espoir de forcer l'armée anglaise à se rembarquer fut perdu; il restait à la contenir sur les sables d'Aboukir, à arrêter l'invasion du visir, et empêcher la jonction des deux armées. Le général en chef, avec son armée, se retira à Alexandrie, fit travailler à former un camp retranché, et à mettre la place en état de défense.

D'après les ordres du général en chef, je fis sortir des places de Salêhiëh et Belbéis tous les hommes qui étaient inutiles pour leur défense; et comme il y avait dans ces places des magasins considérables, j'en fis évacuer une partie sur le Caire.

Le 14, conformément aux ordres que j'avais reçus du général en chef, j'écrivis aux commandans de Belbéis et de Salêhiëh, que lorsqu'ils seraient assurés que des forces considérables étaient en marche de la Syrie pour l'Égypte, d'évacuer les places, d'apporter le plus de munitions et de vivres qu'ils pourraient, de faire sauter les forts, et de les mettre dans l'impossibilité de servir aux ennemis. Des rapports annonçaient déjà la marche de l'armée turque.

Le 16 germinal, je reçus un renfort de cinq cent soixante-dix hommes, que le général Donzelot amena de la Haute-Égypte. La peste faisait beaucoup de ravages dans la garnison du Caire et parmi ses habitans.

Le 21, j'appris la prise de Rosette, l'arrivée de l'armée ottomane à Salêhiëh. La garnison de cette place, celles de Belbéis et Birket-el-Adji se retirèrent sur le Caire, où elles arrivèrent le 24. Je donnai ordre à la garnison de Suez de revenir au Caire par la vallée de l'Égarement.

J'appris que Damiette avait été évacuée, et qu'il était resté deux cents hommes pour occuper Lesbëh et les forts de la côte.

La Charkié envahie, l'une des branches du Nil ouverte, l'autre sur le point de l'être, la fidélité des mameloucks, dont le caractère de Mouràd-Bey était la garantie, ébranlée par sa mort et nos pertes, je pris le seul parti qui me restât dans cet état extrême, celui de fortifier l'enceinte et les environs du Caire, de prendre une attitude imposante qui pût faire craindre à l'ennemi de s'avancer avant d'avoir réuni de grands moyens.

Cependant le visir avait ralenti sa marche, et s'était arrêté à Salêhiëh et Belbéis, pour y organiser son armée, former des magasins, et se recruter d'Arabes, de mameloucks et de gens du pays.

Je fus instruit sur ces entrefaites que le général de

division Lagrange, avec un corps de trois mille neuf cents hommes, rassemblés le 26 germinal, couvrait Rahmaniëh. Mes efforts et mes espérances augmentèrent. Il eût été avantageux peut-être à nos deux corps de se réunir pour combattre le visir lorsqu'il venait de traverser le désert, et avant qu'il eût pu mettre de l'ordre dans ses troupes, prendre de l'influence dans le pays et le soulever. Mais le général Lagrange avait ordre de couvrir Rahmaniëh, et ce ne fut que forcé par l'armée anglaise et le corps du capitan-pacha, après un combat très vif qui dura toute la journée du 19 floréal, qu'il l'abandonna. Le 23, il arriva au Caire avec ses troupes. J'appris aussi que la digue du lac Maadiëh avait été rompue, et que les eaux se répandant dans le lac Maréotis, rendaient déjà les communications de Rahmaniëh à Alexandrie très difficiles.

J'appris encore que les forces anglaises étaient débarquées à Suez.

Aussitôt la réunion des troupes du général Lagrange, je crus, avant que l'armée anglaise pût être près du Caire, devoir marcher sur Belbéis, pour voir l'ennemi, sonder ses projets, l'attaquer et savoir s'il ne serait pas possible de le renvoyer à Saléhiëh.

En effet, le 24, le petit corps de troupes auquel la défense du Caire devait être confiée, fut organisé sous les ordres du général Alméras; et, le 25, je marchai avec le reste des troupes, commandé par les généraux de division Lagrange et Robin. Le même jour, je couchai à El-Menayer. Quelques détachemens que nous rencontrâmes, furent repoussés.

Le 26, au jour, je me mettais en mouvement pour Belbéis, lorsque l'ennemi, qui venait à notre rencontre avec du canon, parut; je marchai sur lui occupant les hauteurs du désert à l'est d'El-Menayer. Vous trouverez ci-joint le rapport de l'affaire, qui a duré jusqu'à midi; voyant que l'ennemi courait d'un côté lorsque je marchais de l'autre et m'avançais sur lui; voyant qu'il était très décidé à ne point quitter l'Égypte; voyant qu'en guerroyant de la sorte j'usais mes munitions, et que je perdais des hommes sans en tirer aucun avantage; craignant qu'un corps de cavalerie assez nombreux qui avait disparu le matin, après avoir poussé une charge vigoureuse, ne fût venu sur le Caire; pensant en outre, que les Anglais et les troupes du capitan-pacha avaient suivi le général Lagrange, et devaient se trouver à un ou deux jours du Caire, je me décidai à revenir pour travailler à barrer le Nil, faire des batteries, fortifier Gisëh, et perfectionner autant que possible mon immense ligne. En arrivant au Caire, le général Alméras me dit qu'il m'avait envoyé plusieurs courriers, pour annoncer l'arrivée des Anglais et du capitan-pacha à Terranëh.

Pressé par trois armées nombreuses, et qui, tous les jours recevaient de nouvelles forces de la désertion des habitans de l'Égypte, des Arabes, des mameloucks (tous ceux de la Haute-Égypte se réunirent au capitan-pacha, et même l'émigration des habitans de l'Asie, que l'espoir du pillage attirait dans cette fertile contrée), j'avais à défendre la ville du Caire, dont la population devenait ennemie, et pouvait réunir vingt-cinq à trente mille combattans; au milieu de nos camps la ligne de circonvallation offrait un développement de douze mille six cents toises. J'étais sans argent; les fonds qui sont entrés en caisse depuis le départ de l'armée proviennent des versemens faits par les officiers généraux ou particuliers, et par des individus attachés à l'armée, qui, sur la demande qu'on leur en a faite, ont donné leur argent pour les dépenses de l'armée; quelques contributions ordinaires et extraordinaires, ainsi que la monnaie, nous ont fourni des ressources ; j'avais très peu de vivres et de munitions d'artillerie. Il fallut presque tout créer, magasins, affûts, poudre, etc. Alexandrie n'était plus qu'une île d'un accès très difficile, et avec laquelle j'étais sans communication depuis vingt-deux jours.

Je délibérai si nous nous retirerions dans la Haute-Égypte; mais l'examen de cette contrée n'offrait aucune position militaire, j'avais très peu de moyens de transport, et je ne devais pas croire que l'ennemi me laisserait le temps de préparer cette retraite : il n'y avait aucune ville qui offrît assez de moyens pour la création d'un arsenal, assez de ressources pour les travaux que nous eussions été obligés d'entreprendre ; cette contrée d'ailleurs était ravagée par une peste affreuse.

Le parti que je pris fut celui que Chevert prit à Prague dans des circonstances bien moins difficiles ; car il n'était pas au centre de l'Afrique, pressé par deux armées ottomanes; il n'avait pas au milieu de son camp une population nombreuse et féroce; nous avions comme lui une armée européenne devant nous (l'armée anglaise), et je n'avais comme lui qu'un faible corps en état de combattre, et un développement immense à défendre; j'avais en outre un grand nombre de malades, de guerriers mutilés, et des citoyens que l'amour des arts et des sciences avaient attirés en Égypte.

Je fis arrêter les chefs de la religion, les membres du divan et les hommes les plus marquans de la ville du Caire; ils furent renfermés dans la citadelle; on dirigea les batteries sur la ville; les plus grandes menaces lui furent faites : les généraux, les officiers, les soldats se mirent à creuser des fossés. On éleva des retranchemens sur lesquels on posa des canons, la plupart trouvés en Égypte; le mouvement continuel des troupes semblait les multiplier; partout nous présentâmes une attitude imposante et une apparence de force qui fit que nos ennemis jugèrent que, pour arriver au Caire, il fallait marcher sur nos cadavres et ses ruines.... Le peuple du Caire dut penser que le moindre mouvement hostile de sa part serait le signal de la mort de ses chefs et de la destruction de la ville. Nos exploits étaient récens, l'impression qu'ils avaient faite était grande, et on devait tout craindre d'hommes habitués depuis long-temps à toutes les chances de la guerre. On vit bien que nous voulions périr tous ou dicter les conditions de notre retraite ; aussi l'ennemi mit-il beaucoup de lenter dans ses mouvemens, marcha avec beaucoup de précaution, et ne voulut arriver devant nous qu'après avoir réuni de grands moyens ; cela me fit gagner du temps, en attendant les instructions du général en chef, dont je n'avais pas de nouvelles depuis quarante-cinq jours. Le 24 prairial, arriva un détachement de dromadaires qui me remit une lettre, et point d'instructions pour la conduite que je devais tenir dans ces circonstances difficiles ; je renvoyai ce détachement pour informer le général en chef de notre position, qu'il semblait ne pas connaître. Ci-joint la lettre que je lui écrivis.

Le 1ᵉʳ messidor nous fûmes entièrement investis par les armées combinées, et toute communication à l'extérieur fut coupée. Les jours suivans les ennemis firent replier quelques uns de nos avant-postes, et commencèrent à établir des batteries : ils avaient jeté un pont de bateaux au village de Choubra, un petit corps d'armée descendait de la Haute-Égypte.

Le 3, on convint d'une suspension d'armes, et le 4 il y eut une conférence composée de trois officiers français, d'un nombre égal d'officiers des armées combinées ; le 5 nous proposâmes les conditions de notre retraite ; le 8 elles furent acceptées, et ratifiées le 9.

Nos lignes de circonvallation ne pouvaient tenir

par leur développement immense, et par la faiblesse de plusieurs points, contre une attaque de vive force. Nous avions à peine cent cinquante coups à tirer par pièce. Nous avions à dos la population du Caire, qui, ne recevant plus de vivres de la campagne, aurait certainement, en cas d'attaque, concerté ses mesures avec celles des assiégeans; nos lignes étant forcées, les différens corps se fussent retirés très difficilement sur la citadelle; nous perdions nos chevaux d'artillerie et de cavalerie, et tous nos moyens de transport de munitions. La résistance qu'on eût pu faire eût été de vingt à vingt-cinq jours, en raison des subsistances; mais alors plus d'espoir d'entrer en négociations, il faut être à la merci des ennemis, obéir à leurs ordres; quelle capitulation pouvait-on espérer de deux armées turques maîtresses de l'Égypte et du Caire? Les Anglais pourraient-ils les arrêter?

Nous aurions cependant pris ce parti, mon Général, si des points de contact avec la France eussent encore existé pour nous, et s'il nous fût resté quelque espoir de secours. Nous ne pouvions les attendre, ces secours, que jusqu'au 25 au plus tard, la convention a été conclue le 9.

Mais, mon Général, depuis huit mois vous connaissez l'expédition d'Abercombrie; vous avez fait pour la brave armée d'Égypte, que vous regardez comme votre famille, tout ce qu'il était possible. Gantheaume avait été expédié avec cinq mille hommes; s'il fût arrivé à temps, notre position serait bien différente ; il n'a pu passer, tous vos efforts ont été infructueux. Depuis quatre mois, nous défendons l'Égypte pied à pied. Vous connaissez notre situation, et bien sûrement vous avez tout fait pour l'améliorer. Rien n'est arrivé, que pouvons-nous espérer ? Les Anglais ne seraient pas, je crois, aux portes du Caire, s'ils craignaient une escadre nombreuse dans la Méditerranée.

Je ne vous ferai pas l'éloge des officiers-généraux, des chefs, des officiers, des soldats. Ces guerriers, couverts de cicatrices, ont battu, sous vos ordres, cinq armées autrichiennes en Italie, et ont fait la conquête de l'Égypte. Ils luttent depuis trois ans contre les privations de toute espèce, la peste et les efforts de l'Europe et de l'Asie : vous les connaissez tous ; ils n'ont cessé de se rendre dignes de vous.

Vous trouverez ci-joint le plan de l'arrondissement du Caire ; vous le connaissez mieux que personne. Déroulez-le, jetez les yeux sur la situation des troupes, l'état de nos munitions, et sur celui de la caisse ; voyez les rapports du directeur du génie et du commandant d'artillerie ; ces pièces seront suffisantes pour vous donner une idée de nos ressources, de nos moyens et de notre position. Je joins aussi l'état des malheureuses victimes de la maladie contagieuse.

J'emmène avec moi les troupes auxiliaires à cheval et à pied. Beaucoup d'habitants du pays nous suivent avec leurs familles. Je ferai aussi embarquer plusieurs chevaux et jumens, qui seront remis au gouvernement, s'il le désire, en le remplaçant par des chevaux français.

Le chef de brigade du génie d'Hautpoul, mon général, et le citoyen Champy, directeur-général des poudres et salpêtres, vous remettront la convention que j'ai faite avec les trois généraux des armées combinées. Le commissaire Reynier se rend en France pour porter les états des besoins de notre armée; je vous les recommande tous les trois, mon général; ils jouissent à l'armée d'une grande considération, et sont estimés du général en chef.

Salut et respect. *Signé* BELLIARD.

PIÈCES JUSTIFICATIVES.

(N° 1.) Au quartier-général d'Alexandrie, le 4 floréal an IX (24 avril 1801)

LE GÉNÉRAL EN CHEF MENOU, AU GÉNÉRAL BONAPARTE, PREMIER CONSUL.

CITOYEN PREMIER CONSUL,

Le 10 ventose, cent cinquante bâtimens anglais paraissent devant Alexandrie et Aboukir; parmi eux neuf ou quinze vaisseaux de ligne; total, trente-deux bâtimens de guerre de toutes les grandeurs; le doute sur le nombre des vaisseaux de ligne vient de ce qu'ils ont des vaisseaux de la Compagnie des Indes et des vaisseaux de 50; on croit qu'ils ne sont armés qu'en flûte, mais ils les mettent en ligne.

Le 13 ventose, arrive au Caire la nouvelle de l'apparition des Anglais. A cette époque, l'Égypte était menacée de quatre côtés différens : dans la mer Rouge, par les troupes anglaises de l'Inde; du côté de Salêhiëh, par l'armée ottomane; à Damiette, par une flotte de la même nation; à Alexandrie, Aboukir et Rosette, par les Anglais. Mourâd-Bey devenait aussi très inquiétant, car il est vraisemblable que, dans cette lutte, il se rangera du côté le plus fort. A cette époque, les troupes françaises du cinquième arrondissement, qui comprend Alexandrie, Rosette et Bahirëh, consistaient dans les 61e et 75e de ligne, les 3e et 18e dragons, avec une artillerie de campagne assez nombreuse.

Le 13 au soir, partent du Caire le 22ᵉ chasseurs à cheval, la 4ᵉ légère, la 18ᵉ et la 69ᵉ de ligne, sous les ordres du général de division Lanusse et du général de brigade Silly. La 25ᵉ de ligne, qui était dans le Delta, reçoit ordre aussi de se porter à Rosette, pour de là marcher où le jugerait nécessaire le général Friant.

Le 17 ventose, les Anglais débarquent à Aboukir, sur le même point où avaient débarqué les Turcs en l'an VII. Le général Friant leur offre la plus vive résistance en les chargeant à la baïonnette et en dirigeant le feu de son artillerie avec beaucoup de justesse; il tue ou met hors de combat deux mille hommes aux ennemis; mais, accablé par le nombre, il est obligé de se retirer sur les hauteurs de Canope, et de là, sur celles qui sont entre le camp des Romains et le lac Maadiëh.

Le 18, arrive le 22ᵉ régiment de chasseurs; le 19, les trois demi-brigades commandées par les généraux Lanusse et Silly.

Les 18, 19, 20 et 21, escarmouches et commencement du siége d'Aboukir par les ennemis; ils le battent par terre et par mer.

Dans la nuit du 17 au 18, le général Friant avait expédié un courrier au Caire, pour y apprendre ce qui s'était passé. Dans la nuit du 20 au 21, le courrier arrive au Caire.

Le 21, le général en chef, malgré la position où se trouvaient Souez, Salêhiëh et Damiette, menacés par l'ennemi, se détermine à partir avec toute l'infanterie et la cavalerie, sauf la 9ᵉ de ligne et la 22ᵉ légère, qu'il laisse pour défendre le Caire et les frontières de la Syrie. Il envoie ordre au général Rampon de se rendre sur-le-champ à Rahmaniëh avec quinze cents hommes et son artillerie; il envoie aussi ordre au général Donzelot de descendre de la Haute-Égypte au Caire avec la 21ᵉ légère.

Le 21, le général en chef se met en route avec la 13ᵉ, la 85ᵉ et la 88ᵉ de ligne, un détachement de la 21ᵉ, qui était depuis long-temps au Caire, le 7ᵉ de hussards, le 14ᵉ, le 15ᵉ et le 20ᵉ de dragons.

Le 22, les ennemis viennent attaquer les généraux Friant et Lanusse, qui, après un combat très vif, se replient sur les hauteurs en avant de la porte de Rosette. L'ennemi se retire aussi sur les hauteurs entre le camp des Romains et le lac Maadiëh, où il commence à se retrancher. L'ennemi a perdu dans cette journée à peu près mille à douze cents hommes. Les troupes françaises y ont aussi beaucoup perdu; elles se sont battues comme des lions, mais les dispositions n'ont pas été faites telles qu'elles devaient être; le général Lanusse n'a fait battre ses troupes que partiellement, au lieu de réunir leurs efforts.

Le 24, le général en chef arrive à Rahmaniëh; il y attend le 25 le général Rampon, et le 26 il part pour Birket, où le rejoint le général Rampon; le 28 il arrive à Alexandrie après une marche des plus pénibles, ayant été obligé d'aller traverser le lac Maréotis, par-delà le Marabou, la chaussée de Réda étant occupée par l'ennemi.

Le 29, le général en chef fait ses dispositions; le 30, à trois heures et demie du matin, il attaque les ennemis dans leur position entre le camp des Romains et la pointe du lac Maadiëh. Le combat a été terrible pendant six heures de temps; mais, citoyen Premier Consul, ceux qui depuis long-temps voulaient l'évacuation de l'Égypte ont donné dans cette mémorable journée des preuves de leur inaltérable malveillance. Les troupes du centre et la cavalerie ont fait des prodiges de valeur ; elles ont percé deux fois les deux lignes ennemies, *sont entrées dans leurs redoutes* ; mais n'étant secondées ni par la droite ni par la gauche, elles ont été obligées de se retirer avec beaucoup de perte. L'infanterie du centre était commandée par les généraux Rampon, Zayoncheck et Destaing ; la cavalerie, par les généraux Roize et Boussard. Le général Destaing a eu le bras cassé, Roize a été tué dans le camp ennemi, Boussard a eu deux coups de feu et un coup de baïonnette.

A la gauche, commandée par le général Lanusse, les troupes se sont montrées avec le plus grand sang-froid ; mais, mal dirigées par ce général, elles n'ont rien fait de ce qui avait été ordonné. Il en a été de même pour la droite, commandée par le général Reynier.

A la fin de l'affaire, sur les neuf heures du matin, le général Lanusse a eu la cuisse emportée par un boulet perdu ; il est mort le soir même : le général Silly, un des plus braves et des plus honnêtes hommes de l'armée, a eu aussi la cuisse emportée, mais il va bien.

A la droite, le général Baudot a eu aussi la cuisse emportée par un boulet perdu : il est mort de sa blessure.

A neuf heures et demie, voyant que tous les efforts étaient inutiles, le général en chef a ordonné la retraite, qui s'est faite avec le plus grand ordre. L'armée française est venue reprendre sa position en avant de la porte de Rosette ; les ennemis ont gardé la leur.

Une grande quantité d'officiers de l'état-major et de chefs de corps ont été tués ou blessés ; presque tous ont été démontés. Le général en chef a eu aussi un cheval tué sous lui.

Sir Ralph Abercrombie, général en chef de l'armée ennemie, est mort de ses blessures, ainsi qu'un autre de leurs généraux, sir Kerry; deux autres ont été blessés, ainsi que M. Smith.

Tous les aides-de-camp du général en chef se sont conduits avec la plus grande distinction ; l'aide-de-camp du général Murat, qui était venu apporter des dépêches d'Ancône, a été tué à côté du général en chef.

La perte des ennemis et celle des Français a été à peu près la même, quinze cents hommes hors de combat de part et d'autre.

Le lendemain de la bataille, 1ᵉʳ germinal, les malveillans ont cherché à exciter du mouvement dans l'armée; les troupes ont été inébranlables; ils ont écrit au Caire, mandant que tout était perdu, et qu'il fallait tout évacuer, tout vendre à quelque prix que ce fût. Le général en chef, instruit à temps, a rassuré tout le monde, excepté les gens qui, par faiblesse ou malveillance, ne se rassurent jamais.

Le général en chef a fait retrancher de la manière la plus forte la position en avant de la porte de Rosette; elle est presque inattaquable.

Le fort d'Aboukir s'est rendu le 17 ventose.

Les ennemis ont marché sur Rosette ; le fort s'est rendu après une très belle défense, et le Boghaz a été forcé par les canonnières anglaises; mais elles ne pourront pas remonter le Nil, vu le peu d'eau qui y existe aujourd'hui.

Le général en chef a envoyé le général Lagrange pour couvrir Rahmaniëh avec environ quatre mille hommes. Il est posté sur le bord et sur la rive gauche du Nil, à mi-chemin de Rahmaniëh et Rosette. Les Anglais ont leur position à deux lieues au-dessus de cette place; ils ont leur droite appuyée au lac d'Edko, et leur gauche au Nil.

Les Anglais, qui se croient tout permis, ont coupé, du côté de Béda, la digue qui contient les eaux du lac Maadiëh; la mer s'est répandue dans tout l'espace qui formait autrefois le lac Maréotis, et de là dans une vallée qu'on croit s'étendre jusqu'auprès de Derne. Le général en chef a fait sur-le-champ porter à bras d'hommes et sur des prolonges d'artillerie, des bateaux qu'on a placés sur le lac Maréotis; ils servent à entretenir la communication avec Rahmaniëh : la cavalerie peut passer dans environ trois pieds d'eau. On construit aussi des pontons qui porteront du canon, pour s'opposer aux canonnières que l'ennemi pourrait porter sur le lac Maréotis. On s'est servi, pour exécuter cette mesure, d'un ancien canal creusé pour faire passer les galères du port dans le lac Maréotis; il est entre le mamelon et le fort des Bains.

Une portion de l'armée des Osmanlis est arrivée à Salêhiëh.

Deux vaisseaux anglais sont entrés dans la mer Rouge.

Vous voyez, citoyen Premier Consul, quelle est la position de l'armée française en Égypte : le général en chef vous promet qu'il se battra jusqu'à la mort, et qu'il rendra à jamais mémorable la défense des Français en Egypte, s'ils ne reçoivent pas de secours.

L'amiral Gantheaume, sorti de Brest vingt et un jours avant *la Régénérée*, partie de Rochefort, aurait pu être arrivé ici avant l'apparition des Anglais. *La Régénérée* n'a mis que dix-sept jours dans sa traversée. Si l'amiral Gantheaume était arrivé, les Anglais ne seraient plus aujourd'hui en Egypte : il a été vu à l'entrée de Toulon le 30 pluviose; c'est *le Lodi* qui en a fait le rapport. Quelle fatalité a donc retardé la marche de l'escadre française?

Le général en chef ne peut trop se louer des capitaines de vaisseau Villeneuve, Richer et Barré; eux et leurs marins s'emploient partout

Résumé.

Les Anglais sont maîtres d'Aboukir et de la presqu'île, jusqu'à la pointe du lac Maadiëh à leur gauche, et le camp des Romains à leur droite.

Ils sont maîtres de toute la côte, depuis Aboukir jusqu'à Rosette inclusivement; ils se sont emparés du fort Julien et du Boghaz; leur position de ce côté est à deux lieues en avant de Rosette.

Les Français sont maîtres d'Alexandrie jusque vers les hauteurs qui sont à un quart de lieue en avant de la porte de Rosette; leur camp retranché est assis sur ces hauteurs: ils sont maîtres de Rahmaniëh, et ils ont un corps considérable au-dessous de cette place, à quatre lieues de Rosette et vis-à-vis des Anglais; ils sont encore maîtres de Bourlos, Damiette, le Caire et de tout le reste de l'Egypte.

Mourâd-Bey est à Miniet. Que feront les Osmanlis? cela est encore très incertain.

Le général en chef a nommé deux lieutenans-généraux, afin de comprimer tous les malveillans; ce sont les généraux Friant et Rampon.

Le général en chef prendra peut-être le parti de renvoyer en France tous ces malveillans, qui ont juré haine à leur pays. Dans les circonstances difficiles, il faut employer les grands remèdes.

Ci-joint l'ordre de bataille donné le 29 au soir, à Alexandrie, à tous les généraux de l'armée. Une note explicative fera connaître ce qui a été exécuté et ce qui ne l'a pas été.

Salut et respect. *Signé* Menou.

(N° 2.)

NOTES DU GÉNÉRAL ***,

SUR LA SITUATION DE L'ARMÉE D'ÉGYPTE,

DEPUIS LA FIN DE L'AN VII JUSQU'AU 12 FLORÉAL AN IX.

Les lettres écrites au Directoire exécutif par Kléber, Damas, Dugua, Tallien, Poussielgue, etc., attestent la haine qu'on portait à Bonaparte, et le désir de le voir anéanti.

Discours injurieux tenus à la mémoire de Bonaparte.

Bonaparte, devenu premier consul, irrita la jalouse ambition de Kléber. Il ne tenta rien moins que d'engager l'armée à se déclarer indépendante, pour lutter contre le premier consul.

Après la reddition d'El-A'rych, le commandant reçoit en rentrant un grade supérieur et une gratification de 10,000 fr.

Mutinerie des troupes excitée à Damiette et à Alexandrie. La solde arriérée de huit mois.

Lorsque le général Kléber prit le commandement de l'armée d'Orient, à la fin de l'an VII, il ne put cacher la jalousie qu'il portait à la gloire de son prédécesseur. Tous les établissemens faits par celui-ci furent changés, et le système de guerre qu'ont signalé d'éclatans faits d'armes en Égypte et en Italie fut rebuté. Une rivalité entre les généraux ayant fait les campagnes d'Italie, et ceux qui avaient combattu dans le Nord et sur le Rhin, s'établit alors. Dès ce moment, plus d'unité dans l'armée, qui se divisa en deux partis.

Le général Kléber, zélé protecteur des détracteurs de Bonaparte, manifesta bientôt le désir et le projet de ramener l'armée en France et d'abandonner l'Égypte sans en tirer aucun avantage; c'est en conséquence de ces dispositions que la capitulation d'El-A'rych fut signée.

Les moyens employés pour avoir des prétextes justificatifs d'une telle conduite, n'ont pu échapper, même aux moins clairvoyans.

A la bataille de Mattariëh, si les troupes eussent été abandonnées à leur impulsion ordinaire, il ne retournait pas un Turc en Syrie; la méthode théorique employée dans cette affaire, permit au contraire à cette armée de reprendre l'offensive peu de temps après.

Plusieurs parlementaires sont envoyés et reçus par terre et par mer.

Arrivée du chef de brigade Latour-Maubourg et du général Galbo.

Réquisitions faites en nature, en bestiaux, et accompagnées des plus dures vexations.

Les Cophtes employés à ces recouvremens.

Prétexte de mauvaise volonté ou d'intentions hostiles supposées aux habitans pour piller impunément des villages.

La mauvaise foi du cabinet de Saint-James a sauvé à l'armée française la honte de l'évacuation, en l'obligeant de reconquérir l'Égypte sur les Osmanlis, maîtres d'une partie des forts, et répandus dans la ville du Caire.

L'impossibilité de renouer des négociations avec succès, était assez démontrée par la perfidie des Anglais, et par le sentiment des forces de l'armée. Cependant le général Kléber, fidèle à son plan, chercha les moyens de se rapprocher des Anglais pour traiter de nouveau, et leur laisser l'Egypte.

Des ordres exprès du gouvernement vinrent déranger son projet; mais pour cela il ne s'obstina pas moins à partir lui-même avec quelques uns de ses plus zélés partisans. Un défaut de combinaisons et des circonstances particulières l'en empêchèrent.

Pendant qu'on se disposait ainsi à abandonner la conquête de l'Egypte, et qu'on flattait les troupes de l'espoir de rentrer dans leur patrie, l'administration du pays était totalement négligée, ou remise à des agens dignes de leur ministère.

Les habitans du pays furent souvent exposés aux extorsions des commandans militaires, qui, appuyant de la force des armes les prétentions des agens particuliers, et croyant leur départ pro-

	chain, pressuraient d'autant pour en retirer le plus possible.
Il avait été retiré de l'Égypte plusieurs millions, et jamais il n'y avait un sou disponible pour la solde.	Malgré ces avanies et ce qu'on retirait en avances sur le myri des villages, la solde de l'armée était arriérée de près d'un an, et les principaux chefs d'administration étaient créanciers du gouvernement de sommes considérables.
	C'est dans cet état de choses en Egypte que le général Kléber fut assassiné par un émissaire du visir.
L'armée vit avec plaisir la bonne résolution de son nouveau chef.	Le commandement échut alors au général Menou, qui, fidèle à l'honneur et à son pays, prévint l'armée, par une adresse, qu'il ne ferait rien d'indigne d'elle, et qu'il n'agirait que d'après les ordres du gouvernement.
Propos indécens tenus par quelques individus.	Les partisans de l'évacuation trouvèrent dans le nouveau commandant un antagoniste sévère, aussi cherchèrent-ils à jeter de la défaveur sur toutes ses opérations.
	Le général Menou sentit la nécessité d'extirper les grands abus d'administration militaire et civile, et d'y suppléer par des réglemens sages.
Réforme des commissaires des guerres. Les fournitures de subsistances représentées par une indemnité en numéraire. Les hôpitaux bonifiés, les corps chargés de leur habillement. Fixation des droits faciles à recouvrer sans être à charge aux paysans. Les Cophtes ne sont plus char-	Une réforme fut ordonnée dans l'administration militaire, et un système organisateur, en assurant la subsistance et la solde de la troupe, détermina la quotité d'impositions, à laquelle seraient assujettis les habitans, en les déchargeant des avanies et extorsions sous lesquelles ils gémissaient depuis trop long-temps.

gés des recouvremens. Les commandans militaires chargés de surveiller la perception sans pouvoir rien exiger.

Contentement général des habitans sur ce changement.

La confiance succédait alors à la crainte, et les communications entre les habitans et les Français furent sincères et faciles.

Les administrateurs réformés, accoutumés à grossir leur bourse du produit de leurs extorsions, et ne pouvant continuer, cherchèrent à sauver leur fortune en se joignant aux partisans de l'évacuation.

Écrit relatif à Daure, promu au grade d'inspecteur général aux revues.

Des lettres anonymes furent écrites, et peignirent le général Menou sous les plus noires couleurs.

La masse de l'armée resta inaccessible à toutes les dissensions, et on s'acharna davantage en raison de la résistance qu'on éprouvait à l'ébranler.

Les troupes sentaient trop bien l'avantage du nouveau système, aussi restèrent-elles toujours attachées, par l'estime la mieux méritée, au général qui, après l'avoir fait solder de ses arriérés, lui assurait une bonne subsistance, et cherchait tous les moyens de lui être avantageux en remplissant les intentions du gouvernement.

L'opinion inébranlable de l'armée convainquit les propagateurs de l'évacuation et ses partisans, réunis par d'autres motifs, qu'ils ne pouvaient la détacher de son chef.

Les généraux Reynier, Damas, Lanusse, Verdier:

Des hommes marquant par les premiers grades militaires, et fa-

le premier, jaloux du commandement de l'armée ; le deuxième, tenant au système d'évacuation, et peut-être encore plus au trésor de Kléber.

Le troisième, soupçonné d'avoir toléré des dilapidations, avait été relevé du commandement d'Alexandrie ; où il avait introduit des *officiers anglais dans les fêtes.*

Le quatrième, d'une immoralité reconnue et par ses vexations commises dans le Delta et ailleurs.

Et tous les quatre, irrités de ne pouvoir plus abuser de leur autorité pour se procurer de l'argent par des moyens peu délicats, s'étaient, avec leurs partisans, déclarés les antagonistes du général qu'ils avaient même résolu de faire arrêter ; ils avaient en conséquence *attiré dans leur* parti les chefs de brigade Pepin et Goguet.

tigués de l'inaction peu lucrative où ils étaient réduits, levèrent enfin le masque, et se présentèrent chez le général pour lui demander raison des changemens qu'il avait établis dans l'administration, et pour l'engager à *rétablir les choses dans le même état* qu'elles étaient avant qu'il prît le commandement de l'armée.

La réponse ferme et positive du général Menou, étonne les réclamans.

Le premier consul ayant

Le général en chef, étonné d'une démarche qui pouvait avoir les conséquences les plus fâcheuses, et assuré des bons effets du nouveau mode d'administration, répondit positivement qu'il ne changerait rien de ce qu'il avait ordonné, parce qu'il n'avait rien fait qui ne fût conforme aux intérêts de l'armée et du gouvernement. Il promit en même temps de laisser leur procédé ignoré.

Ce parti, désespéré de n'avoir

confirmé le général Menou dans le commandement de l'armée, les dissidens se taisent, n'ayant plus de prétexte à lui opposer.

Des Anglais, sous prétexte de négoce, voyageaient en Égypte ; ils pouvaient être suspectés d'espionnage.

Les dissidens attendent l'arrivée d'une armée ennemie pour entraver et faire échouer les opérations militaires du général en chef.

Les troupes avaient été rassemblées au Caire pour s'assurer de leurs bonnes dispositions, et pour empêcher la propagation du système d'évacuation, en leur en montrant le ridicule par la réunion des forces qu'on pouvait opposer aux ennemis du dehors.

pu arracher au général Menou l'estime, la bienveillance de l'armée, la confiance et le respect des habitans, ne s'obstina pas moins à poursuivre sa chute, et crut en assurer le succès, en faisant manquer les opérations militaires si l'ennemi se présentait.

Le moment parut favorable, et vraisemblablement ces dissensions le devancèrent.

Les Anglais rassemblaient des troupes à Rhodes, et le visir, réunissant des troupes en Syrie, menaçait l'Egypte.

Les rapports de Syrie apprirent qu'un corps de dix à quinze mille Turcs était posté à El-A'rych, et que le gros de cette armée était prêt à se mettre en marche.

Pour prévenir les mouvemens de cette armée turque, et la battre avant qu'elle mît le pied sur le terrain cultivé, des troupes furent réunies au Caire ; on tira à cet effet des détachemens de Damiette et d'Alexandrie.

La saison des débordemens n'était pas encore venue, on ne devait pas craindre les Anglais.

L'armée d'Orient était répartie le 10 ventose comme il suit :

DU GÉNÉRAL REYNIER. 351

Dans la Haute-Égypte.

2 bataillons de la 21ᵉ légère, avec le général Donzelot.

Saléhiëh, Belbéis, le Caire, Boulac et Gisëh.

4ᵉ légère.
1ᵉʳ bataillon de la 21ᵉ légère.
22ᵉ légère.
9ᵉ de ligne.
13ᵉ de ligne.
18ᵉ de ligne.
69ᵉ de ligne.
85ᵉ de ligne.
88ᵉ de ligne.
1 bataillon de sapeurs.
4 régim. de cavalerie.
Les guides.
Les Cophtes, Grecs et Syriens.

Le général en chef.
Le général de division Lagrange, chef de l'état-major général.
Belliard, commandant le Caire.
Galbo, adjoint de la place.
Duranteau, *idem.*
Reynier, général de division.
Robin, général de brigade.
Baudot, *idem.*
Lanusse, général de division.
Silly, général de brigade.
Valentin, *idem.*

Le Caire, Boulac et Gisëh.

1,000 hommes et 200 chevaux venus d'Alexandrie et de Damiette.
Les dromadaires.
2 compagnies d'artillerie légère.
Le parc d'artillerie.

Samson, général du génie.
Bertrand, *idem.*
Songis, général d'artillerie.
Fautrer, *idem.*
Roize, général de cavalerie.
Boussard, *idem.*
Bron, *idem.*
Damas, Destaing, Alméras et Morand.

Alexandrie et Aboukir.

61ᵉ de ligne.
75ᵉ de ligne.
3ᵉ de dragons.
18ᵉ de dragons.
1ʳᵉ comp. d'artill. légère.

Moins 500 hommes et 100 chevaux détachés au Caire.

Le gén. de division Friant.

Rosette, Rahmaniëh et le Delta.

1 bataillon de la 75ᵉ. Le général Zayoncheck.
2 bataillons de la 25ᵉ. Le général Délegorgue.

Damiette et Lesbëh.

2ᵉ légère. 32ᵉ de ligne. 20ᵉ dragons. 1ʳᵉ comp. d'artill. légère.	Moins 500 hommes et 100 chevaux détachés au Caire.	Le gén. de division Rampon.

Une flotte parut à la vue d'Alexandrie le 10 ventose; on signala cent trente-cinq voiles ayant le cap à Aboukir. Elle mouilla dans la baie le 11. Le général Friant expédia aussitôt des courriers au Caire et à Damiette pour prévenir de ce mouvement. Les courriers arrivèrent le 13 à leur destination. Le général Friant prit position sur les hauteurs d'Aboukir avec les troupes de la garnison d'Alexandrie; le général Zayoncheck fut posté à la Maison Carrée, entre Rosette et Aboukir, avec un bataillon de la 75ᵉ et le 3ᵉ régiment de dragons.

Deux bataillons de la 25ᵉ, détachés dans le Delta, reçurent l'ordre de se porter sur Rahmanieh, avec soixante-dix chevaux du 20ᵉ.

La division Lanusse partit du Caire avec un régiment de cavalerie, pour marcher sur Aboukir à grandes journées.

Le général Rampon rassembla toutes les troupes sous ses ordres à Damiette, pour être prêt à exécuter tout mouvement. Les détachemens tirés d'Alexandrie et de Damiette partirent du Caire pour rejoindre leur division à marches forcées; celui de Damiette y arriva le 18 ventose, avec le général Morand.

Par les rapports ultérieurs, le général Friant assurait qu'il n'y avait pas de troupes de débarquement sur cette flotte, et qu'il répondait de repousser toute tentative sur le rivage.

Ensuite de cette assurance, le mouvement des troupes en marche fut retardé; le régiment de cavalerie aurait pu, sans ce retard, arriver le 17 à Aboukir.

Le général Zayoncheck avait prévenu le général Friant de ce mouvement.

L'ennemi, sans montrer ses troupes, faisait des manœuvres pour rapprocher ses bâtimens, et exerçait journellement ses chaloupes.

De gros bâtimens de transport chargés de troupes avaient été poussés aussi près de terre que possible; les chaloupes de tous les bâtimens de la rade les avaient accostés.

Les généraux Samson et Bertrand tenant aussi au système d'évacuation, étaient présens à l'affaire. Tout en convenant du grand ordre mis par les Anglais dans leur débarquement, ils assuraient que s'ils se présentaient encore, ils ne douteraient pas du succès des efforts que feraient les troupes pour l'empêcher.

Le 17 ventose, par un temps très calme, toutes les chaloupes furent chargées de troupes, et se dirigèrent sur la terre, avec beaucoup de célérité, d'ordre et d'ensemble, sous la protection d'embarcations armées. Elles débarquèrent au nord-ouest de la baie, point le mieux reconnu pour la facilité d'un débarquement, ainsi que pour l'avantage d'une bonne position militaire et sa proximité. Elles présentèrent en même temps un front de bataille de trois à quatre mille hommes.

Les troupes du général Friant, qui comprenaient la 61°, deux bataillons de la 75°, le 18° régiment de dragons, et soixante-dix chevaux du 20°, étaient campées en arrière des mamelons, et

Malgré les meilleures intentions du général Friant et son violent désir d'acquérir une nouvelle gloire, on ne peut s'empêcher de lui reprocher d'avoir mis trop de méthode et de lenteur dans ses manœuvres. C'est particulièrement ce qui lui a fait éprouver des revers.

avaient leurs avant-postes sur les points les plus saillans ; lorsque ces avant-postes virent les mouvemens ennemis, ils se replièrent sur le corps de bataille ; les corps étaient par colonnes en masse.

La 61ᵉ, après s'être déployée, se porta sur le point le plus saillant. Pendant qu'elle exécutait sa manœuvre, l'ennemi se portait sur le même point. Ces deux corps se rencontrèrent au sommet. Là s'engagea un combat opiniâtre ; les Anglais qui se présentèrent de front furent repoussés avec vigueur jusque dans leurs chaloupes par les grenadiers de la 61ᵉ ; cette demi-brigade se trouvant débordée sur ses flancs, et exposée à un feu très vif, fut obligée de se retirer pour n'être pas enveloppée. La 75ᵉ fut aussitôt mise en mouvement pour soutenir la 61ᵉ ; à son approche elle essuya un feu très vif, qui, dirigé sur sa masse, lui fit éprouver une perte considérable, et l'empêcha de se déployer ; elle se retira après avoir laissé ses chevaux d'artillerie, ses canonniers et ses pièces sur le champ de bataille. Les efforts de l'infanterie n'ayant pu retenir l'ennemi, une charge fut ordonnée à l'escadron du 20ᵉ régiment de dragons. Quoique fournie avec beaucoup de courage et de vélocité, elle ne put entamer assez sensiblement la ligne ennemie. Le 18ᵉ reçut à son tour l'ordre de charger. Les pertes qu'il éprouva l'empêchèrent de finir sa charge.

L'ennemi n'ayant pu être ébran-

Le général Zayoncheck avait proposé au général Friant de réunir les corps que chacun d'eux commandait, pour multiplier les moyens de résistance au débarquement.

D'une seule marche le général Zayoncheck se rendit à Alexandrie en passant entre les lacs Maadiëh et Maréotis.

lé par les efforts de ces différens corps, le général Friant, craignant de compromettre la sûreté d'Alexandrie, ordonna la retraite sur cette place.

Pendant cette affaire d'Aboukir, le général Zayoncheck était posté à la Maison Carrée avec cinq cents hommes d'infanterie et le 3⁰ régiment de dragons ; lorsqu'il en apprit le résultat, il se rendit à Alexandrie pour aider le général Friant à couvrir cette place.

« Si les troupes postées à la Mai-
« son Carrée avaient été réunies à
« celles du général Friant, les An-
« glais étaient culbutés.

« Les positions les plus sail-
« lantes n'étant pas gardées, l'en-
« nemi s'en est emparé sans ob-
« stacle.

« Les corps ayant donné par-
« tiellement, ont été écrasés tour
« à tour par le feu de l'ennemi.

« L'ordre en colonnes deman-
« dant du temps pour déployer,
« et offrant à l'ennemi plus de
« moyens de destruction, lui a
« donné l'avantage de prendre les
« positions avantageuses, d'où il
« dirigeait tous ses feux avec
« succès.

« La cavalerie aurait dû char-
« ger au moment où les troupes
« se formaient en débarquant et
« non après que ces mêmes trou-
« pes étaient en ordre et enhardies
« par la résistance qu'elles avaient
« opposée aux efforts de l'infante-
« rie. Ce premier choc les aurait
« confondues et renversées. »

Les Anglais, après la retraite du général Friant, continuèrent

Le général Friant ayant relevé le général Lanusse dans le commandement d'Alexandrie, il existait entre eux, sinon de la mésintelligence, du moins peu de rapprochement.

leur débarquement ; on évalue le nombre de leurs troupes de quinze à dix-huit mille hommes. Le blocus du fort d'Aboukir fut formé.

Le général en chef ayant été instruit par le général Friant du peu de succès qu'il avait obtenu, ordonna un mouvement général de troupes sur Rahmaniëh, en prescrivant d'y apporter beaucoup de célérité.

Dans cet intervalle, le général Lanusse arriva à Alexandrie avec sa division et un régiment de cavalerie. Il se concerta avec le général Friant sur les moyens de prendre l'offensive.

Les troupes des deux divisions partirent en conséquence d'Alexandrie le 21 ventose, et prirent position, leur droite appuyée au lac Maadiëh, et leur gauche à la mer, à hauteur de l'Embarcadère ; elles étaient protégées par vingt-quatre pièces de canon.

La tranchée ouverte et les batteries établies, le fort capitula le 27 ventose.

L'armée anglaise était alors occupée à couvrir le siége d'Aboukir.

Le 22 ventose, les reconnaissances de cavalerie apprirent que l'ennemi faisait un mouvement général ; les troupes prirent leur rang.

Le général Lanusse voulant se faire un mérite de les battre sans la participation du général Menou, les attaqua comme un homme trop assuré de la victoire.

Par un mouvement d'impétuosité qui lui était naturel, le général Lanusse, oubliant les dispositions convenues avec le général Friant, ordonna, en voyant l'ennemi, à un bataillon de la 4ᵉ légère, de l'attaquer de vive force. Ce bataillon ne pouvant renverser une aussi forte masse, fut soutenu par un second, et celui-ci aidé par un troisième, ainsi successivement, jusqu'à ce que toutes les troupes de cette division, battues séparément, eussent tellement souffert de leur opiniâtreté à soutenir les efforts d'un ennemi supérieur, qu'elles furent obligées de se retirer.

Il n'y eut point d'ensemble dans les mouvemens des deux divisions.

Le général Friant, entraîné par le mouvement de l'autre division, se trouva dans la nécessité de l'imiter sans obtenir plus de succès.

L'infanterie n'ayant pu entamer cette ligne flanquée de colonnes en masse, une charge de cavalerie fut ordonnée; l'audace avec laquelle on la fournit, ne répondit pas à l'attente qu'on en avait conçue. Le feu trop vif de la ligne ennemie l'obligea à la retraite.

Après une perte assez considérable en hommes, en chevaux et en artillerie, les deux divisions vinrent prendre position sur les hauteurs à l'est d'Alexandrie.

Suite des dissensions des généraux par la répugnance de quelques uns d'entre eux à exécuter les ordres du général Menou.

Les mêmes causes qui ont empêché le général Friant de s'opposer au débarquement le 17, ont facilité le succès de l'armée anglaise le 22. On peut même ajouter que le général Lanusse, jaloux de battre l'ennemi sans les ordres du général en chef, s'était trop laissé emporter par cette avide passion de gloire.

Pendant la marche de l'armée, les propagateurs de l'évacuation reproduisirent ce système en tâchant de démontrer l'impossibilité de battre les Anglais, et de faire perdre au général en chef la confiance de l'armée.

Le général en chef continua de marcher sur Alexandrie avec l'armée. Elle y fut réunie le 29 ventôse, après midi.

Les positions de l'armée ennemie furent aussitôt reconnues par le général en chef et les officiers du génie.

Les généraux Reynier et Damas n'avaient pas reçu l'ordre de suivre les mouvemens de l'armée. Le premier devait être à Belbéis, et le second dans la Haute-Égypte.

Tous les généraux chefs de colonnes furent assemblés le 29 au soir par le général en chef. Ils convinrent de l'uniformité et de l'ensemble des mouvemens pour l'exécution des dispositions de l'ordre, qui furent unanimement approuvées.

L'attaque fut résolue pour le 30, avant le jour; l'ordre en fut donné avec les instructions comme suit :

Le général Lanusse, ayant sous lui la 4e légère, les 18e, 69e, 88e de ligne, devait attaquer la redoute de gauche, point majeur de la ligne ennemie sur la mer, en arrière du camp des Romains.

Le général Rampon, avec les carabiniers de la 2e légère et la 32e de ligne, soutenait cette attaque en suivant le mouvement de l'ennemi.

Le général Destaing, avec les grenadiers du bataillon grec, et un bataillon de la 21e légère, faisait l'avant-garde à la droite du général Rampon.

Le général Friant, avec les 25e 61. et 75. de ligne suivait le mouvement sur la droite.

Les 13. et 85e, sous les ordres du général Reynier, devaient également suivre le mouvement.

Une fausse attaque devait être faite par les dromadaires vers *Béda*, et trois cents chevaux sous les ordres du général Bron devaient harceler continuellement l'ennemi dans cette partie.

La cavalerie, sous les ordres du général Roize, devait agir suivant les circonstances.

Le 30, à deux heures du matin, les colonnes prirent leurs positions.

Au signal convenu, les dromadaires firent avec succès leur fausse attaque; les différentes divisions se mirent en mouvement; les troupes, brûlaient d'impatience d'atteindre l'ennemi. Si leur bonne volonté et leur courage ont été mal dirigés, et si le succès n'a pas couronné leurs efforts, elles le doivent aux mauvaises dispositions du général Lanusse, et aux plus mauvaises intentions d'autres personnes, qui, pour faire échouer le plan du général Menou et satisfaire leur vil intérêt et leur ambition, leur ont sacrifié l'intérêt de la France, le sang des braves et la gloire de l'armée.

Si l'affaire du 30 a été manquée, en voici les causes:

« Les troupes devaient être ran-
« gées sur deux lignes, ayant des
« éclaireurs en avant.

Mauvaises dispositions du général Lanusse; en contrevenant à ce qui était convenu la veille, il oppose l'ordre de profondeur au jeu de l'artillerie.

« La division Lanusse, atta-
« quant le point majeur, fut au
« contraire rangée par colonnes
« en masse, ayant ses grenadiers
« et carabiniers en queue. Quel-
« ques coups de canon de front
« et par le flanc suffirent pour
« la mettre en désordre. Le gé-
« néral Lanusse ayant eu la cuisse
« cassée, elle se jeta à droite.

Lanusse en mourant s'écria avec une espèce de satisfaction: « qu'il était f...
« ainsi que la colonie. »

Daure, très actif antagoniste du général Menou, vint se mêler à l'affaire, et dévia une colonne des meilleures troupes.

« La première ligne de grena-
« diers et de carabiniers, sous les
« ordres du général Rampon, fut
« entraînée sur la droite par les
« cris de l'inspecteur aux revues
« Daure; et là, elle s'accula aux
« troupes en désordre de la divi-
« sion Lanusse, qui arrêtèrent son
« mouvement.

L'adjudant commandant Sornet a été tué en montant à la redoute. Le chef de bataillon Soulier et le capitaine Audibert y ont été faits prisonniers.

« La deuxième ligne marcha di-
« rectement sur le flanc gauche
« de la redoute, qu'elle ne put en-
« lever de force, parce qu'elle
« était réduite à une poignée
« d'hommes, exposés à un feu

Le général Destaing ayant été blessé, et ses troupes étant enveloppées, furent obligées de se faire jour à travers une ligne ennemie pour se retirer.

Le général Friant tenait trop à la méthode théorique; il n'agit pas assez vivement.

Le général Reynier ayant reçu plusieurs fois l'ordre d'avancer, n'en resta pas moins dans l'impassibilité. Le général Lagrange lui en porta lui-même l'ordre sans plus de succès.

Les généraux Reynier et Damas sont reconnus pour chefs de parti, si bien que leurs partisans s'appellent Reyniéristes, et distinguent ceux du gouvernement par l'épithète de Menouistes.

Les retranchemens franchis, elle renversa tout ce qu'elle rencontra; les obstacles s'étant multipliés au milieu des tentes ennemies et des trous de loup, elle se retira ayant eu le général Roize tué, le général Boussard blessé, et avec lui plusieurs chefs.

Les partisans de l'évacuation profitèrent de ce revers et présentèrent avec satisfaction le tableau de la situation de l'armée après

« de front, de flanc et de re-
« vers.

« Les troupes sous les ordres
« du général Destaing atteignirent
« leur but en perçant la ligne en-
« nemie, mais n'étant soutenues
« par aucun autre corps, elles
« furent obligées de céder au nom-
« bre et à l'avantage de la posi-
« tion.

« Les divisions Friant et Rey-
« nier, continuellement exposées
« au feu de l'artillerie, ne furent
« jamais mises à portée de rien
« entreprendre d'offensif.

« La cavalerie fournit une charge
« qui lui attira l'admiration même
« de ses ennemis. Si une ou deux
« des divisions qui n'avaient pas
« donné l'eussent soutenue, le suc-
« cès de la journée était assuré. »

La même fatalité qui fit manquer les journées des 17 et 22, vit produire les mêmes résultats le 30.

C'est dans cette dernière jour-

les trois affaires, pour prouver l'impuissance de nos armes, et produire leur système.

Des lettres alarmantes écrites au Caire et dans d'autres lieux peignaient l'armée sous les plus sombres couleurs; si bien qu'au Caire les Français se précipitaient et se retranchaient avec confusion dans la citadelle.

Les nouvelles officielles dessillèrent bientôt les yeux, en détruisant les impressions produites par les premières.

L'armée sut aussitôt distinguer et vouer à l'indignation et au mépris les auteurs de ces procédés et du peu de succès de nos armes.

En arrivant à Damiette,

née qu'on vit l'intérêt de parti sacrifier tout ce qu'on a de plus cher, à la satisfaction de faire échouer le parti opposé.

Après cette affaire, l'armée prit position devant Alexandrie ; on choisit le terrain le plus propre à être fortifié, pour couvrir cette place. La ligne de retranchement appuyait sa droite en arrière du port sur le canal, et sa gauche en avant du Pharillon, à huit cents toises environ, en avant de la vieille enceinte.

Les Anglais continuèrent de fortifier leur position, et d'y joindre de nouveaux ouvrages.

Les Français, de leur côté, mirent beaucoup d'activité dans leurs travaux.

Le même jour, 30 ventose, il fut envoyé au général Morand, qui commandait la 3ᵉ légère, le dépôt du 32ᵉ de ligne, un escadron du 20ᵉ régiment de dragons et une compagnie d'artillerie légère, l'ordre de partir de Damiette avec toutes ces troupes, les administrations et les hôpitaux, pour se rendre à Rahmaniëh, en laissant sur le Nil et sur le lac Menzalëh les bâtimens armés qui y étaient, pour défendre l'entrée des différens boghaz, et deux cents hommes pour les garnisons de Lesbëh, et les quatre tours sur les boghaz.

Les courriers ayant été arrêtés ou assassinés par les Arabes, l'ordre ne parvint point au général Morand; il reçut cependant une lettre d'avis.

L'aide-de-camp du général

l'aide-de-camp est étonné de voir les bouches du lac et du Nil ouvertes aux ennemis, et surtout de voir ces dispositions ordonnées par le général Morand, qui ne peut être accusé d'ineptie.

Le général Morand avait été chargé de s'aboucher avec les Turcs par le général Kléber, avant la capitulation d'El-A'rych. Il paraît qu'il tint beaucoup à voir s'exécuter les ordres et les instructions dont il était alors nanti.

Après l'affaire du 3o, quelques bâtimens turcs de transport parurent, et joignirent quelques troupes turques aux Anglais.

Les Anglais, toujours perfides, exécutent strictement les ordres de leur gouvernement, en retenant comme prisonnière la garnison du fort, qui devait se retirer avec armes et bagages.

Le général Donzelot se réunit au général Belliard après s'être assuré des bonnes dispositions de Mourâd-Bey.

Les troupes au Caire comprennent le 9e de ligne, la 22e légère, cent hom-

Rampon ayant été envoyé à Damiette pour y porter l'ordre de ce mouvement, y arriva le 21 germinal; il sut que la tour d'Omm-Faredge avait été évacuée sans qu'on y vît l'ennemi, et que les demi-galères, les avisos et les embarcations armées, existant dans cette partie du Nil et sur le lac Menzalëh, avaient été coulés par ordre du général Morand.

Après l'affaire du 3o, la 85e part pour Rahmaniëh.

On apprend, le 20 germinal, qu'un parti d'Anglais et de Turcs marche sur Rosette, et qu'à leur approche cette ville avait été évacuée.

Le général Valentin part aussitôt d'Alexandrie avec le 7e régiment de hussards et la 69e de ligne, pour aller couvrir Rahmaniëh.

L'ennemi, après s'être emparé de Rosette, fait le siège du fort Julien. La garnison de ce fort, après avoir repoussé trois assauts et eu son commandant tué sur la brèche, capitule.

La garnison du Caire se renforce des troupes descendues de la Haute-Égypte pour couvrir cette place menacée par un ramassis d'hommes de toute nation et de toute secte, rassemblés par l'or des Anglais.

mes de la 21°, tous les dépôts de cavalerie, et vingt-quatre à trente pièces de campagne.

Quoiqu'il eût été facile de chasser ce ramassis de troupes, en faisant marcher les troupes du Caire, le général Belliard, partisan des détracteurs du général Menou, convoqua un conseil de guerre qui décida qu'on devait attendre l'ennemi sous les murs du Caire, et couvrir cette place.

Rien ne contraste mieux avec le système des propagateurs de l'évacuation, que l'intérêt que le peuple égyptien prend à l'armée française, et la satisfaction qu'il éprouverait à nous voir paisibles possesseurs de l'Égypte.

Les forts de Salêhiëh et de Belbéis ayant été démolis, ce ramassis de troupes est entré sans coup férir dans le pays cultivé, où ces gueux paraissent plutôt disposés à faire du butin, qu'à chercher à se battre.

Ce parti a poussé un avant-poste jusqu'à El-Anka.

Malgré cette apparition d'une armée anglaise et d'une armée prétendue turque, les habitans du pays s'intéressent au succès de nos armes, et verraient avec satisfaction les Français triompher de ces deux ennemis.

Les Anglais, après avoir assuré leur position par de bons retranchemens, et voulant interrompre les communications d'Alexandrie avec le reste de l'Égypte, coupèrent, le 24 germinal, la digue qui empêchait les eaux du lac Maadiëh de se répandre dans le bassin du lac Maréotis; depuis lors un écoulement considérable se fait par plusieurs grandes saignées.

Si cette grande étendue d'eau gêne les communications d'Alexandrie à Rahmaniëh, elle sert à couvrir le plus grand front d'Alexandrie, en sorte qu'il n'y a qu'une ligne de quinze à dix-huit cents toises à garder.

La majeure partie de l'armée ennemie s'est portée sur Rosette; elle a établi sa première ligne, la droite appuyée à Edko, et la gauche au Nil, derrière un grand canal et un vaste terrain très fangeux ; la seconde ligne est à la position d'*Aboumandour*, en avant de Rosette.

Le général de division Lagrange partit d'Alexandrie avec la 4e demi-brigade légère, la 13e de ligne et le 20e régiment de dragons, pour se réunir aux 7e de hussards, 22e de chasseurs, 3e et 15e de dragons, 69e, 85e de ligne et 2e légère, et former un camp d'observation en avant de Rahmaniëh.

Quoique l'armée ait été, dans ces trois affaires, la victime des dissensions de quelques généraux, elle n'en paraît pas moins bien disposée à faire repentir l'armée anglaise d'être venu tenter le sort des armes, avec des vétérans accoutumés à avoir la victoire pour résultat, et l'honneur de bien servir leur pays pour récompense.

Le lieutenant-général ****.

(N° 3.) En quarantaine à   , le

Tu sera surpris, mon cher Savary, d'apprendre l'arrivée en France du général Reynier, tandis qu'une armée anglaise envahit l'Orient, agit dans l'intérieur de l'Égypte et occupe peut-être en cet instant sa capitale. Je vais te développer les raisons d'un retour auquel tu ne t'attendais certainement pas : je commence par les moyens.

Le 23 floréal, à huit heures du soir, cinquante guides à pied, autant à cheval, trois compagnies de la 32e, avec une pièce de canon, ont investi la maison qu'étaient venu occuper les généraux Reynier et Damas, après que le général Menou leur eut retiré leurs troupes : résister n'eût été ni possible ni utile ; cependant ils étaient déterminés à tout plutôt que de laisser saisir leurs papiers et leur correspondance. Heureusement le général Menou n'en avait pas l'intention, ou, ce qui est plus vraisemblable, il ne l'a point osé; et à onze heures du soir, le général Reynier, l'adjudant commandant Boyer, le chef de bataillon du génie Bachelu, l'ami Néraud et moi, nous étions à bord du *Lodi*; le général Damas, avec l'inspecteur en chef Daure, fut embarqué sur le *Good-Union*. Nous n'avons pu appareiller que le 29.

Instruit, ou plutôt trompé par les rapports fabuleux du général en chef, qui seuls parvenaient au gouvernement, grâce aux précautions qu'il prenait pour empêcher qu'aucune lettre ne fût remise à bord des bâtimens expédiés, il est nécessaire de soulever le voile qui couvre le tableau dégoûtant de ses opérations, de sa scélératesse et de ses crimes.

Depuis long-temps les généraux marquans dans l'armée par leurs talens et leurs lumières, avaient excité l'animosité du général Menou, qui frémissait de rage en voyant des généraux plus jeunes que lui se permettre de lui faire des représentations fondées, et de lui donner de sages conseils. Depuis long-temps il méditait la vengeance que lui suggéraient son amour-propre et sa morgue blessés; et les mêmes circonstances qui auraient dû l'engager à se réunir à eux pour sauver l'armée et défendre l'Égypte, sont celles dont il a profité pour organiser et exécuter les moyens d'assouvir sa haine.

Le 10 ventose, une flotte anglaise de cent cinquante voiles paraît devant Aboukir; on en reçoit la nouvelle au Caire le 13 après midi; le rapport annonçait que les chaloupes étaient à la mer pour opérer le débarquement. Un général doué seulement du sens commun, se fût pénétré de la nécessité de réunir jusqu'aux moindres détachemens de son armée, de se précipiter avec elle sur

Aboukir.... Aussi n'est-ce point là ce que fit le général Menou; il envoie l'ordre au général Reynier de partir *sur-le-champ*, avec deux demi-brigades de sa division, pour *Belbéis*. Il garde les deux autres au Caire, et donne l'ordre à la division Lanusse *de se tenir prête à marcher sur Alexandrie*. Le général Bron part avec le 22e de chasseurs seulement, pour Aboukir, et le reste de la cavalerie, les 14e, 15e et 7e de hussards, attend à Boulac des ordres de départ.

Cependant le 14 le général Lanusse reçoit l'ordre d'emmener avec lui trois demi-brigades de sa division et de s'arrêter à Rahmanièh *où il attendra de nouveaux ordres*. Le chef de l'état-major général lui écrit que *vu l'état des choses, la 88e (aussi de sa division et l'une des plus fortes) restera au Caire, et qu'il peut, s'il le veut, emmener son artillerie*.

Le général Menou, soit pour soutenir son débile courage, soit pour étourdir l'armée sur les dangers qui la menaçaient et la livrer plus facilement aux ennemis, répand parmi les troupes les bruits les plus ridicules. Il annonce lui-même *que la flotte anglaise est chargée seulement de peignes et de brosses*, dont la côte s'est trouvée couverte; il écrit aux généraux *que les Anglais ne veulent faire que des simulacres de débarquement*; et, satisfait de ses bonnes dispositions, goûtées pleinement par les Destaing, les Robin, les Valentin, etc., il reste au Caire dans son quartier-général.

Les généraux de division Reynier, Damas, Lanusse et Belliard, pour lesquels les vexations multipliées du général Menou n'étaient rien et l'honneur de l'armée tout, oubliant les torts qu'il avait avec eux, se rendent chez lui et lui font toutes les observations qu'exigeaient le salut de l'armée et la conservation de la colonie. Rien ne peut vaincre son obstination ; ils se retirent. Le général Reynier, convaincu qu'il est de son grade et de son devoir de combattre de tous ses moyens les mauvaises dispositions du général en chef, lui écrit et lui fait sentir qu'il est de la plus grande importance de marcher de suite avec toute l'armée sur Aboukir; qu'en la divisant, on la fera battre partout; que le grand-visir, d'ailleurs peu à craindre, n'est point encore en mesure de passer le désert, et ne le fera certainement que lorsqu'il aura su le résultat de la tentative des Anglais; qu'on aura le temps, après avoir battu le débarquement, d'être de retour à Salêhiëh pour rejeter dans le désert une armée extrêmement diminuée par les maladies et la désertion. Il lui rappelle la grande maxime de guerre *de suppléer au nombre par la rapidité des marches*, maxime sur laquelle est basée la réputation des *Turenne*, des *Montecuculli*, etc.; mais le général Menou, persistant dans *son inébranlable fermeté*, poursuit ses mauvaises dispositions, et, entouré de ses troupes, il attend de pied ferme au Caire qu'on lui annonce le débarquement de quinze à dix-sept mille Anglais que pouvaient porter les cent cinquante voiles ennemies, et auxquels le général Friant n'avait à opposer que mille sept cents hommes à Alexandrie.

Le 20 ventose, on apprend au général Abdallah Menou que les Anglais, *retardés pendant sept jours par les gros temps*, ont débarqué, le 17, au point choisi par les Turcs en thermidor an vii. Il part du Caire *le 21*, et arrive le 24 à Rahmaniëh.

Le général Lanusse (qui devait attendre à Rahmaniëh de nouveaux ordres) instruit du débarquement, ne consultant que son honneur et la gloire de l'armée, enfreint l'injonction qui lui était faite, pour voler au secours du général Friant et sauver Alexandrie.

Le général Reynier, envoyé à Belbéis, avec deux demi-brigades, reçoit l'ordre de les faire partir pour Rahmaniëh : elles devaient passer sous le commandement du général Damas, et le général Reynier devait rester à Belbéis avec son ambulance et *son artillerie :* il est à remarquer que le général Jacques Menou ne l'avait envoyé à Belbéis qu'afin de l'éloigner de l'armée, où il redoutait sa présence, et qu'il lui retirait des troupes dont il donnait le commandement au général Damas, dans l'espoir de détruire l'harmonie qui existait entre ces généraux. Cependant le général Reynier marche à l'ennemi avec ses deux demi-brigades, son artillerie, et le général Damas; et, parti le 21 de Belbéis, il arrive le 25 à Rahmaniëh, avec son infanterie.

Le général en chef y avait reçu l'avis des deux combats qu'avaient essuyés les généraux Friant et Lanusse, et où nous avions été repoussés le 17 et le 22. Cela ne l'empêcha pas de s'embarquer dans son canja pour aller voir sa femme au village de Fouah; il allait pousser au large, lorsque l'arrivée des généraux Reynier et Damas suspendit cet élan de tendresse conjugale; on attendait le général Rampon, auquel on avait donné l'ordre de laisser à Lesbëh et autres forts six cents hommes de la 2ᵉ légère avec une compagnie d'*artillerie légère*, la meilleure de l'armée, et on arriva enfin le 29 ventose à Alexandrie.

L'ennemi s'était emparé le 22, d'une position des plus militaires qu'occupaient les généraux Friant et Lanusse avec trop peu de troupes pour pouvoir s'opposer à ses efforts. La droite des Anglais appuyait à la mer, la gauche au lac Maadiëh, les deux ailes flanquées par des chaloupes canonnières, le centre couvert de redoutes : ils avaient eu *huit jours* pour se retrancher et garnir leurs ouvrages d'une artillerie de position des plus nombreuses et des mieux servies.

C'est devant cette position que nous avons échoué le 30 ventose.

Le plan d'attaque, excellent en lui-même, avait été insinué au général Menou par son chef d'état-major, qui avoua ingénument au général Lanusse, l'incapacité du général en chef et la sienne propre, en semblable occasion. D'après cette confidence, le plan d'attaque, conçu par les généraux Reynier et Lanusse, avait été remis au général Lagrange. Le général en chef soudain le rédige en ordre du jour, et les généraux le reçoivent à dix heures du soir, la veille de l'affaire. Nous eussions certainement eu l'avantage, malgré notre infériorité, sans la perte du brave général Lanusse, et sans le général en chef, qui, pour toute manœuvre, fit charger la cavalerie avant le jour sur des redoutes entourées de fossés, situées sur des mamelons presque à pic, et en détruisit ainsi les deux tiers. Après avoir laissé pendant deux heures les troupes exposées à un feu des plus meurtriers, sans prendre le parti d'organiser une nouvelle attaque, comme le général Reynier le lui proposa plusieurs fois, ou de se retirer, s'il ne voulait pas tenter ce moyen, le général en chef retourna dans Alexandrie, sans ordonner la moindre disposition pour placer l'armée, qui prit d'elle-même sa position.

En même temps qu'Abdallah, par les calomnies les plus absurdes, s'efforçait de ternir la réputation du général Reynier, l'armée, moins aveuglée par les intrigues que certaine de l'incapacité de son chef, se persuada que le général Reynier était lieutenant-général. On n'a pas su quelles pouvaient être les causes de cette persuasion, commune à toutes les armes ; ce qu'il y a de très sûr, c'est que ce fut le bruit général parmi les troupes : il fait autant d'honneur à celui qui en est l'objet qu'à leur discernement. Villars fut aussi nommé lieutenant-général par ses soldats.

Si les généraux n'avaient pas pris le parti d'opposer aux tracasseries journalières de Menou le mépris qu'inspire sa personne, s'ils daignaient réfuter les inculpations extravagantes que, pour couvrir son crime, il a la maladresse de chercher à leur appliquer, il ne leur serait peut-être pas difficile *de le convaincre de la plus noire perfidie*. En effet, qu'on réfléchisse à sa conduite depuis que l'*ancienneté* l'a placé au premier poste de l'armée, au soin qu'il a constamment pris de la diviser, d'acheter les suffrages de plusieurs vils intrigans, par des qualifications et par des grades; on le verra laissant dépourvues d'approvisionnemens les places les plus importantes de l'Égypte, celles qui pouvaient se trouver exposées aux premières attaques des ennemis ; négligeant de monter quatre cents hommes de notre cavalerie qui languissaient à pied dans les depôts de Boulac ; refusant de compléter le nombre de dromadaires nécessaires au régiment, pour l'achat desquels le *chef de brigade Cavalier* lui proposait de faire, au nom de son corps, l'avance de 20,000 fr.; donner l'ordre de faire couper les chevaux d'artillerie, exécuté peu de temps avant le débarquement; on le verra, prévenu de mille manières d'une invasion ennemie, loin de chercher à s'y opposer ou à s'en garantir, retirer les troupes des côtes et les faire remonter au Caire sans autre but apparent que celui de se faire des créatures et d'intriguer dans tous les corps à la fois; on le verra (entièrement opposé à la prudence du premier chef de l'armée d'Orient, qui, en thermidor an vii, présentait aux Égyptiens la descente des Osmanlis à Aboukir comme une invasion moscovite) annoncer dans une proclamation à ses frères les musulmans, l'arrivée d'une flotte de cent cinquante voiles, et d'une armée mahométane; retardant (sous le vain prétexte d'organiser un meilleur mode d'impositions) la rentrée du miry pendant les trois mois qui ont précédé le débarquement, et enlever ainsi au trésor public une ressource de trois millions ; s'efforçant de hâter la destruction de l'armée en la disséminant, ne la réunir qu'à regret, et se priver comme à dessein des moyens d'artillerie qu'il était en son pouvoir d'employer pour foudroyer les ennemis, etc.; voilà des faits qu'attestera toute l'armée, des faits qui prouvent à l'évidence, ou l'ineptie la plus profonde ou la plus coupable trahison. Qu'à la suite de ce tableau révoltant d'opérations dont il est des milliers de victimes, on se rappelle les vociférations de l'Angleterre, qu'on se souvienne que *l'armée d'Orient, cette armée perfide, doit servir d'exemple au monde*, et l'on sentira que M. Dundas ne pouvait trouver un meilleur exécuteur de ses volontés, qu'il ne peut trop payer une si entière soumission à ses désirs.

Le visir n'arriva que *le 20 germinal* à Salêhiëh, il s'est depuis avancé à Belbéis, où il s'est retranché. Des canonniers anglais servent son artillerie, et des ingénieurs dirigent ses ouvrages. Le général Belliard a vainement sollicité le général en chef de lui donner le moyen d'aller l'attaquer; ce n'est que le 27 floréal que la retraite du corps de Rahmaniëh (pris le 19 par les Anglais et les

Turcs, qui avaient débarqué dans le commencement de germinal, au nombre de cinq mille, à la Maison Carrée) lui fournit les moyens de partir du Caire pour marcher contre le visir. Il est douteux qu'il ait réussi.

Si la conduite de Jacques Menou pouvait inspirer autre chose que l'indignation, on serait tenté de sourire de pitié en le voyant, au milieu de ses revers, prodiguer des grades aux individus marquans dans l'armée par leur ignorance ou leurs bassesses. Les lieutenans-généraux Friant et Rampon, les généraux de division Robin, Destaing, Zayoncheck, les généraux de brigade Darmagnac et Delzons sont autant de soliveaux dont s'étaie le général Menou pour prévenir une chute qu'il redoute, mais qu'il ne saurait éviter.

Je ne doute pas que le premier consul ne prononce sur cette affaire importante de manière à satisfaire pleinement l'honneur de l'armée et celui des généraux. Le jugement de Latour-Foissac, appliqué au général Abdallah Menou doit encore se considérer comme une faveur.

Il suffit de connaître les troupes de terre anglaises pour sentir à quelle humiliation est réduite l'armée d'Orient.

Un Zayoncheck !... connu par ses brigandages dans la Haute-Égypte, dont le seul mérite est d'avoir flatté la haine atroce de Menou, en lui répétant *qu'au lieu d'inhumer le général Kléber on eût dû l'exposer à une potence pour servir de pâture aux oiseaux de proie!*... un Destaing, dont la rapacité a porté au-delà de 200,000 fr. le fruit de ses concussions!... voilà quels sont les chefs actuels de l'armée d'Orient, les conseillers intimes du cabinet d'Alexandrie ; voilà les nobles soutiens de cette morale qui découle abondamment de la plume du baron de Menou ; mais qui ne purifia jamais son cœur infecté de crimes.

Les quatre combats qui ont précédé notre départ ont pu coûter à l'armée trois à quatre mille hommes hors de combat, tandis qu'une seule affaire, qui ne nous eût peut-être pas enlevé quinze cents hommes, aurait suffi pour anéantir l'armée anglaise et conserver l'Égypte à la France. Il est évident que si, au lieu de disséminer l'armée et d'agir avec autant de lenteur, on l'eût rassemblée, comme cela était possible, le 20 à Aboukir, 10,000 hommes d'infanterie, dix-sept cents chevaux, et soixante pièces de canon, eussent triomphé des troupes anglaises, qui ne venaient pas sans effroi combattre une armée couverte de gloire, et dont le nom seul inspirait à nos ennemis l'admiration et la crainte.

Personne mieux que le général Menou, n'avait une plus belle occasion de se faire en un moment, et à moins de frais, une réputation brillante, égale à celle de nos généraux les plus illustres. Quand on compare la situation de l'armée à l'époque où il l'a perdue par son ignorance ou sa perfidie, avec celle où le général Bonaparte, malgré ses faibles moyens et le découragement des troupes, triompha d'une armée d'Osmanlis, l'élite des milices ottomanes, c'est alors que, convaincu de la possibilité de repousser une invasion ennemie, on sent plus vivement la perte que fait la France, et qu'on déplore la honte que le général Menou déverse sur cette brave armée.

C'était peu que le général en chef abreuvât de dégoût les généraux qui se trouvaient en butte à ses intrigues. Il a encore répandu contre eux les calomnies les plus atroces. On l'a vu, s'efforçant de leur ravir l'estime et la confiance que leur accordent les troupes, tenter d'insinuer dans l'armée que le général Damas avait vendu l'Égypte à l'Angleterre, de concert avec le général Kléber; que le général Reynier faisait le commerce des grains avec le grand-visir, etc.; les généraux Belliard, Lanusse, Daure, ne sont pas plus épargnés. Le lendemain de notre arrestation, il faisait circuler dans le camp qu'on avait saisi sur les généraux embarqués, trois millions avec lesquels on allait payer l'arriéré de l'armée, et en même temps il offrait à un aide-de-camp resté à Alexandrie, de l'argent pour payer les dettes que le général Reynier y avait laissées.

Pourras-tu croire que, pendant un an, Jacques Menou n'ait pas quitté le Caire pour aller inspecter les côtes ou les forts de l'Égypte? que tandis que son armée agit dans l'intérieur, il soit sur la place d'Alexandrie, occupé à rédiger ses ordres du jour et ses plates proclamations! Cesse de t'étonner, mon cher Savary; apprends que le général Menou veut se conserver pour la France, à laquelle il espère rendre encore d'aussi éminens services. A l'affaire du 30, quoique toujours hors de portée du canon, il avait auprès de lui un aide-de-camp chargé seulement de veiller à sa sûreté. Général, lui disait-on, vous êtes aperçu; on tire sur vous; et le général en chef de l'armée d'Orient allait prudemment s'abriter derrière ses lignes.

Toutes les personnes qui jouissaient de l'estime du général Bonaparte et du général Kléber sont tombées en discrédit auprès du général Menou; témoins les généraux Belliard, Morand, Bertrand, Daure, l'ordonnateur de la marine Leroy, l'ordonnateur Laigle, qui, tout récemment, vient d'être suspendu de ses fonctions par un de ses caprices. Malheur à celui qui réclamerait la sauvegarde des lois: elles sont nulles à ses yeux. Un chef d'escadron du 15e, officier très estimé, est détenu depuis trois mois dans un fort, pour avoir émis son opinion sur le compte du général en chef : il se trouvait à Rahmaniëh avec trois ou quatre officiers de la 85e, un d'eux à la solde du général Menou, tenta de rejeter sur le général Reynier et sur le général Lanusse la perte de la bataille du 30. Cet officier, certain du contraire, impose silence à l'espion en lui disant qu'il ne souffrirait pas qu'on parlât ainsi devant lui des généraux qui jouissaient de la confiance de l'armée ; le mouchard, fidèle à ses instructions, le dénonça à Menou, qui le fit arrêter pendant la nuit, et le retient au fort triangulaire.

Le même système de terreur qui dévasta la France en 1793 existait en Égypte à l'époque de notre départ. Des espions sont répandus dans tous les corps de cette malheureuse armée, et le général en chef correspond directement avec eux, les soudoie et les récompense par des grades ; les dénonciations, les arrestations se renouvellent chaque jour, et rien n'est plus commun que la menace de vous faire fusiller. Enfin, par une subversion effrayante de tout esprit militaire, de tout principe de société, on a vu le chef de brigade d'un corps de l'armée se glisser furtivement la nuit près de la tente de ses propres officiers, recueillir leurs propos et leurs opinions, et désigner ensuite au général Menou les victimes de son infâme espionnage.

Qu'on ne s'imagine pas que le général Abdallah, en prostituant les grades dans son armée, ait eu l'intention de récompenser le mérite ou des actions d'éclat. Il suffit de jeter un coup d'œil sur la plupart de ceux qui les occupent. Par un raffinement d'intrigues dont lui seul est capable, il a nommé généraux de brigade des chefs de corps qui le détestaient, pour leur substituer ses partisans, afin de changer en sa faveur l'esprit de ces demi-brigades. Cette raison l'avait engagé à enlever Maugras à la 75ᵉ; le brave Eppler est dans ce cas. Plein de mépris pour Menou, il voulut refuser un grade qu'il croyait au-dessus de ses forces, mais des menaces l'ont forcé d'accepter, et l'excellente 21ᵉ est devenue la proie d'un valet, d'un plat intrigant, d'une créature d'Abdallah.

Jacques Menou, en moins d'un an, a vomi en Orient assez de généraux pour composer l'état-major d'une armée de soixante mille hommes; deux lieutenans-généraux, quatre généraux de division, dix généraux de brigade, dont six en un seul jour; des adjudans-commandans et des officiers supérieurs, en proportion au moins double, composent le nouveau tableau de l'armée. Lorsqu'il reçut les brevets de Morand et du général Bertrand, il en fut presque scandalisé, et en témoigna son étonnement en pleine cour. En vérité, dit-il, le général Bonaparte n'y pense pas; il me donne des jeunes gens qui s'éloignent de moi, qui ne sont pas mes amis, plutôt que de confirmer de vieux officiers connus par leurs longs services. Le général Menou ne savait sans doute pas que ceux qui doivent leurs talens et leurs succès aux leçons, aux exemples de celui qui a sauvé la France, ne peuvent être les amis de l'ineptie et de l'intrigue; il ignorait que ceux qui servirent sous un héros n'obéissent qu'à regret à un jean f....

Tous deux, dans ces dernières affaires, se sont montrés dignes du choix du premier consul. Au combat de Rahmaniëh, Morand a déployé des talens et un courage dont les Turcs principalement ont eu beaucoup à souffrir. Au reste, quels que soient les déclamations et les mensonges de Menou, qu'on mette en balance les services continuels que les généraux qu'il calomnie ont rendus à la République pendant dix années de guerre et de succès, avec ceux de ce général perfide, avec sa déroute de la Vendée, sa lâche inaction devant une poignée de brigands parisiens, et l'on verra de quel côté doit être l'avantage. Que ceux qui furent de l'armée d'Orient se rappellent qu'au milieu des fatigues communes à ces généraux qu'il déchire, le général turc traînait dans son harem le poids de son inutile et lourde masse, qu'il ébranla enfin pour aller commander la Palestine, lorsque l'armée de Syrie revenait de son expédition; qu'on rapproche le caractère loyal et purement militaire de ceux-là, de l'esprit intrigant, astucieux et vil de celui-ci, et l'on verra si le pilier des antichambres de Versailles peut le disputer aux plus fermes soutiens de la gloire de leur pays.

Nous avons fait de bien grandes pertes : il en est d'irréparables; les généraux Lanusse, Roize et Baudot sont morts victimes de l'ineptie et de la lenteur de Menou; Baudot a été bien sincèrement regretté par nous tous; c'était un bien bon ami. Le général Reynier a été on ne peut pas plus sensible à la perte du brave général Lanusse; c'était un homme d'un grand caractère, doué d'une belle âme et d'excellentes qualités. Uni de sentimens et d'opinions au général Reynier, il s'est, on peut le dire, dévoué pour l'honneur de l'armée; car un seul mot dit au général en chef, qui le détestait et le craignait infiniment, lui eût procuré dans l'instant son passeport pour la France, qu'il désirait revoir et où il eût été certainement employé par le premier consul; mais son attachement à l'armée, dont il voulait prévenir la ruine, et au général Reynier, l'a seul retenu en Égypte.

Peu de jours après l'affaire du 30, le général en chef

craignant que (par suite de son imprévoyance) les magasins d'Alexandrie ne pussent pas suffire aux besoins des troupes, se détermine à faire sortir les bouches inutiles de cette place, aussitôt un *ordre du jour* : mais sur qui porte cette mesure? tu croiras peut-être qu'elle frappe les Turcs?... Non, ces bouches inutiles sont vingt-cinq à trente Français, savans ou employés, qu'on arrache à la protection de l'armée, au milieu de laquelle ils étaient venus se réfugier, pour les exposer aux dangers d'une route pénible, et à la poursuite des Arabes, dont plusieurs ont été victimes.

Quelque temps avant l'arrestation du général Reynier, des officiers anglais, causant avec les nôtres aux avant-postes, leur dirent que le chef de brigade Clément, aide-de-camp du premier consul, avait été pris près du Marabou, et qu'il apportait le brevet de lieutenant-général au général Reynier; nous ignorons si cela a quelque fondement; je te prie de me le mander : ce bruit, qui circulait dans toutes les bouches, a surtout déterminé le général Menou à hâter son embarquement.

Ce que tu auras peine à croire, mon cher Savary, c'est qu'il puisse exister dans l'armée d'Orient des gens assez stupides pour faire une divinité de l'homme que je viens de te dépeindre. Il est vrai qu'il paie bien leurs adorations. Peu de jours avant l'apparition de la flotte anglaise, ces flagorneurs, certains que le propos lui serait rendu, assuraient à d'autres imbéciles qui les écoutaient de sang-froid, que la place de *premier consul* ne convenait à personne mieux qu'à Menou. *Le général Bonaparte est bon militaire si vous voulez*, disaient-ils, *mais le général Menou, quel génie ! quel administrateur !*

Si quelque chose pouvait dédommager les généraux

de se voir ainsi arrachés aux dangers, aux malheurs même d'une armée dont ils ont si long-temps dirigé les travaux et partagé les glorieuses fatigues, ce serait certainement la douleur et les regrets que leur ont témoignés les braves soldats, exécuteurs passifs de cette violence inouïe. Pour mieux s'assurer de leur obéissance, on leur avait déguisé cette expédition, en leur faisant prendre deux jours de vivres. Pouvaient-ils penser en effet que le général Menou ordonnât un crime à ces mêmes guerriers, auxquels Bonaparte et Kléber ne commandaient que la victoire.

Adieu, mon cher Savary; écris-moi souvent.... Je t'embrasse.

P. S. Dans peu je compte t'envoyer un précis des opérations de l'armée d'Orient, en te développant les causes de ses malheurs. Le jour de la mort du général Kléber, jour doublement funeste à la France, le général Reynier eut avec le général Menou une vive discussion pour le commandement de l'armée, que refusait obstinément ce dernier, en protestant *qu'il donnerait plutôt sa démission d'officier-général que d'accepter;* ce sont ses expressions. Le général Reynier, qui ne connaissait pas alors le général Menou, s'opiniâtra de son côté à refuser un poste auquel il se croyait inférieur, et où l'appela constamment le vœu de l'armée. C'est là le seul reproche qu'il ait à se faire, et la source des désastres de cette même armée, qui condamne surtout en ce moment une modestie qui coûte cher à la France.

Au milieu des intrigues du général Menou, on s'étonne qu'il n'ait point eu l'adresse de se ménager les corps dont les suffrages peuvent avoir le plus d'influence. Le corps entier du génie, celui de l'artillerie, la Commission des arts, les membres de l'Institut, tous ont également à se plaindre, tous sont également vexés et maltraités par lui.

Le général Menou, dans ses rapports, a trompé indignement la bonne foi du gouvernement. Tout le bien qu'il se flatte d'avoir fait à l'armée, était le fruit des travaux du général Kléber. Il a écrit qu'il faisait construire des forts, creuser des canaux; qu'il envoyait des commissions au-delà de Sienne.... Tout cela est faux, absolument faux; les preuves en existent, et seront, s'il le faut, mises au grand jour pour détromper la France entière abusée par ce vil scélérat.

Je ne finirais pas s'il fallait m'appesantir sur toutes les sottises de Menou; mais il est temps de terminer cette longue lettre; je désire que tu puisses la déchiffrer.

Ton Ami.

Nous sommes en ce moment au mouillage à Nice; nous devons faire la quarantaine à Toulon : je te prie de m'y adresser tes lettres.

Du 9 messidor an IX.

(N° 4.) Au quartier-général du Caire, le 25 novembre 1800.

MENOU, GÉNÉRAL EN CHEF, AU CITOYEN CARNOT, MINISTRE DE LA GUERRE.

CITOYEN MINISTRE, depuis que j'ai eu l'honneur de vous écrire, la position de l'armée du grand-visir n'a point changé; il est toujours de sa personne à Jaffa; de temps à autre, il fait faire quelque mouvement à une petite portion de troupes. Un détachement de cavalerie mameloucke et tartare est dernièrement venu jusqu'à Catiëh, à environ quinze lieues de nos avant-postes, qui sont à Salêhiëh. Il paraît que ce petit corps n'avait pour but que de faire quelque contrebande avec le canton de l'Égypte qui avoisine le lac Menzalëh. J'ai fait partir sur-le-champ le régiment des dromadaires, qui s'est porté rapidement à peu de distance d'El-A'rych, où il a enlevé à peu près deux cents chevaux ou dromadaires à une tribu arabe amie des Osmanlis; mais il n'a point vu de troupes de l'armée ottomane. Pour ajouter encore de la force à cet excellent régiment de dromadaires, je viens de lui faire donner deux pièces de canon de trois; chacune est attelée de quatre dromadaires, et douze autres portent leurs munitions et leur eau. Je vais les employer à chercher l'armée du grand-visir, et à lui enlever tous ses moyens de transport.

J'ai donné l'ordre de détruire le pont de *Cantarah*, à quatre lieues de Catiëh : il est situé sur un canal qui reste tellement bourbeux toute l'année, que rien ne peut y passer, surtout cavalerie et artillerie. Cette mesure obligerait le grand-visir, s'il voulait nous attaquer, à faire deux marches de plus dans le désert.

Il n'existe plus aucune croisière devant les ports d'Alexandrie et de Damiette. Il paraît, d'après les rapports les plus vraisemblables, que le capitan-pacha est toujours dans le golfe de Macri. Quant aux Anglais, leur marche m'est entièrement inconnue. Plusieurs bâtimens grecs entrent dans nos ports; mais ils savent peu les nouvelles, parce que comme ils viennent en contrebande, ils évitent tous les parages et îles où ils pourraient rencontrer les Turcs et les Anglais.

L'armée est dans le meilleur état, bien payée, bien nourrie, bien habillée; quelques hommes, qui devraient donner l'exemple, ont cherché à semer l'esprit d'insurrection parmi les troupes; mais partout ils ont trouvé une contenance fière, un attachement sans bornes à la République et au premier consul. Les officiers et chefs de corps se conduisent à merveille. La discipline est bonne. L'instruction est au point où on peut la désirer. Les généraux de division Friant et Rampon, le premier commandant à Alexandrie, le second à Damiette, sont des hommes excellens, prêts à tout sacrifier pour la chose publique, pour l'honneur de nos armes, et pour défendre la possession de l'Égypte jusqu'à la mort. Les généraux de brigade en général se conduisent ainsi qu'on doit l'attendre de braves militaires et de zélés républicains. Le général chef d'état-major Lagrange est un homme plein d'honneur, de talens, de courage et de probité.

La cavalerie est dans le meilleur état; les chevaux sont excellens; les hommes travaillent sans cesse à leur instruction, et manœuvrent avec beaucoup de célérité et de justesse. L'artillerie se perfectionne tous les jours. Le génie est dans la plus grande activité. Tous les forts environnant le Caire sont armés, ainsi que ceux qui bordent la côte.

Je joins ici, citoyen Ministre, une collection des ordres du jour, et de toutes les proclamations et arrêtés imprimés, ainsi que les états de plusieurs objets qui nous manquent, et que je vous supplie de nous faire parvenir.

Le général chef d'état-major vous adresse des états de situation.

Salut et respect, citoyen Ministre.

Abdallah Menou.

(N° 5.) Au quartier-général du Caire, le 28 novembre 1800.

Menou, général en chef, au premier consul de la République française, le général Bonaparte.

Citoyen Consul, depuis les dernières lettres que j'ai eu l'honneur de vous écrire par le brick *le Lodi*, et la corvette *l'Héliopolis*, l'armée du grand-visir n'a point changé de position ; seulement un détachement d'environ trois cents mameloucks et Tartares est venu en reconnaissance jusqu'à Catiëh. Il paraît qu'il n'a eu d'autre projet que de favoriser quelque contrebande qui se fait par le lac Menzalëh et par le désert de Suez. J'ai sur-le-champ fait partir le régiment des dromadaires, qui s'est porté avec rapidité jusqu'auprès d'El-A'rych, passant par la vallée de Sababiar et par Bash-El-Ouady, laissant totalement à gauche Salêhiëh et le pont de Cantarah. Les dromadaires n'ont point rencontré d'Osmanlis ; mais ils se sont emparés d'environ deux cents chameaux, appartenant à une tribu d'Arabes amie du grand-visir. Depuis le retour des dromadaires, j'ai appris par des espions que cette course avait inspiré une grande terreur dans le camp du grand-visir, où on a cru que toute l'armée française marchait pour l'attaquer. Je vais faire recommencer ces courses de dromadaires, afin d'enlever au grand-visir une grande partie de ses moyens de transport, et pour augmenter la force de notre excellent régiment d'éclaireurs, je lui ai fait donner deux pièces de trois ; elles sont traînées par quatre dromadaires chacune ; douze autres portent les munitions : tout cela va comme le vent, et porte pour douze jours de vivres. Actuellement nos soldats trouvent de l'eau partout.

La croisière anglo-turque a totalement disparu. Je n'ai pu rien apprendre sur les Anglais ; quant aux Turcs, il paraît qu'ils sont avec le capitan-pacha dans le golfe de Macri.

Les Grecs nous apportent assez souvent du vin, de l'huile, un peu de fer, du savon, et autres productions de l'Archipel.

J'ai permis l'exportation du riz par mer. Les Grecs en enlèvent, et plusieurs négocians français font des spéculations pour en emporter en France. Les citoyens Thévenin, Thorin, Juard, Delmas, etc., sont de ce nombre. Leurs cargaisons sont composées de riz, café, sucre, encens, sel ammoniac, coton, indigo, etc. Je désire infiniment qu'ils arrivent à bien, et qu'on voie en France des productions de l'Égypte. Les douanes sont diminuées; aucune vexation ne se commet, et le commerce jouit de la plus grande liberté et protection. J'ai cru, citoyen Consul, remplir en cela vos intentions.

Des bâtimens chargés de café arrivent à Suez. Les Arabes sont étonnés, et extrêmement satisfaits de la sûreté qu'ils trouvent pour leur commerce. Je joins ici copie certifiée d'une lettre que j'ai écrite au chérif de la Mecque.

J'ai donné ordre de détruire le pont de Cantarah; vous savez, citoyen Consul, qu'il est placé à quatre lieues de Salêhiêh, sur un canal qui est assez bourbeux toute l'année pour empêcher la cavalerie et l'artillerie de le traverser. Cette mesure forcerait le grand-visir, s'il voulait nous attaquer, à faire deux marches de plus dans le désert.

Les travaux de l'artillerie et du génie se continuent avec beaucoup d'activité; toute la côte est armée depuis

Omm-Faredje, sur le lac *Menzalëh* jusqu'à la tour du Marabou à l'ouest d'Alexandrie. Les forts qui entourent le Caire sont également armés.

Aboukir est en état de défense. On va construire une bonne tour pour protéger le passage du lac Maadiëh. Une autre est commencée à *Élouah* sur le canal d'Alexandrie; elle défendra tout ce canton contre les Arabes, et sera un excellent point de ralliement pour se porter soit sur Alexandrie, soit sur Rosette.

Je vais faire ouvrir un canal de Rosette au lac Bourlos. Il n'aura que cinq quarts de lieue de long. Je fais nettoyer et approfondir toute la partie du canal d'Alexandrie, depuis le point le plus ouvert du lac Maadiëh jusqu'à cette ville, sur la longueur de deux lieues environ. J'ai fait déboucher cette année un canal qui part du Nil près d'*Ecreuth*, à sept lieues au-dessus de Rosette. Il va se jeter dans le lac d'Edko, et ensuite dans celui de Maadiëh, de sorte qu'on pourra naviguer presque en tout temps depuis le Caire jusqu'à Alexandrie. Le lac Maadiëh fournira des eaux au canal qui avoisine cette ville. D'un autre côté, on pourra remonter de Damiette jusqu'à Semenhout, descendre de là dans le lac Bourlos par le canal de Tabariëh, navigable toute l'année, d'où on arrivera à Rosette par le canal que je vais faire ouvrir.

Je suis très content des habitans; ils prennent de jour en jour plus de confiance en nous; ceux des campagnes sentent tout l'avantage de n'être plus opprimés par les grands; ils commencent à respirer et à jouir tranquillement du fruit de leur travail. Les Cophtes, à l'exception de Malhem-Jacoub, ne nous voient pas d'aussi bon œil. Ils sentent que l'autorité leur échappe. Ce sont les plus grands fripons de l'univers; mais, citoyen Consul, Malhem-Jacoub se conduit à merveille. J'avais demandé une récompense pour lui : il est actuellement colonel de la légion cophte, a pris l'uniforme français. Bamelemi est devenu le plus mauvais sujet de l'Égypte.

J'ai établi une commission de comptabilité qui revise tous les comptes depuis que nous sommes en Égypte. Quelques individus ne sont pas contens de cette mesure; mais il faut que le règne des fripons finisse, et que celui des lois, de l'honneur et de la probité reprenne son empire : c'est une tâche pénible, citoyen Consul, que de réprimer les abus et l'immoralité; mais rien ne m'arrête quand il s'agit de servir mon pays et la république, et de suivre vos exemples.

L'armée est dans le meilleur état, bien soldée, bien nourrie, bien habillée; elle est entièrement dévouée à la république et à son premier consul. Ceux qui ont voulu troubler l'ordre ont trouvé partout la contenance la plus fière de la part des officiers et soldats, et l'attachement le plus prononcé pour leurs devoirs. C'est une justice que je leur dois, et que je ne cesserai de leur rendre. Je m'occupe sans cesse à concilier les intérêts de la république avec ceux de l'armée et des habitans. Je n'aurai plus rien à désirer si je puis réussir.

L'administration des finances est dans le meilleur ordre. Je ne puis trop me louer du citoyen Estève, pour lequel je vous demande instamment la confirmation de la place de directeur-général et comptable des revenus publics de l'Égypte. J'ai aussi beaucoup de bien à dire de ses préposés. Un mot de votre part les encouragerait infiniment; une seule marque d'intérêt de Bonaparte électrise les hommes et décuple leurs facultés.

Salut et respect.   Abdallah Menou.

(N° 6.) Alexandrie, le 7 prairial an ix (27 mai 1800).

LE GÉNÉRAL EN CHEF DE L'ARMÉE D'ORIENT AU GÉNÉRAL EN CHEF BONAPARTE.

CITOYEN PREMIER CONSUL,

Depuis que j'ai eu l'honneur de vous écrire par la voliche l'*Écrevisse*, par le chebeck le *Good-Union*, et par le brick le *Lodi*, les ennemis n'ont rien tenté contre Alexandrie; mais le 29 du mois dernier, ils vinrent attaquer nos troupes à Rahmaniëh, où, après différentes entreprises dans lesquelles ils échouèrent, ils vinrent sérieusement, après le soleil couché, tenter d'emporter un retranchement par notre droite. Les Osmanlis et plusieurs Anglais se jetèrent avec audace dans ce retranchement, en faisant des cris et des hurlemens épouvantables. Les 2ᵉ, 13ᵉ et 83ᵉ demi-brigades les laissèrent approcher; puis se jetant sur cette colonne sans tirer un coup de fusil, elles l'ont détruite entièrement et en ont fait un carnage horrible. Les ennemis ont perdu quinze cents hommes; nous n'avons eu que dix hommes tués et trente blessés; mais la flottille ennemie, supérieure en nombre à la nôtre, avait déjà débordé Rahmaniëh; de sorte que le général Lagrange, qui commandait cette portion de l'armée, a cru prudent d'abandonner Rahmaniëh, dont deux jours auparavant il avait fait évacuer tous les magasins, qui avaient remonté le Nil. De Rahmaniëh, il s'est porté rapidement au Caire, où il s'est joint aux troupes qui y étaient stationnées; il a été attaquer l'armée turque près de Belbéis et l'a battue à plate-couture; actuellement il redescend sur les Anglais. Nous nous combinerons; nous les attaquerons, et j'espère que nous vous en rendrons bon compte. Si la fortune ne nous seconde pas, nous avons fait tout ce qui était en notre pouvoir.

J'ai actuellement sur le lac Maréotis seize chaloupes ou djermes; six portant des pièces de deux. Tout cela a été transporté à force de bras. Les retranchemens les plus formidables couvrent Alexandrie. Je viens en dernier lieu de les réunir au canal, par un fossé de dix-huit pieds de largeur et dix de profondeur, sur un développement de cent cinquante toises; cinquante pièces de canon défendent ce retranchement. La nouvelle enceinte de la ville est achevée. La hauteur de Cléopâtre est fortifiée. Une autre éminence en avant de la porte de Rosette, est occupée par une forte redoute. Les hauteurs de Pompée sont couvertes de retranchemens. On travaille à force au Marabou. Je vous répète, citoyen Consul, que nous périrons s'il le faut pour sauver la colonie; mais les secours conduits par Gantheaume ou par d'autres, que sont-ils devenus? Il est vrai que deux petits bâtimens que nous avons pris, l'un anglais, l'autre turc, ont déposé qu'une armée navale française et espagnole est dans la Méditerranée. Quand arrivera-t-elle?

J'ai envoyé en Europe, ainsi que j'ai eu l'honneur de vous le mander, citoyen Consul, les généraux Reynier, Damas, l'inspecteur aux revues Daure, l'adjudant commandant Boyer et quelques autres. Ils n'étaient amis ni de la république, ni de son gouvernement, ni de la colonie. Peut-être aurais-je mieux fait de prendre cette mesure il y a plusieurs mois; mais j'ai cru que la modération ramenerait ces hommes aux principes de l'honneur et de la raison: je m'étais trompé.

La majeure partie des membres de l'Institut et de la Commission des Arts m'ont aussi demandé à partir. J'ai cru devoir céder à leurs instances réitérées. Ils auraient mieux fait d'attendre d'autres circonstances. J'ai retenu ici tous les monumens des arts, parce que, dans la persuasion que vous sauverez la colonie, je les ai crus plus en sûreté, et que ces objets sont un dépôt sacré.

Du secours, du secours, mon général ; mais la république et les consuls peuvent compter sur le dévoûment sans bornes de l'armée d'Orient.

Salut et respect.

ABDALLAH MENOU.

(N° 7.) Au quartier-général du Caire, le 7 frimaire an IX
(28 novembre 1800).

MENOU, GÉNÉRAL EN CHEF, AU CITOYEN THIBAUDEAU,
CONSEILLER D'ÉTAT.

JE ne veux perdre aucune occasion de vous donner de mes nouvelles et de vous demander des vôtres, mon cher Thibaudeau. J'ai vu dans les journaux que vous aviez été nommé conseiller d'état. Je félicite la chose publique et le premier consul de cette nomination. Tant qu'on ne fera que des choix de cette espèce, on peut compter que le gouvernement prospérera. Les dernières nouvelles de la signature des préliminaires de la paix avec l'Empereur ont comblé de joie l'armée d'Orient. Elle attend avec empressement la réponse des Anglais à la réponse du premier consul. Quant à notre position elle est toujours la même. Le grand-visir avec ses hordes asiatiques est à Jaffa. Il nous menace de nous attaquer. A chaque menace je fais marcher des troupes, et alors la moitié de son armée déserte. Je m'occupe jour et nuit d'organiser ici une sorte de gouvernement. Que je serais heureux, si j'avais avec moi un second Thibaudeau qui serait le législateur de l'Orient ! J'ai à lutter ici contre toutes sortes d'obstacles; mais j'ai appris à me roidir contre les difficultés et à devenir *barre de fer* (1). A propos de barre de fer, je viens de revomir à l'Europe le fameux Tallien, qui avait été vomi à l'Afrique. Il s'était occupé ici en s'amusant à vouloir insurger l'armée. Quelques individus qui, par leur grade et leur place, devaient donner l'exemple, avaient écouté et goûté sa théorie d'insurrection; mais les troupes, excellentes, braves et pleines d'honneur, ont été inébranlables. Bien payées, bien nourries, bien habillées, elles iraient au bout du monde pour servir la chose publique.

Les méchans ont été obligés à rentrer dans le devoir, et votre ami Tallien s'est embarqué pour aller porter ailleurs son souffle pestilentiel.

Si j'osais, je vous enverrais du vin de Chypre et le meilleur café du monde, mais les mers sont infestées d'Anglais et de Barbaresques; au reste, partie différée n'est pas perdue.

Faites mention de moi, mon ami, mon cher Thibaudeau.

Mes hommages à madame Thibaudeau.

ABDALLAH MENOU.

---

(1) Dénomination sous laquelle on désignait Thibaudeau.

(N° 8.) Au quartier-général du Caire, le 7 février 1801.

MENOU, GÉNÉRAL EN CHEF, AU GÉNÉRAL BERTHIER, MINISTRE DE LA GUERRE.

JE suis on ne peut plus sensible, mon cher Berthier, aux témoignages de bonté et d'intérêt que m'a fait donner le premier consul. Dites-lui bien, et je m'en rapporte totalement à votre amitié à cet égard, qu'il peut compter sur mon dévoûment absolu et sur celui de la grandissime majorité de l'armée, pour seconder ses vues sur la conservation de l'Égypte. Quelques individus qui auraient dû donner l'exemple de ce dévoûment et d'attachement à la chose publique, ont voulu exciter des mouvemens; mais nos braves vétérans, qui ne connaissent que la voix de l'honneur et de la patrie, ont été sourds à toutes leurs insinuations. Au reste, si vous voulez bien connaître, mon cher Berthier, tous les projets qu'avaient ces ennemis de la chose publique, faites-vous représenter le n°. 1017 de la gazette de France, en date du quintidi, 5 vendémiaire an 9, article *Allemagne;* vous y trouverez le plan de tout ce qu'ils voulaient faire. Cette gazette m'a été adressée de France je ne sais par qui. Il paraît que ceux qui veulent remuer en Égypte, avaient trouvé le moyen de faire passer en Europe leurs projets, afin de savoir s'ils y trouveraient des partisans. Au total, soyez bien assuré que rien ne me dérangera de ma ligne; je ferai tête à tous les orages, et saurai les conjurer. D'ailleurs, ainsi que je vous l'ai dit, l'armée se conduit à merveille; vous pourrez entrer dans tous les détails à cet égard avec celui qui vous remettra cette lettre. (C'est le citoyen Costas.)

Vous avez donc repris les rênes du ministère, mon cher Berthier; vous êtes prompt et actif comme la foudre. On vous voit tantôt à Marengo, tantôt en Espagne, un instant après dirigeant les opérations militaires dans les bureaux de la guerre; toutes ces différentes missions sont confiées à d'excellentes mains.

Adieu! Rappelez-vous quelquefois du vieux soldat qui commande l'armée d'Orient; il vous a voué amitié franche et attachement inviolable.

ABDALLAH MENOU.

(N° 9.) Au quartier-général du Caire, le 8 ventose an IX (27 février 1801).

MENOU, GÉNÉRAL EN CHEF, AU GÉNÉRAL BONAPARTE, PREMIER CONSUL DE LA RÉPUBLIQUE.

CITOYEN PREMIER CONSUL, j'ai l'honneur de vous offrir, au nom de l'armée d'Orient, des administrateurs, des savans et des artistes, l'hommage de leur respectueuse reconnaissance pour l'intérêt que vous voulez bien leur témoigner. Si quelque motif pouvait augmenter leur dévoûment pour la république, leur attachement pour le premier consul, et leur résolution de faire tous les sacrifices pour l'intérêt de la patrie, ce serait sans doute les éloges que vous avez bien voulu donner à leur conduite, dans le projet de décret envoyé le 19 nivose au Corps Législatif.

Quant à moi personnellement, citoyen Premier Consul, je n'ai d'autre mérite que de marcher sur vos traces. Vous avez conquis l'Égypte, vous y avez ensuite tout organisé. Ce qui ne l'était pas définitivement, vous l'avez indiqué. Quant à la conservation du pays contre tout ennemi venu ou à venir, elle n'a été et ne sera due qu'à la valeur indomptable des troupes. Marchent-elles à l'ennemi, le général qui a l'honneur de les commander, n'a presque autre chose à faire que de les suivre. Vous leur avez appris à vaincre; mais, citoyen Premier Consul, ce qui rendra cette expédition à jamais mémorable, c'est le cortége de sciences qui environne l'armée; vous avez voulu que la civilisation et les arts fussent portés dans l'Orient, en même temps que la France y fondait une colonie. Tout aura son exécution. Alexandre aussi conduisit de savantes masses, lorsqu'il en fit la conquête avec sa fameuse phalange. Callisthènes trouva des monumens astronomiques dans le temple de Bélus à Babylone. Nos savans en ont trouvé à Denderah et Esnëh; ceux d'Esnëh et de Denderah passeront à la postérité, après avoir opéré une célèbre révolution dans le monde savant; ils vieillissent l'univers de plusieurs milliers de siècles. Salut et respect. ABDALLAH MENOU.

(N° 10.) Alexandrie, le 17 juin 1801.

AU CITOYEN CHAPTAL, MINISTRE DE L'INTÉRIEUR.

CITOYEN MINISTRE,

J'ai l'honneur de vous prévenir que le bâtiment qui portait la troupe de comédiens destinés pour l'Égypte a été pris par les Anglais, à peu de distance d'Alexandrie. Je dois vous remercier du soin que vous aviez bien voulu prendre de faire former cette troupe, qui devait contribuer à policer les habitans du pays, et à leur faire naître du goût pour les arts.

La corvette *l'Héliopolis* est entrée le 20 de ce mois dans

le port vieux d'Alexandrie. Elle a été vivement poursuivie par les vaisseaux de l'armée ennemie, qu'elle a traversée. Elle a apporté plusieurs objets d'utilité majeure pour la colonie, et dont le rassemblement est dû à vos soins. Je vous offre, citoyen Ministre, l'hommage de la reconnaissance de l'armée d'Orient.

Il y a aujourd'hui trois mois et onze jours que les Anglais sont débarqués en Égypte. Ils n'ont encore rien osé entreprendre d'important contre la ville d'Alexandrie, qui est entourée de retranchemens formidables.

Les Turcs, qui nous ont attaqués du côté de la frontière de Syrie, viennent d'être battus deux fois de suite. Le grand-visir commandait en personne à la seconde bataille. Les Anglais viennent aussi d'être battus à Embabëh, à peu de distance du Caire; je n'ai pas encore de détails; mais les Anglais qui sont sous Alexandrie conviennent eux-mêmes que la perte a été très considérable. Il paraît que leur nouveau général en chef y a été tué.

Citoyen Ministre, l'armée d'Orient se battra jusqu'à la mort pour sauver une colonie qui, sous tous les rapports, serait une des plus belles propriétés de la France. Le commerce deviendrait un des plus florissans qui aient jamais existé, et Alexandrie serait encore une fois une des premières villes du monde. Quant aux sciences, je n'ai pas besoin de vous en parler, c'est votre domaine, et vous savez mieux que moi, citoyen Ministre, combien l'Égypte peut contribuer à leurs progrès.

Salut et respect.   ABDALLAH MENOU.

(N° 11.) Alexandrie, 19 juillet 1801.

LE GÉNÉRAL EN CHEF DE L'ARMÉE FRANÇAISE D'ORIENT,
A SIR SIDNEY SMITH, COMMANDANT UNE DIVISION DE
L'ARMÉE NAVALE ANGLAISE.

Je vais, monsieur, répondre franchement et loyalement à la note que vous m'avez fait l'honneur de m'adresser en date du 16 juillet 1801.

Vous dites, monsieur, que vous avez vu l'ordre du jour du 24 messidor; je dois commencer par vous féliciter d'avoir une correspondance sûre à Alexandrie, ce qui vous met à même de savoir ce qui s'y passe. Quant à moi, je n'ai pas le même bonheur; je n'ai jamais lu ni vu un seul ordre du jour de l'armée anglaise, et je vous déclare même que je n'ai pris aucun moyen de me le procurer, soit directement, soit indirectement.

Vous vous plaignez d'avoir trouvé dans cet ordre votre nom placé mal à propos, et d'une manière injurieuse. Je n'ai jamais eu, monsieur, de motif pour vous injurier. Ce mot même ne convient ni à vous ni à moi; mais j'ai dû être infiniment étonné d'apprendre que sir Sidney Smith, officier très distingué dans l'armée anglaise, se permît de venir causer avec les avant-postes de l'armée française, ou même avec les vedettes et officiers de ronde; car franchement, monsieur, que doit-on conclure de semblables conversations? Ou elles ont un but, ou elles n'en ont point. Si elles ont un but, elles sont dangereuses pour me servir du mot le plus honnête. Si elles n'en ont point, elles sont inutiles. Vous avez trop d'esprit pour ne pas tirer toutes les conséquences possibles de ce que je viens d'avoir l'honneur de vous dire. D'ailleurs, permettez-moi de vous rappeler certain envoyé qui vint de votre part, il y a à peu près un an de Syrie au Caire. Je crois qu'il se nommait *Wrhigt*. Avec beaucoup de politesses il offrit de l'argent à plusieurs soldats qui le refusèrent avec peut-être un peu de rudesse. Il s'apitoyait très honnêtement sur leur sort, et leur disait qu'il ne tenait qu'à eux de retourner en France. C'était le synonyme de les engager à se déshonorer.

Votre conversation portait, dites-vous, monsieur, lorsque vous vîntes au camp, sur les derniers événemens. Desquels voulez-vous parler ? Est-ce de la honteuse capitulation qu'a signée au Caire une partie de l'armée d'Orient? Elle est heureuse pour les Anglais ; elle est infâmante pour les Français. Vous-même, sir Sidney Smith, je vous fais juge de la question, et je vous somme, au nom de l'honneur, de me répondre catégoriquement. Que penseriez-vous, que penserait votre général en chef, que penserait votre roi, que penserait votre parlement, que penserait la nation anglaise, si une portion d'une de vos armées avait fait ce que vient de faire au Caire une portion de l'armée française d'Orient? Je ne vous ferai pas le tort de douter un seul instant de votre réponse.

La conversation se portait encore, dites-vous, sur le désir qu'a chacun de voir terminer une lutte pénible pour tous, et trop long-temps prolongée. J'aurai encore l'honneur de vous demander, monsieur, si par là vous entendez parler de la lutte générale entre la France et l'Angleterre, ou seulement de la lutte particulière en Égypte. Si c'est de la première, cette question n'est pas de ma compétence ; elle appartient tout entière à nos gouvernemens respectifs. Je me permettrai seulement de dire à cet égard que je donnerais la moitié de mon existence pour la voir terminée, et je suis certain, en vous parlant ainsi, de penser comme le premier consul, toujours grand et infiniment au-dessus de la politique vulgaire. Je sais même que la paix ne dépend que de l'Angleterre, et que le premier consul n'a voulu faire que des propositions également honorables pour les deux nations.

Si c'est de la lutte particulière en Égypte que vous avez voulu parler, oserais-je vous demander pourquoi vous êtes venus la commencer ? Mais si vous avez cru de votre intérêt de venir nous attaquer, et de terminer promptement, pourquoi ne voulez-vous pas croire que ceux des Français qui ne sont pas mus par des passions déshonorantes, aient pensé, par la même raison que vous, qu'il était de l'intérêt de la république de se défendre avec opiniâtreté, et de prolonger la lutte ?

Soyez donc juste, monsieur ; c'est là tout ce que vous demande celui qui a l'honneur de commander l'armée française.

Au reste, monsieur, vous devez savoir par vous-même, puisque vous y étiez présent, et les rapports de vos généraux en font foi, que si, à l'affaire du 30 ventose, tous les Français eussent été dirigés par l'honneur, les Anglais ne seraient plus aujourd'hui en Égypte, et la lutte aurait été promptement terminée, ainsi que vous paraissez le désirer. Ce n'est pas, monsieur, je le proteste hautement, que je veuille jeter quelques nuages sur la valeur de l'armée anglaise. Le 30 ventose, deux nations belliqueuses combattaient l'une contre l'autre : il fallait bien que la fortune se décidât en faveur de l'une des deux ;

et de fait, ainsi que le disent vos généraux, elle se serait décidée pour les Français, si tous avaient fait leur devoir.

Je dois encore vous ajouter, monsieur, que si un événement tellement extraordinaire, tel que la postérité ne voudra pas y croire, ne fût pas arrivé au Caire, vos troupes, et celles des deux officiers de la Porte ottomane, se seraient morfondues et détruites devant cette place, sans pouvoir l'entamer. D'après tout ce que je viens d'avoir l'honneur de vous dire, convenez donc qu'il était extrêmement naturel que j'eusse quelque défiance de votre promenade devant le camp français, et que je cherchasse à prévenir les troupes que je commande contre des insinuations qui pouvaient avoir lieu, surtout après l'événement du Caire. Je ne crois pas, monsieur, qu'il soit arrivé à aucun général français d'aller faire de semblables conversations avec les avant-postes anglais. Je vous déclare que je ne l'eusse pas permis.

Vous vous plaignez, monsieur, que je vous ai attaqué en votre absence et avec la plume, quand j'ai dit qu'on ne devait s'attaquer que le sabre à la main ; quant à votre absence, monsieur, je ne la connaissais pas, puisque vous étiez au camp, et que vous le déclarez vous-même ; quant à la plume, il m'était difficile de me servir d'une autre arme. Au reste, monsieur, à moins que le sort de la guerre n'en décide autrement, nous ne serons pas toujours en Égypte, vous et moi, et alors je chercherai à mériter votre estime de près comme de loin.

Je ne connais point, monsieur, les petites passions, ou les fausses impressions, qui, m'assurez-vous, dictèrent le fameux ordre du jour du 30 germinal devant Acre, ainsi que les notes qui furent ajoutées à la narration du général Berthier. Je n'ai jamais lu cet ordre du jour; je n'en ai entendu parler que très vaguement, et je ne me mêle jamais de ce qui ne me regarde pas. Quant à moi, je déclare que je n'ai d'autre passion qu'un attachement inaltérable pour ma patrie et pour l'honneur, ainsi qu'un désir bien vif de mériter l'estime même des ennemis que les circonstances de la guerre me forcent à combattre.

Je ne sais, monsieur, si on ne se battra plus qu'une bonne fois pour toutes, ainsi que vous le dites, après quoi, ajoutez-vous, on finira par ne plus s'attaquer en aucune manière, et l'on vivra en paix et en bonne intelligence.

Si c'est encore, je le répète, de la guerre générale que vous me parlez, je le désire de toute mon âme. C'est le vœu de tout homme qui pense, et qui chérit l'humanité. Je me permettrai encore de vous dire que cela, suivant moi, ne dépend que de l'Angleterre.

Si c'est de l'Égypte que vous voulez parler, je dois vous assurer, monsieur, que les troupes françaises qui sont à Alexandrie, ne se conduiront pas comme celles du Caire : elles soutiendront leur réputation avec d'autant plus d'énergie qu'elles auront à lutter contre des généraux et des troupes faites pour être estimées sous tous les rapports.

Dans toute autre circonstance, monsieur, je n'aurais peut-être pas répondu à une lettre qui n'est que sous la forme d'une note; mais ici les circonstances sont telles que tout devient extrêmement intéressant, et qu'un jour tout ce qui s'est passé en Égypte devra être rendu public, parce que, sous tous les rapports, il faut que la vérité soit connue.

J'ai d'ailleurs saisi avec d'autant plus d'empressement, monsieur, l'occasion de vous témoigner mon estime, que j'ai su parfaitement, dans le temps, que c'était vous qui aviez averti avec beaucoup de loyauté le général en chef mon prédécesseur, que la capitulation d'El-A'rych allait être rompue, et qu'il devait prendre ses précautions.

J'ai l'honneur.

ABDALLAH MENOU.

(N° 12.)   Caire, le 25 thermidor an VIII (13 juillet 1800).

AU GÉNÉRAL EN CHEF MENOU.

CHACUN, dans ce bas monde, suit, sans s'en douter, le chemin bon ou mauvais que le destin lui prescrit. Les uns font des conquêtes, les autres font des souliers; les uns font des constitutions, les autres font des enfans, des arrêtés, des processions, des tableaux, etc.; moi, citoyen Général, je fais des projets; c'est ma partie : de même que l'immortel Raphaël a placé le Père éternel, coiffé de son triangle équilatéral, au haut du firmament, pour juger les mortels; moi, je me place souvent de moi-même au-dessus du monde physique et moral. Là, du néant où le hasard m'a plongé depuis quelques années, je travaille tout à mon aise; et, si quelque obstacle ose s'opposer à mon pouvoir suprême, mon imagination le surmonte bientôt. Quelle belle chose que l'imagination! combien elle fait d'heureux! autrefois je l'étais; par elle je me figure l'être encore. Cette jouissance vaut bien la première, pour un philosophe qui n'a point su définir le bonheur.

Je pris la liberté de vous proposer dans le temps, citoyen Général, de contenir pour toujours l'Egypte par

SITUATION DE L'ARMÉE D'ORIENT

AU 10 VENTOSE AN IX.

EMPLACEMENS DES TROUPES.	NOMS DES CORPS.	INFANTERIE.		CAVALERIE.		EMPLACEMENS DES TROUPES.	NOMS DES CORPS.	INFANTERIE.		CAVALERIE.	
		Nombre d'hommes en état d'entrer en campagne.	Dépôts, invalides, etc., faisant le service des forts, et marins employés sur les bâtimens du Nil.	NOMBRE D'HOMMES.	CHEVAUX EN ÉTAT DE SERVIR.			Nombre d'hommes en état d'entrer en campagne.	Dépôts, invalides, etc., faisant le service des forts, et marins employés sur les bâtimens du Nil.	NOMBRE D'HOMMES.	CHEVAUX EN ÉTAT DE SERVIR.
Le Caire,	9ᵉ demi-brigade..	794	55				De l'autre part...........	7730	2744	1475	1163
	13ᵉ idem.........	841	66			Soues.	Détach. de la 9ᵉ..	100			
	85ᵉ idem.........	890	86				Art. et sapeurs..		50		
	Détachement de la 22ᵉ légère........	234	83				2ᵉ légère........	540	50		
	4ᵉ légère........	790	34				3ᵉ de ligne......	542	60	213	153
	18ᵉ de ligne......	794	45				20ᵉ dragons......				
	69ᵉ idem.........	859	30				Art. et sapeurs..		200		
	88ᵉ idem.........	883	46			A Damiette Lesbéh, Omm-Faredje, Mansoura, Mit-Kramr.	Marins des bâtimens qui se trouvalent à l'embouchure du Nil et sur le lac Menzaléh...		160		
La citadelle,	Art. en garnison et ouvriers.......		583								
	Marins employés sur le Nil......		200						60		
	1ᵉʳ bataillon d'invalides........		268				Invalides........				
Gizéh,	Dépôt de la 21ᵉ légère.........		102			Alexandrie et Aboukir.	61ᵉ demi-brigade.	700	18	190	115
	Batail. de sapeurs et ouvriers du génie..		154				75ᵉ idem.........	950	50		
	Dromadaires.....	223					18ᵉ de dragons...		450		
Boulac, etc.	Guides..........	190		80	72		Artillerie.......		130		
	Légions grecque et cophte........		850				Sapeurs.........		1400		
	Détachement des 2ᵉ et 3ᵉ..........	462					Marina..........		240		
	3ᵉ bataillon de la 25ᵉ...........	230					Invalides........	200			
Compris les détachemens qui étaient en tournée pour le paiement des contributions, à deux ou trois journées du Caire, au nombre d'environ 600 hommes.	7ᵉ régiment de hussards..........			270	249	Rosette, fort Julien et Bourlos.	Dét. de la 51ᵉ...	1300	2350	196	115
	22ᵉ régiment de chasseurs........			279	230		Détachement de la 61ᵉ...........	150	50		
	14ᵉ régiment de dragons.........			262	195		Idem de la 25ᵉ...	100	50		
	15ᵉ idem.........			181	129		3ᵉ de dragons....		50	180	150
	15ᵉ des 3ᵉ dragons			78	78		Artillerie.......		30		
	Mamelouks et Syriens...........			253	138		Sapeurs.........		120		
Belbéis,	Détachement de la 22ᵉ légère.......	2180	2602	1480	1088	A Rahmanieh et en tournée dans le Delta.	Marina..........		35		
		80					Invalides........				
	idem du 14ᵉ de dragons..........			25	25		Détach. de la 75ᵉ.	550	555	180	150
	Art. et sapeurs..		32				Détachement du 20ᵉ de dragons...	80		80	80
Salébieh,	22ᵉ légère........	430					Artillerie.......		25		
	Dromadaires.....	30				Benisouef.	Marina..........		100		
	14ᵉ de dragons...			25	25		21ᵉ légère........	680	725	80	80
	Syriens..........			25	25	Haute-Égypte.	21ᵉ légère........	850	50		
	Art. et sapeurs..		110				Artillerie.......	800			
			192				Sapeurs.........		30		
							Marina..........		20		
									50		
								1650	160	0	0
Total...........		7730	2744	1475	1163	Total...........		13372	6204	2138	1681

Troupes susceptibles d'entrer en campagne, mais réparties sur toute l'étendue de l'Égypte. ....

Troupes susceptibles seulement du service des garnisons.
Infanterie, artillerie, etc.................. 6204

bourse, etc.	Légions grecque et cophte		850			et Aboukir	Sapeurs		130		
							Marins		1400		
	Détachement des 2ᵉ et 3ᵉˢ	462					Invalides		240		
	2ᵉ bataillon de la 25ᵉ	230					Dét. de la 51ᵉ	200			
Compris les détachemens qui étaient en tournée pour le paiement des contributions, à deux ou trois journées, nombre d'environ 600 hommes.	7ᵉ régiment de hussards			270	249	Rosette, fort Julien et Bourlos	Détachement de la 61ᵉ	150	50	150	150
	22ᵉ régiment de chasseurs			279	230		Idem de la 25ᵉ	100	60		
	14ᵉ régiment de dragons			262	195		3ᵉ de dragons		50		
	15ᵉ idem			181	129		Artillerie		30		
	Mamelouks et Syriens			253	138		Sapeurs		130		
							Marins		39		
Belbéis	Détachement de la 22ᵉ légère					A Rahmanieh et en tournée dans le Delta	25ᵉ demi-brigade	580			
							Détach. de la 75ᵉ	80			
			80				Artillerie			80	80
	idem du 14ᵉ de dragons			25	25		20ᵉ de dragons		25		
	Art. et sapeurs		32				Marins		100		
Saldhièh	22ᵉ légère	430				Benisouef	21ᵉ légère	250	50		
	Dromadaires	30									
	14ᵉ de dragons			25	25	Haute-Égypte	21ᵉ légère	200			
	Syriens			25	25		Artillerie		30		
	Art. et sapeurs		19				Sapeurs		20		
							Marins		50		
Total		7730	2744	1475	1163	**Total**		13392	6294	2138	1661

Troupes susceptibles d'entrer en campagne, mais réparties sur toute l'étendue de l'Égypte.
Infanterie 13392
Cavalerie 1661
Total 15053

Troupes susceptibles seulement du service des garnisons.
Infanterie, artillerie, etc. 6294
Cavaliers à pied 477
Total 6771

Nota. Ces nombres indiquent seulement les soldats en état de porter les armes, les tambours et musiciens des corps y sont cependant compris. Pour avoir le nombre des Français qui étaient à cette époque en Égypte, il faut y ajouter 1201 officiers de toutes armes; 348 canonniers servant les pièces de campagne; 751 gardes, conducteurs et charretiers d'artillerie; 996 malades aux hôpitaux; 485 employés de diverses administrations du pays et de l'armée; 107 médecins, chirurgiens et pharmaciens, et 95 personnes de la Commission des Arts. Il faut retrancher du total 1128 Cophtes, Syriens et Grecs, qui composaient les corps auxiliaires.

ORDRE DE BATAILLE DE L'ARMÉE.

INFANTERIE.

Général de division Reynier.
- Général de brigade Robin. { 22ᵉ lég. 2 p. de 4 / 9ᵉ de ligne 2 }
- Général de brigade Baudot. { 13ᵉ idem. 2 / 85ᵉ idem. 2 }
- Une compagnie d'artillerie avec 4 pièc. de 8 et 2 obusiers.

Général de division Friant.
- Général de brigade Zayonchek. { 25ᵉ 2 p. de 4 }
- Général de brigade Délogorgue. { 61ᵉ 2 / 75ᵉ 2 }
- Une compagnie d'artillerie, 4 pièc. de 8 et 2 obusiers.

Général de division Lanusse.
- Général de brigade Silly. { 4ᵉ lég. 2 p. de 4 / 18ᵉ de lig. 2 }
- Général de brigade Valentin. { 69ᵉ 2 / 88ᵉ 2 }
- Une compagnie d'artillerie légère, 4 pièc. de 8 et 2 obus.

Général de division Rampon.
- Général de brigade Morand. { 2ᵉ lég. 2 p. de 4 / 3ᵉ de lig. 2 }
- Une compagnie d'artillerie légère, 4 pièc. de 8 et 2 obus.

Artillerie. Général de division Songis, commandant. Général de brigade Faultrier.
Génie. Général de brigade Samson, commandant. Général de brigade Bertrand.
Place du Caire. Général de division Belliard, commandant. Généraux de brigade. { Galbaud / Duranteau. }
Haute-Égypte. Général de brigade Donzelot.

CAVALERIE

Aux ordres du général de brigade Roize.

Général de brigade Bron. { 7ᵉ régiment de hussards. / 22ᵉ idem. de chasseurs. / Mamelouks et Syriens. }
Général de brigade Boussart. { 3ᵉ régiment de dragons. / 15ᵉ — idem. / 18ᵉ — idem. / 20ᵉ — idem. }
Une compagnie d'artillerie légère, 4 pièces de 5 et 2 obusiers.

Généraux sans destination.
Général de division Damas.
Général de brigade Destaing.
Général de brigade Almeiras.

MÉMOIRES DU GÉNÉRAL REYNIER, tome II.

ÉTAT

DES ARMÉES ANGLAISES ET TURQUES

EMPLOYÉES CONTRE L'ÉGYPTE.

ARMÉE ANGLAISE
VENUE PAR LA MÉDITERRANÉE.

Général en chef, sir Ralph Abercrombie.
Lieutenant-général, sir Heli-Hutchinson.

INFANTERIE.

or-général, Ludow. { Gardes, 2 bataillons............... 2000 hommes.

1ʳᵉ BRIGADE.

or-général, Coste. { 1ᵉʳ régiment........................ 500
54ᵉ idem............................ 1100
92ᵉ idem............................ 900

2ᵉ BRIGADE.

or-général, Cradock. { 8ᵉ régiment........................ 500
13ᵉ idem............................ 700
90ᵉ idem............................ 700

3ᵉ BRIGADE.

or-général, d Cavan. { 2ᵉ régiment........................ 500
50ᵉ idem............................ 500
79ᵉ idem............................ 500

4ᵉ BRIGADE.

ier-général, Doyle. { 18ᵉ régiment....................... 400
30ᵉ idem............................ 300
44ᵉ idem............................ 300
89ᵉ idem............................ 350

5ᵉ BRIGADE.

ier-général, tuart. { Régiment de Minorque.............. 1000
idem de Roll........................ 500
idem de Dillon...................... 600

RÉSERVE.

r-général, Moore. { 40ᵉ régiment....................... 250
23ᵉ idem............................ 600
28ᵉ idem............................ 600
42ᵉ idem............................ 900
58ᵉ idem............................ 800
Légion corse........................ 400

CAVALERIE.

ier-général, inch { 11ᵉ régiment de dragons légers.... 500 } dont
12ᵉ idem............................ 450 } 500
26ᵉ idem

ARMÉE VENUE DE L'INDE
PAR LA MER ROUGE,

Commandée par le major-général Baird.

		Fantassins.	Cavaliers.
Colonel, Murray.	{ 84ᵉ régiment..........................	1000	
	3 régiments de Cipayes, partis du Bengale.	2000	
Major-général, Baird.	{ 4 régimens de Cipayes partis de Bombay.	3000	
		6000	

CORPS D'ARMÉE DU CAPITAN-PACHA.

Albanais et janissaires............................ 6000

ARMÉE DU VISIR.

	Fantassins.	Cavaliers.
Canonniers et ingénieurs anglais................	500	
Avant-garde commandée par Aboumarak, pacha de Jérusalem..	4000	2000
Corps d'Ibrahim, pacha d'Alep..................	3000	3000
Troupes du pacha de Damas, d'Ismaël-Pacha et de Tahar-Pacha...	5000	6000
Janissaires et autres troupes formant la garde du visir...	3000	1000
Mameloucks d'Ibrahim-Bey et d'Hassan-Bey........		800
Total de l'armée du visir........	15500	12800

Nota. La force de cette armée s'est beaucoup augmentée lorsqu'elle a été arrivée en Égypte; elle s'est élevée à plus de 35,000 hommes. On ne compte pas les Mukhtesims et Djendis, qui devaient former en Égypte une milice aux ordres des Turcs, les Arabes et les Felláhs qui joignirent l'armée du visir, ni les Mameloucks qui se réunirent aux Anglais à la fin de la campagne.

RÉCAPITULATION

DES FORCES EMPLOYÉES CONTRE L'ARMÉE D'ORIENT.

Armée anglaise venue par la Méditerranée............. 23400 hommes.
Corps venu de l'Inde................................ 6000
Corps du capitan-pacha.............................. 6000
Armée du visir..................................... 28300

Major-général, lord Cavan.	2⁵ régiment........... 50ᵉ idem........... 79ᵉ idem...........	500 500 500

4ᵉ BRIGADE.

Brigadier-général, Doyle.	18ᵉ régiment........... 30ᵉ idem........... 44ᵉ idem........... 89ᵉ idem...........	400 300 300 350

5ᵉ BRIGADE.

Brigadier-général, Stuart.	Régiment de Minorque........... idem de Roll........... idem de Dillon...........	1000 500 600

RÉSERVE.

Major-général, Moore.	40ᵉ régiment........... 23ᵉ idem........... 28ᵉ idem........... 42ᵉ idem........... 58ᵉ idem........... Légion corse...........	250 600 600 900 600 400

CAVALERIE.

Brigadier-général, Finch.	11ᵉ régiment de dragons légers........... 12ᵉ idem........... 26ᵉ idem........... Hussards d'Hompech...........	500 450 450 300	dont 500 montés.
Brigadier-général, Lawson.	5 compagnies d'artillerie........... Pionniers maltais........... Troupes de la marine destinées à faire à terre le service de l'artillerie...........	450 500 500	

Total des troupes anglaises arrivées le 10 ventose avec la flotte........... 17500 hommes.

(non compris 2000 marins qui furent débarqués pour augmenter la force de l'armée pendant les premières opérations.)

Transport arrivé le 19 germinal.

Gardes...........	500
24ᵉ régiment...........	600
25ᵉ idem...........	600
26ᵉ idem...........	600
27ᵉ idem...........	600
	2900

Arrivé depuis, en prairial et messidor, le 20ᵉ régiment, un bataillon irlandais, et des hommes de différens corps, en tout........... 3000

5900

Total des troupes anglaises venues par la Méditerranée. 23400 hommes.

Corps d'Ibrahim, pacha d'Alep...........	3000	3000
Troupes du pacha de Damas, d'Ismaël-Pacha et de Tahar-Pacha...........	5000	6000
Janissaires et autres troupes formant la garde du visir...	3000	1000
Mameloucks d'Ibrahim-Bey et d'Hassan-Bey...........		800
Total de l'armée du visir........	15500	12800

Nota. La force de cette armée s'est beaucoup augmentée lorsqu'elle a été arrivée en Égypte; elle s'est élevée à plus de 35,000 hommes. On ne compte pas les Mukhtesims et Djendis, qui devaient former en Égypte une milice aux ordres des Turcs, les Arabes et les Felláhs qui joignirent l'armée du visir, ni les Mameloucks qui se réunirent aux Anglais à la fin de la campagne.

RÉCAPITULATION

DES FORCES EMPLOYÉES CONTRE L'ARMÉE D'ORIENT.

Armée anglaise venue par la Méditerranée...........	23400 hommes.
Corps venu de l'Inde...........	6000
Corps du capitan-pacha...........	6000
Armée du visir...........	28300
Total...........	63700 hommes.

Si on compte les marins des flottes anglaise et turque de la Méditerranée, qui étaient au nombre de....... 15000
Ceux de la flotte de la mer Rouge........... 2000 } 27000
Et les renforts qui sont arrivés depuis à l'armée du visir........... 10000

On trouvera qu'on a employé contre l'Égypte environ 90700 hommes.

Rassemblées en avant d'Alexandrie, le 29 ventose an IX.

INFANTERIE.

AILE DROITE.
COMMANDÉE PAR LE GÉNÉRAL DE DIVISION REYNIER.

GÉNÉRAUX DE DIVISION.	GÉNÉRAUX DE BRIGADE.	NOMS DES CORPS.	FORCE.	4	8	12	ob.
Damas.	Baudot	13ᵉ demi-brigade de ligne	840	2	3	»	1
		85ᵉ idem	860	2	»	»	»
Friant.	Délegorgue	25ᵉ idem	650	2	3	»	2
		61ᵉ idem	500	2	»	»	»
		75ᵉ idem	600	1	»	»	»
		Total	3450	9	6	»	3

CENTRE.
COMMANDÉ PAR LE GÉNÉRAL DE DIVISION RAMPON.

GÉNÉRAUX DE BRIGADE.	NOMS DES CORPS.	FORCE.	4	8	12	ob.
Eppler, chef de brigade de la 21ᵉ légère.	Grenadiers {2 compag. de grenadiers de la 25ᵉ, 1 compag. de carabiniers de la 21ᵉ.}	100 / 120 / 80	»	»	»	»
Destaing	1ᵉʳ et 2ᵉ bataillons de la 21ᵉ légère	700	1	»	»	»
L'adjudant commandant Sornet.	Carabiniers de 2ᵉ légère	180	»	»	»	»
	Grenadiers de 9ᵉ de ligne	150	»	»	»	»
	32ᵉ demi-brigade de ligne	700	1	»	»	»
	Total	2030	3	»	»	»

[AILE GAUCHE.]
COMMANDÉE PAR...

GÉNÉRAUX DE BRIGADE.
Silly
Valentin

4ᵉ demi... / 18ᵉ d[emi]... / 69ᵉ id[em]... / 88ᵉ id[em]...

Guides / Réserve / Sapeurs

CAVALERIE.
COMMANDÉE PAR LE GÉNÉRAL DE BRIGADE ROIZE.

GÉNÉRAUX DE BRIGADE.	NOMS DES CORPS.	FORCE.	PIÈCES DE 8	Obus.
Bron	7ᵉ régiment de hussards	200		
	22ᵉ régiment de chasseurs	150		
	Total	350		
Boussart	3ᵉ régiment de dragons	200		
	14ᵉ idem	250		
Roize	15ᵉ idem	150	4	2
	18ᵉ idem	100		
	20ᵉ idem	200		
	Total	900	4	2
	Dromadaires	130		

RÉCAPITULATION

Aile droite..................
Centre.......................
Aile gauche..................
Guides, artillerie et sapeurs
Réserve de cavalerie.........
Corps de cavalerie détaché à droite..
Dromadaires..................

Bouches à feu { de 4.......
                de 8.......
                de 12......
                obusiers...

Total général................

TABLEAU DES TROUPES FRANÇAISES

Rassemblées en avant d'Alexandrie, le 29 ventose an ix.

INFANTERIE.

					CENTRE. COMMANDÉ PAR LE GÉNÉRAL DE DIVISION RAMPON.							AILE GAUCHE. COMMANDÉE PAR LE GÉNÉRAL DE DIVISION LANUSSE.						
DIVISION REYNIER.																		
	FORCE.	PIÈCES DE			GÉNÉRAUX DE BRIGADE.	NOMS DES CORPS.	FORCE.	PIÈCES DE				GÉNÉRAUX DE BRIGADE.	NOMS DES CORPS.	FORCE.	PIÈCES DE			
		4	8	12	ob.				4	8	12	ob.				4	8	12	ob.
...gne.	840	»	3	»	1	Eppler, chef de brigade de la 21e légère.	Grenadiers, 2 compag. de Grenadiers de la 25e.	100	»	»	»	»	Silly.....	4e demi-brigade légère...	600	2	4	»	2
...	860	2	»	»	»		1 compag. de Carabiniers de la 21e.	120	»	»	»	»		18e de ligne.........	600	2	»	»	»
						Destaing....	1er et 2e bataill. de la 21e légère..	80	»	»	»	»	Valentin....	69e idem...........	800	2	»	»	»
	650	2	3	»	2	L'adjudant commandant Sornet.	Carabiniers de 1re légère.......	700	1	»	»	»		88e idem...........	700	2	»	»	»
	500	2	»	»	»		Grenadiers de 3e de ligne....	180	»	»	»	»		TOTAL........	2700	8	4	»	2
	600	1	»	»	»		32e demi-brig. de ligne......	150	»	»	»	»		Guides à pied et artillerie..	150	»	2	»	1
								700	1	»	»	»		Réserve d'artillerie.......	»	»	»	3	»
	3450	9	6	»	3		TOTAL.......	2030	3	»	»	»		Sapeurs........	50	»	»	»	»
														TOTAL........	200	»	2	3	1

CAVALERIE.

GÉNÉRAL DE BRIGADE ROIZE.

NOMS DES CORPS.	FORCE.	PIÈCES DE 8	Obus.
...ment de hussards.......	200		
...iment de chasseurs.......	150		
TOTAL........	350		
...ment de dragons.......	200		
idem............	250		
idem............	150	4	2
idem............	100		
idem............	200		
TOTAL........	900	4	2
...adaires............	130		

RÉCAPITULATION.

Aile droite...........................	3450 hommes.
Centre.............................	2030
Aile gauche.........................	2700
Guides, artillerie et sapeurs..........	200
Réserve de cavalerie.................	900
Corps de cavalerie détaché à droite.....	350
Dromadaires........................	130

Bouches à feu...	de 4................	20
	de 8................	16
	de 12...............	3
	obusiers............	7

TOTAL GÉNÉRAL............... 9760 hommes.. 46 bouches à feu.

les effets contraires du fanatisme de ses habitans : vous n'avez cessé de rire de cette idée, qui aurait, dites-vous, fait crucifier Crébillon ; mais vous rirez peut-être bien davantage, lorsque, dans un mémoire raisonné d'après toutes les règles de la logique et de l'hydraulique, sans autre dépense pour le gouvernement que cinq cent mille livres une fois payées, dix hommes par village, à mes frais pendant dix ans, cent quintaux de poudre par trimestre, et un brevet de folie, que déjà tout le monde m'accorde gratuitement, je rendrai le Nil si docile à vos ordres, que vous pourrez alors lui faire arroser, à votre bon plaisir et dans les divers temps de l'année, tous les terrains, même les plus élevés de l'Egypte. Cet ouvrage, digne des temps les plus reculés de ces contrées fameuses, procurera annuellement une inondation également bonne, en centuplant au moins la surface cultivable de l'Egypte. Je vous demande dès à présent, citoyen Général, la propriété des déserts que je rendrai cultivables. Cette marque de bonté de votre part me servira de stimulant nécessaire au travail qu'il me reste à faire encore, pour porter cette idée sublime à la perfection que je voudrais lui donner avant de la soumettre à votre approbation. Mais, comme je ne désire être riche que pour embellir l'Egypte, les revenus des déserts rendus comme ci-dessus à l'agriculture, seront par moi employés à l'édification de la nouvelle ville française.

A Batn-el-Bahra, deux mille toises environ au nord de l'angle sud du Delta, s'éleveront les murs de cette ville ; sa droite défendue par la branche orientale, sa gauche par la branche occidentale du Nil. Un canal de soixante pieds de largeur sur trente de profondeur, apportera dans le centre de cette ville magnifique les productions du milieu de l'Afrique, que l'entière liberté de plus de mille lieues de navigation de ses fleuves y amenera sans cesse. Cette ville recevra dans son sein les marchandises de l'Europe et de l'Asie par deux autres canaux, qui, dérivés du premier ci-dessus au centre de la ville, aboutiront à la branche de Rosette et de Damiette. Les richesses de tout l'univers seront ainsi conduites par eau jusque dans les divers quartiers de cette ville unique : elles y seront vendues et expédiées par toute la terre. Deux superbes ponts, aboutissant chacun à un faubourg au-delà des deux branches du Nil, seront défendus par de bons ouvrages. Ils éloigneront ainsi toute hostilité de la ville centrale, qui, de trois côtés, sera ainsi rendue imprenable. Quant à son front vers le Delta, il offrira une longue ligne droite flanquée de bastions et autres ouvrages, dont les feux seront tellement croisés sur les approches, qu'il sera impossible à des assiégeans de la pénétrer.

Cette ville opulente couvrira bientôt les campagnes voisines de toutes les beautés que l'art et la nature s'efforceront à l'envi de produire. On y verra s'élever, comme par enchantement, des palais magnifiques, dont le Bédouin hideux ne pourra que convoiter les richesses ; des jardins vastes et délicieux, des routes, des canaux plantés d'arbres de toute espèce. Là, sous un ciel toujours pur, et à l'ombre de bosquets verts et impénétrables aux ardeurs du soleil, les petites maîtresses de Paris que les affaires de commerce de leur maison, ou mille autres motifs, ameneront en Égypte, oubliant les plaisirs bruyans et passagers de la France, s'abandonneront aux charmes réels et constans de la douce volupté orientale, que l'influence des mœurs et du climat leur fera bientôt préférer : et si elles deviennent par la suite des épouses fidèles et laborieuses ; si, entièrement occupées de l'intérieur de leur harem, elles écartent d'elles-mêmes tous les vices séducteurs, qui font en Europe la peste des familles, cette heureuse régénération du sexe français sera due au séjour charmant de Ménopolis.

Mais, citoyen Général, c'est, comme on le dit quelquefois fort élégamment, attacher la charrette avant les bœufs. Avant que vous soyez maître d'ordonner l'inondation du Nil, avant que moi-même j'élève les murs de la superbe Ménopolis, nous devons chercher à rendre la conquête de l'Egypte profitable à la patrie, soit que la paix générale nous assure ou nous prive de cette belle colonie.

Si elle nous l'assure, vous aurez vous-même, je l'espère, citoyen Général, le bonheur de la conduire à cet état de splendeur que votre patriotisme, vos lumières, et même un sentiment de commisération pour ces pauvres Egyptiens, promettent déjà à leur pays, digne d'un meilleur sort. Comme les ressources naîtront alors sous vos pas, et que tout nous prouve à présent que vous saurez bien en profiter à cette heureuse époque, je crois superflu de hasarder ici mes opinions particulières sur les moyens de porter cette colonie au plus haut point d'utilité pour la métropole.

Mais si la malheureuse Égypte, ou plus encore, si ses malheureux habitans ne doivent être considérés à la paix générale que comme un pur objet d'échange, et que nous soyons obligés de sortir d'ici ; comme nous connaissons actuellement trop bien ce pays pour ne pas chercher à le revoir en son temps, je suis persuadé que la France l'aura alors ou de gré ou de force. Dans cette hypothèse, il serait très important d'y laisser un parti puissant, qui pût s'y maintenir armé pour y entretenir notre influence politique et commerciale, et seconder enfin les Français d'un côté, tandis qu'ils l'attaqueraient de l'autre.

Mais comment trouver ce parti? En quels lieux et comment pourrait-il se maintenir en force?

Ce parti est tout trouvé; il n'y a plus qu'à presser son organisation. L'Égypte, si on doit l'abandonner à la paix, ne pouvant retourner qu'à ses anciens maîtres, ils y extermineraient par vengeance ou par fanatisme toutes nos créatures. La sédition du Caire n'a que trop bien prouvé leurs sentimens sanguinaires; tous ceux qui ont à craindre leur retour en sont si persuadés, qu'ils deviendraient plutôt soldats contre eux que de s'exposer à leur ressentiment barbare. Il ne faut donc plus que seconder loyalement leurs généreux efforts, pour en recueillir nous-mêmes tous les avantages et les préserver ainsi de l'horrible boucherie dont toute la honte rejaillirait sur la France, si, comme on allait le faire, ces malheureuses victimes de leur dévoûment aux Français, pour prix des services qu'ils leur ont rendus, allaient par nous être livrées aux vengeances, aux haines particulières que nous avons suscitées, en un mot, au fanatisme général qui animera pour toujours les Osmanlis gouvernans, contre nos amis malheureux et abandonnés. Le voilà donc ce parti.

En quels lieux et comment pourrait-il se maintenir en force? Ceci est très simple: il n'a qu'à abandonner le midi de l'Égypte, et aller ainsi renforcer Mourâd-Bey, qu'un traité d'alliance nous oblige de soutenir en cas d'évacuation. Fort de ses mameloucks et de nos auxiliaires, que le séjour des Français en Égypte aguerrira toujours plus, il ne tardera pas d'en chasser les Osmanlis et de s'en rendre totalement maître. Dès-lors nos auxiliaires, par un traité secret conclu avec lui, seront considérés par Mourâd-Bey dans le Saïd, comme nous-mêmes nous l'y considérons aujourd'hui. Ils le tiendront, en quelque manière, dépendant de la France par le besoin qu'il aura d'en être étayé ; ils maintiendront ainsi notre influence politique et commerciale dans ces contrées que d'autres puissances jalouses nous enleveraient bientôt, si Mourad gouvernait seul l'Égypte. Il est trop fin sans doute en ce moment pour ne pas paraître entièrement dévoué à nos intérêts tant qu'il devra nous craindre, ou attendre de nous sa réintégration définitive; mais qui peut nous répondre de lui, lorsque se voyant étayé par des alliances qu'il trouvera aisément contre nous, nous serons loin de lui et hors d'état de lui nuire?

Soutenir comme ci-dessus l'indépendance de nos créatures en Égypte, pour y conserver l'influence de la France et nous ménager ainsi des moyens faciles d'y rentrer, tels sont, citoyen Général, les avantages que vous pouvez aisément procurer de vous-même à la République, si, à la paix générale, elle doit renoncer à ce pays. Ceux qu'elle pourra obtenir en traitant elle-même son évacuation, et qui doivent être très considérables, ne peuvent plus se négocier qu'entre les puissances belligérantes, qui seules peuvent et doivent avoir ce droit. C'est une vérité hardie, qu'il était réservé à vous seul, citoyen Général, de proclamer à l'armée, à une époque difficile et mémorable, où moins de sagesse, de caractère et de dévoûment en son chef eût pu la perdre sans ressource.

J'ose donc, citoyen Général, appeler toutes vos sollicitudes sur l'augmentation, l'instruction militaire et l'armement de nos auxiliaires d'Égypte. Déjà par vos ordres, ils se rallient à un chef qui, soldat, prodigue, et français plus qu'aucun des scribes ses confrères, a manifesté son courage et ses talens en combattant avec nous pour la conquête du Saïd. Sans cesse entouré de dangers pour nous servir, il brave en ce moment les menaces des habitans du Caire, qu'il contraint d'expier leur révolte; il est revêtu de l'entière confiance des siens; comme eux il est issu de ces anciens Égyptiens qui étonnent encore l'univers par leurs monumens : quels souvenirs ces monumens rappellent! Quelles lumières! Quelle politique! En un mot, quelle civilisation ces pyramides, ces temples, ces lacs, ces canaux, annoncent chez les peuples qui les imaginèrent! Mais, ô vicissitude des temps! des hommes, maîtres de toute la terre sous le grand Sésostris, sont méconnaissables dans leurs descendans. Le Cophte, avili, abruti même par des milliers d'années d'esclavage, n'a su jusqu'ici que ramper servilement aux pieds de ses maîtres, sans cesse renaissans pour lui; mais si les Perses, les Grecs, les Romains, les Turcs, furent des tyrans barbares et fiers, les Français, dont la philosophie sait apprécier la dignité de l'homme, seront pour eux des vainqueurs généreux; et si des circonstances majeures font qu'on doive pour un temps les abandonner, ce ne sera qu'en les mettant à même, comme je l'ai dit ci-dessus, de pouvoir se garantir contre de nouveaux possesseurs sanguinaires et fanatiques, qui, en exterminant même par le conseil de leurs alliés, nos auxiliaires d'Égypte, rassureraient leurs craintes, en détruisant nos vues politiques sur ce pays.

J'ai tâché jusqu'ici de démontrer la nécessité des auxiliaires, dans le cas où la paix nous enleverait cette précieuse conquête : il me reste à vous prouver son utilité dans le cas où elle nous la conserverait.

Par eux toutes les riches productions de l'intérieur de l'Afrique s'amoncellent en Égypte ; il ne faut pour cela que former deux ou trois établissemens de sept à huit mille hommes chacun, sur le Nil, ou le fleuve Abiad qui s'y joint ; ces établissemens ne sauraient être formés que par des hommes déjà accoutumés aux chaleurs de l'intérieur de l'Afrique : la latitude des lieux qu'ils occuperaient serait peut-être fatale à des Européens. Ces établissemens assureront à la France plus de mille lieues de navigation intérieure de cette partie du monde encore si peu connue ; elle ne le deviendra successivement alors que par le commerce exclusif que pourront y faire nos négocians Français établis en Égypte.

Le destin, qui me prescrit de faire des projets, vous donne à vous seul, citoyen Général, les moyens faciles de les exécuter. Les idées ci-dessus, immenses dans leurs résultats, sont simples et faciles dans leur exécution ; elles se réduisent pour le moment à protéger et encourager nos auxiliaires, et accorder de la confiance et des honneurs à leur chef.

Excusez, citoyen Général, si j'ai tâché d'être plaisant en commençant ce Mémoire ; je désirerais être persuasif en le finissant. Si mes idées sur les auxiliaires n'excitent que votre rire, le destin me désignera alors pour être votre bouffon, et je veux l'être absolument ; mais j'aurai en moi-même la douce consolation d'avoir plaidé la cause de nos créatures en Égypte, qui, abandonnées par nous, sont dévouées à une boucherie inévitable. Votre moralité, votre loyauté, leur est un gage assuré que vous épouserez leur cause, soit que la paix générale nous donne ou nous prive de l'Égypte. Dès qu'elles en seront persuadées, vous verrez alors tous leurs moyens se développer en notre faveur.

Signé LASCARIS.

P. S. Si je manque d'éloquence, si je vous semble incorrect, si je suis même un peu singulier, vous me passerez tout en faveur des motifs qui m'animèrent sans cesse pour mon pays.

FIN DU TOME PREMIER.

TABLE DES MATIÈRES

CONTENUES

DANS LE TOME PREMIER.

NOTICE SUR LE GÉNÉRAL REYNIER........ *Page* j
Considérations générales sur l'organisation physique, militaire, politique et morale de l'Égypte............. 1
Organisation physique........................... 2
Système de guerre adopté par les Français............ 13
Fortifications construites par les Français............ 16
Des routes et marches d'armée dans l'intérieur de l'Égypte.................................... 31
Considérations sur la civilisation des différentes classes d'habitans de l'Égypte........................ 33
Des Arabes................................... *ibid.*
Des fellâhs ou cultivateurs....................... 45
Des habitans des villes, des mameloucks et de leur gouvernement.................................. 54
Résumé de l'état social des peuples de l'Égypte........ 76

DE L'ÉGYPTE APRÈS LA BATAILLE D'HÉLIOPOLIS. 83

PREMIÈRE PARTIE.

DEPUIS LE MOIS DE FLORÉAL AN VIII, JUSQU'AU MOIS DE BRUMAIRE AN IX.................................. *ibid.*

CHAPITRE PREMIER. — Situation de l'armée d'Orient, et projets de Kléber avant sa mort.................. *ibid.*

CHAP. II. — Assassinat de Kléber. — Le général Menou prend le commandement. — Sa conduite dans les premiers temps, et jusqu'en fructidor................. 89

Chap. III. — Événemens politiques..............*Page* 96
Chap. IV. — Esprit des habitans de l'Égypte. — Événemens militaires jusqu'au mois de brumaire.......... 99
Chap. V. — Intrigues. — Origine des divisions 103
Chap. VI. — Innovations dans l'administration du pays.. 106
Chap. VII. — Des finances....................... 119
Chap. VIII. — Administration de l'armée; magasins extraordinaires............................... 123
Chap. IX. — Murmures de l'armée contre le général Menou. — Les généraux de division lui font des représentations. — Sa confirmation..................... 125

SECONDE PARTIE.

Depuis le mois de brumaire jusqu'au mois de ventose an ix....................................... 137
Chapitre premier. — De l'esprit de l'armée jusqu'à l'arrivée de la flotte anglaise........................ *ibid.*
Chap. II. — Événemens militaires et politiques jusqu'à l'entrée de la campagne.......................... 145
Chap. III — Finances. — Produit des nouveaux droits. — Vices des innovations. — Augmentation des dépenses de l'armée. — La perception du miry est retardée. — Les caisses sont vides au moment d'entrer en campagne... 158
Chap. IV. — Des magasins. — De l'administration des subsistances. — Des revenus en nature............ 162

PIÈCES JUSTIFICATIVES.

Menou, général en chef de l'armée française, aux habitans de l'Égypte.................................. 166
Lagrange, général de division, chef de l'état-major général de l'armée, au général Bonaparte, premier consul de la République française..................... 172
Damas, général de division, au général en chef Menou.. 176

Le général de division Reynier au général en chef
    Menou.. Page 178
Lanusse, général de division, au général en chef Menou. 180
Lanusse, général de division, au général en chef Menou. 181
Ch., chef de bataillon de la 85ᵉ demi-brigade, au général
    en chef Menou.................................... 183
Ch., chef de bataillon de la 85ᵉ, au premier consul...... 184
Lanusse, général de division, au général en chef Menou. 190
Au Ministre des affaires étrangères................... 192

TROISIÈME PARTIE.

CAMPAGNE CONTRE LES ANGLAIS ET LES TURCS.......... 198

CHAPITRE PREMIER. — Arrivée de la flotte anglaise. — Dispositions militaires............................. *Ibid.*
CHAP. II. — Débarquement des Anglais. — Combat du 22
    ventose... 205
CHAP. III. — Arrivée de l'armée à Alexandrie. — Affaire
    du 30 ventose...................................... 219
CHAP. IV. — Dispositions après l'affaire du 30 ventose. —
    Prise de Rosette et de Rahmaniëh. — Passage du désert
    par le visir.. 231
CHAP. V. — Marche pour reconnaître l'armée du visir. —
    Prise d'un convoi parti d'Alexandrie.— Évacuation de
    Lesbëh, Damiette et Bourlos. — Esprit et conduite des
    habitans de l'Égypte et des mameloucks. — Mort de
    Mourâd-Bey. — Investissement du Caire et traité pour
    l'évacuation de cette ville......................... 254
CHAP. VI. — Blocus d'Alexandrie jusqu'à l'entière consommation des vivres; son évacuation................ 272

EXTRAIT DU JOURNAL DU CHEF DE BRIGADE DU GÉNIE
    D'HAUTPOUL.. 289
    Prise de Rosette par les Anglais. — Marche contre le
    visir. — Capitulation du Caire.................. *ibid.*
    15 *floréal.* — Évacuation du camp d'El-A'rych....... 291

25 *floréal*. — Premier conseil de guerre........ *Page* 296
Convention pour l'évacuation de l'Égypte par le corps de troupes de l'armée française et auxiliaire aux ordres du général de division Belliard.............. 318
Le général de division Belliard au premier consul Bonaparte....................................... 327

PIÈCES JUSTIFICATIVES.

Le général en chef Menou au général Bonaparte, premier consul.. 338
Résumé... 344
Notes du général ***, sur la situation de l'armée d'Égypte, depuis la fin de l'an vii jusqu'au 12 floréal an ix...... 345
Menou, général en chef, au citoyen Carnot, ministre de la guerre....................................... 380
Menou, général en chef, au premier consul de la République française, le général Bonaparte.............. 383
Le général en chef de l'armée d'Orient au général en chef Bonaparte..................................... 387
Menou, général en chef, au général Berthier, ministre de la guerre..................................... 391
Menou, général en chef, au général Bonaparte, premier consul de la République......................... 392
Au citoyen Chaptal, ministre de l'intérieur............ 393
Le général en chef de l'armée française d'Orient à sir Sidney Smith, commandant une division de l'armée anglaise.. 395
Au général en chef Menou......................... 400

FIN DE LA TABLE DES MATIÈRES.

www.ingramcontent.com/pod-product-compliance
Lightning Source LLC
Chambersburg PA
CBHW050909230426
43666CB00010B/2091